... ANN...

DE

...MMA...

PAR

LARIVE ET FLEURY

LIVRE DU MAÎTRE

... en regard du texte de l'élève

..., les corrigés et ... contenu ...

... la Grammaire de MM. Larive et Fleury ...
... adopté, par décision officielle, pour tous les ...
... communales de la ville de Paris. — Juillet ...

PARIS

LIBRAIRIE CLASSIQUE ARMAND COLIN ET Cie

16, RUE DE CONDÉ, 16

... de Première année ....
... également en trois livrets, in-12, à 30 c. ...
... de Grammaire (Élève) ...
... (Maître) ...
... (En préparation ...)

L'ÉCOLE

LA PREMIÈRE ANNÉE

DE

GRAMMAIRE

PAR

MM. LARIVE et FLEURY

PARTIE DU MAITRE

contenant en regard du texte de l'élève

les commentaires, les corrigés
et deux cents dictées.

Le Cours de Grammaire de MM. LARIVE et FLEURY vient d'être adopté, par décision officielle, pour toutes les Écoles communales de la ville de Paris.   Juillet 1872.

PARIS

LIBRAIRIE CLASSIQUE ARMAND COLIN ET Cⁱᵉ

16, RUE DE CONDÉ, 16

Tous droits réservés.

PRÉFACE (LIVRE DU MAITRE)

En publiant, sous ce titre significatif : *l'École*, le petit nombre d'ouvrages qui constituent le bagage de l'enseignement primaire, notre intention est de nous inspirer des besoins réels de cet enseignement et d'apporter dans les méthodes actuelles les améliorations que nous avons souvent entendu réclamer.

La **Première année de Grammaire** n'offre pas une méthode nouvelle.

En suivant la simplicité dont Lhomond nous a donné l'exemple, nos innovations ont porté sur la *disposition matérielle*, sur la *nature* et la *répartition* des devoirs :

1° Nous avons pensé que les notions élémentaires que comporte ce livre en excluent les règles difficiles qu'on réunit d'ordinaire sous le titre de *syntaxe*. Un enfant ne peut pas aborder avec fruit, après quelques mois d'école, certaines difficultés. La place que nous obtenons ainsi est employée plus utilement à des exercices pratiques.

Pour la même raison, nous avons reporté dans la *Deuxième année de Grammaire* l'étude des verbes passifs, neutres, pronominaux, impersonnels, qui viennent compliquer le chapitre du verbe, déjà surchargé par lui-même.

2° Nous avons tenu à ce que les exercices fussent à la fois très-multipliés, très-variés et surtout bien gradués. Ils portent principalement sur l'orthographe, sur l'analyse et sur la formation des mots. Ces devoirs sont disposés en colonnes, en phrases détachées ou en textes suivis, et roulent sur des sujets usuels et intéressants, qui ne dépassent jamais la portée de l'intelligence de l'enfant.

3° Au lieu de disséminer les exercices et de les mélanger avec les règles, nous avons imaginé de les placer *au bas* de la page, toujours *au-dessous* de la règle dont ils sont l'application. L'importance de cette disposition n'échappera à personne, car on sait combien l'œil de l'enfant vient en aide à sa mémoire : Si l'image est nette, le souvenir sera fidèle et précis.

4° Tout mot dont le sens peut être inconnu à l'élève est marqué d'un astérisque. A la fin du chapitre nous ramenons l'attention de l'enfant sur ce mot et nous l'obligeons à en donner l'explication qu'il trouve dans un *Lexique* placé à la fin du volume. Par ce moyen, il acquiert quelques petites connaissances ; de plus, il apprend, presque sans effort, à chercher les mots dans un dictionnaire.

Nous ne nous en sommes pas tenus là. Désireux de venir en aide aux Maîtres par tous les moyens, nous avons essayé de porter l'innovation jusque dans l'édition qui leur est particulièrement destinée.

D'une part, nous y avons laissé figurer le texte même du livre de l'élève, afin que le Maître pût faire réciter la leçon et connaitre le devoir.

D'autre part, nous avons placé *en regard* de ce même texte un *commentaire* de la règle et l'exercice corrigé. De plus, utilisant les parties restées libres, nous avons donné *deux cents* sujets de dictées élémentaires, variées, qui constituent autant de devoirs nouveaux et de matières de compositions.

De cette manière, on le voit, l'édition des Maîtres a une double utilité. Par ses commentaires, elle guide les jeunes sous-maîtres ou les moniteurs ; par les dictées, elle fournit de nouveaux devoirs, parfaitement appropriés à la force des élèves.

LA PREMIÉRE ANNÉE
DE GRAMMAIRE

NOTIONS PRÉLIMINAIRES

1. — La *Grammaire française* est l'ensemble des règles qu'il faut suivre pour bien parler et bien écrire le français.

2. — **Mots.** Pour parler et pour écrire on se sert de *mots*. *Dieu, enfant, animal* sont des mots.

3. — **Syllabes.** Les mots sont composés de *syllabes.* Dans *Dieu,* il y a une syllabe ; dans *en-fant,* il y en a deux ; dans *a-ni-mal,* il y en a trois.

4. — **Lettres.** Les syllabes sont composées de *lettres.*

Il y a en français vingt-cinq lettres, qui sont : *a, b, c, d, e, f, g, h, i, j, k, l, m, n, o, p, q, r, s, t, u, v, x, y, z.*

5. — **Voyelles, consonnes.** Il y a deux sortes de lettres : les *voyelles* et les *consonnes.*

6. — Il y a *six* voyelles, qui sont : *a e, i, o, u, y.*

7. — Il y a *dix-neuf* consonnes, qui sont : *b, c, d, f, g, h, j, k, l, m, n, p, q, r, s, t, v, x, z.*

8. — **Sortes d'e.** On distingue trois sortes d'*e.*

L'*e* muet, e, comme dans *monde, droite.*

L'*é* fermé, é, comme dans *abbé, café,*

L'*è* ouvert, è, ê, comme dans *procès, fête.*

---

1. Qu'est-ce que la grammaire française ?

2. De quoi se sert-on pour parler et pour écrire ?

3. De quoi sont composés les mots ?

4. De quoi sont composées les syllabes ?

5. Combien y a-il de sortes de lettres ?

6. Combien y a-t-il de voyelles et quelles sont-elles ?

7. Combien y a-t-il de consonnes et quelles sont-elles ?

8. Combien distingue-t-on de sortes d'*e* ?

9. — **Lettre h.** La lettre *h* est *muette* ou *aspirée*.

10.—La lettre *h* est *muette* quand elle ne se prononce pas, comme dans l'h*omme*, l'h*onneur*, l'h*istoire*.

11. — La lettre *h* est *aspirée* quand elle fait prononcer du gosier les voyelles suivantes, comme dans la h*aine*, le h*ameau*, le h*éron*.

12. — **Accents.** Il y a trois sortes d'accents :

L'accent *aigu* ('), qui se met sur les *é* fermés ; *abbé, café.*

L'accent *grave* (`), qui se met sur les *è* ouverts et quelquefois sur les *à* : *procès, au-delà.*

L'accent *circonflexe* (^), qui peut se mettre sur toutes les voyelles, et qui en fait des voyelles longues : *pâte, tempête, gîte, apôtre, flûte.*

13. — **Espèces de mots.** Il y a en français dix espèces de mots, savoir : le *nom,* l'*article,* l'*adjectif,* le *pronom,* le *verbe,* le *participe,* la *préposition,* l'*adverbe,* la *conjonction* et l'*interjection.*

14. — **Mots variables.** On appelle *mots variables* ceux dont la terminaison peut changer.

Ex. : *Cheval, chevaux.*

15. — Les mots variables sont : le *nom,* l'*article,* l'*adjectif,* le *pronom,* le *verbe* et le *participe.*

16. — **Mots invariables.** On appelle *mots invariables* ceux dont la terminaison ne peut pas changer.

Ex. : *Enfin, maintenant.*

17. — Les mots invariables sont : la *préposition* l'*adverbe,* la *conjonction* et l'*interjection.*

DÉVELOPPEMENT.

De la Ponctuation.

Le maître exigera que les élèves, dès le début de leurs études, emploient les signes de ponctuation ainsi que les accents.

La *ponctuation* est employée pour éclaircir le sens des phrases et pour indiquer les **pauses** que l'on doit faire en lisant.

Les signes de ponctuation sont : la *virgule* (,), le *point-virgule*(;), les *deux points* (:), le *point* (.), le *point d'interrogation* (?), le *point d'exclamation* (!), les *guillemets* (« »), le *tiret* (—), la *parenthèse* ( ).

Règle. — La virgule indique une **petite** pause ; le point-virgule et les deux points, une **moyenne** pause ; le point, une pause **complète**.

Virgule. — On emploie la *virgule* après les noms, les adjectifs, les verbes qui se suivent ; avant et après les parties de phrase qui ne sont pas indispensables au sens.

   Ex. : La candeur, la docilité, la simplicité sont les vertus de l'enfance.

   Il faut, autant qu'on peut, obliger tout le monde.

Point-virgule. — On emploie le *point-virgule* pour séparer les *principales divisions* d'une même phrase, notamment quand on a déjà fait usage de la virgule pour la subdivision.

Deux points. — On emploie les *deux points* devant une citation, et devant une partie de phrase qui sert à étendre ou à éclaircir celle qui précède.

   Ex. : Le chêne un jour dit au roseau : « Vous avez bien sujet d'accuser la nature. »

   Rien ne sert de courir : il faut partir à point.

Point. — On emploie le *point* à la fin des phrases, quand le sens est entièrement fini.

   Ex. : Le mensonge est le plus bas de tous les vices.

Point d'interrogation. — On emploie le *point d'interrogation* à la fin des phrases interrogatives.

   Ex. : Que faisiez-vous aux temps chauds ?

Point d'exclamation. — On emploie le *point d'exclamation* après les interjections et à la fin des phrases exclamatives.

   Ex. : Hélas ! malheur aux vaincus !

Guillemets et tirets. — On place les *guillemets* au commencement et à la fin des citations, qu'on sépare entre elles par des *tirets*.

   Ex. : « Qu'est cela ? lui dit-il. — Rien. — Quoi rien ? — Peu de chose. »

Parenthèses. — On renferme entre deux *parenthèses* toute phrase qui a un sens à part au milieu d'une autre.

   Ex. : On conte qu'un serpent, voisin d'un horloger (c'était pour l'horloger un mauvais voisinage), entra dans sa boutique.

CHAPITRE PREMIER

DU NOM OU SUBSTANTIF.

18. — On appelle *nom* ou *substantif* tout mot qui sert à *nommer* une personne, un animal, ou une chose, comme *Pierre, chien, livre.*

Du nom commun et du nom propre.

19. — Il y a deux sortes de noms : le nom *commun* et le nom *propre.*

Exercice 1.

Règle 18. — Distinguez les noms de personnes des noms de choses.
Ecrivez : jardinier est un nom de *personne.*

jardinier.	soldat.	prêtre.	feu.
pendule.	lampe.	pavé.	bêche.
boucher.	scie.	maire.	épicier.
laboureur.	ouvrier.	charretier.	panier.
boulanger.	bureau.	outil.	fermier.

Exercice 2.

Règle 18. — Distinguez les noms d'animaux des noms de choses.
Ecrivez : chien est un nom d'*animal.*

chien.	poule.	paille.	fumier.
chat.	grenier.	mouton.	dindon.
bêche.	vache.	brebis.	bois.
faucille.	écurie.	étable.	lièvre.
futaille.	coq.	plume.	lapin.

Exercice 3.

Règle 18. — Distinguez les noms de choses visibles des noms de choses invisibles. *Ecrivez : maison* est un nom de chose *visible.*

maison.	carafe.	esprit.	distraction.
bonté.	lampe.	âme.	réflexion.
sagesse.	douceur.	chaise.	fidélité.
richesse.	repos.	volonté.	encrier.
obéissance.	crayon.	douleur.	papier.
fermeté.	papier.	haine.	amitié.

---

18. Qu'appelle-t-on nom ou substantif ?

19. Combien y a-t-il de sortes de noms ?

DÉVELOPPEMENT.

Du nom. — Faites remarquer d'abord que tout ce que l'on peut voir ou *toucher* est un *nom*. *Arbre* est-il un nom ? Oui, parce qu'on peut voir et toucher un arbre. *Soleil* est-il un nom ? Oui, parce qu'on peut voir le soleil. Vous direz une autre fois qu'il existe en outre des noms *abstraits*, ne s'appliquant pas à des objets que l'on puisse voir ou toucher, comme *courage*, *bonté*, *paresse*, etc., qui correspondent aux adjectifs *courageux*, *bon*, *paresseux*.

Première Dictée. (NOM COMMUN ET NOM PROPRE.)

L'élève mettra une majuscule aux noms propres.

La cabane du berger Louis. — La hache du charpentier Nicolas. — Le rabot du menuisier Étienne. — La ville de Paris. — Le village de Bouvines. — La rapidité du Rhône. — La source de la Seine. — La hauteur du mont Dor. — La profondeur de la mer. — Le couteau du boucher Louis. — Le fusil du soldat François. — Le fer de la blanchisseuse Catherine. — Le tablier de la domestique Henriette. — La charrue de Pierre. — Le cheval de Jacques.

Corrigé 1.

L'élève écrira tout au long : *Jardinier* est un nom de *personne*.

Jardinier. *p.*	Soldat. *p.*	Prêtre. *p.*	Feu. *ch.*
Pendule. *ch.*	Lampe. *ch.*	Pavé. *ch.*	Bêche. *ch.*
Boucher. *p.*	Scie. *ch.*	Maire. *p.*	Epicier. *p.*
Laboureur. *p.*	Ouvrier. *p.*	Charretier. *p.*	Panier. *ch.*
Boulanger. *p.*	Bureau. *ch.*	Outil. *ch.*	Fermier. *p.*

Corrigé 2.

L'élève écrira tout au long : *Chien* est un nom d'*animal*.

Chien. *an.*	Poule. *an.*	Paille. *ch.*	Fumier. *ch.*
Chat. *an.*	Grenier. *ch.*	Mouton. *an.*	Dindon. *an.*
Bêche. *ch.*	Vache. *an.*	Brebis. *an.*	Bois. *ch.*
Faucille. *ch.*	Ecurie. *ch.*	Etable. *ch.*	Lièvre. *an.*
Futaille. *ch.*	Coq. *an.*	Plume. *ch.*	Lapin. *an.*

Corrigé 3.

L'élève écrira tout au long : *Maison* est un nom de chose visible.

Maison. *vis.*	Carafe. *vis.*	Esprit. *inv.*	Douleur. *inv.*
Bonté. *inv.*	Lampe. *vis.*	Ame. *inv.*	Réflexion. *inv.*
Sagesse. *inv.*	Douceur. *inv.*	Chaise. *vis.*	Fidélité. *inv.*
Richesse. *inv.*	Repos. *inv.*	Volonté. *inv.*	Encrier. *vis.*
Obéissance. *inv.*	Crayon. *vis.*	Douleur. *inv.*	Papier. *vis.*
Fermeté. *inv.*	Papier. *vis.*	Haine. *inv.*	Amitié. *inv.*

20. — **Nom commun.** On appelle nom *commun* tout nom qui sert à désigner les personnes ou les choses de la *même* espèce; ainsi *homme, cheval, maison* sont des noms communs, parce qu'ils servent à désigner tous les hommes, tous les chevaux, toutes les maisons.

21. — **Nom propre.** On appelle nom *propre* tout nom qui sert à désigner les personnes ou les choses *uniques* de leur espèce ainsi; *Adam, Ève, Paris, la Seine,* sont des noms propres.

22. — La première lettre d'un nom propre doit être une *majuscule* ou *grande lettre :* Adam, Ève, Paris, la Seine.

Exercice 4.

Règles 20 à 22. — Les noms d'hommes sont des noms propres. — Distinguez les noms propres des noms communs. *Ecrivez :* blé (nom commun). Louis (nom propre). Vous ne mettrez une majuscule qu'aux noms propres.

blé.	horloge.	feuille.	grenier.
Louis.	Jacques.	oignon.	avoine.
chêne.	papier.	fleurs.	montagne.
écorce.	marbre.	Jean.	Gustave.

Même Exercice.

Règles 20 à 22. — Les noms de pays ou de villes sont des noms propres. *Ecrivez :* charrue (nom commun).

charrue.	Besançon.	potiron.	étang.
Londres* (1).	vache.	pie.	épine.
Marseille*.	cheval.	corbeau.	Prusse.
Rouen*.	Amérique*.	sentier.	Bordeaux*.

Même Exercice.

Règles 20 à 22. — Les noms de mers, de fleuves et de montagnes sont des noms propres. *Ecrivez :* Les Alpes (nom propre).

Les Alpes*.	hêtre.	ortie.	pendule.
encrier.	Le Rhône*.	Les Pyrénées*.	Les Cévennes*.
porte-plume.	La Loire*.	L'Atlantique.	groseillier.
La Seine*.	églantier.	chanvre.	l'Aube*.

(1) Cherchez dans le lexique placé à la fin de ce livre ce qu'est la ville de Londres, de quel pays elle est la capitale, quelle en est la population. Vous ferez de même pour tous les mots marqués d'un astérisque (*).

---

20. Qu'appelle-t-on nom commun?   **22.** Que doit être la première lettre d'un nom propre?
21. Qu'appelle-t-on nom propre?

DÉVELOPPEMENT.

Nom commun. — Faites remarquer que tous les noms désignant des *métiers*, des *objets* à l'usage de l'homme, les *animaux*, les différentes parties du corps, les *plantes*, les différentes parties d'une plante, les minéraux, les termes géographiques, sont des noms communs. Exigez que l'élève donne des exemples de noms communs appartenant à chacune de ces catégories. Ex.: Nommez trois noms désignant des termes géographiques. *Rép. : montagne, lac, rivière.*

Nom propre. — Si l'élève sait suffisamment écrire, qu'il s'habitue à mettre une lettre majuscule au commencement des noms propres; sinon le maître exigera qu'il en souligne la première lettre. Faites observer que les noms d'*hommes*, de *villes*, de *villages*, de *hameaux*, de *fermes isolées*, de *fleuves*, de *rivières*, de *ruisseaux*, de *montagnes*, de *lacs*, d'*étangs*, de *mers*, de *détroits*, de *caps*, etc., sont des noms propres. Exigez des exemples de noms propres pris dans une ou plusieurs de ces catégories.

Rigoureusement parlant, un nom propre ne devrait appartenir qu'à un individu *unique;* mais il n'en est pas ainsi dans la réalité. Par exemple, les prénoms comme *Louis, Pierre, Paul*, s'appliquent à plusieurs hommes à la fois. Ils ne deviennent véritablement noms propres que s'ils sont joints au *nom de famille.*

Réciproquement, le *nom de famille* lui-même ne peut désigner un individu particulier que s'il est accompagné d'un ou de plusieurs prénoms.   (Voir la *Deuxième année de Grammaire,* Maître.)

Corrigé 4.

L'élève écrira les mots tout au long.

Blé. *n. c.*	Horloge. *n. c.*	Feuille. *n. c.*	Grenier. *n. c.*
Louis. *n. p.*	Jacques. *n. p.*	Oignon. *n. c.*	Avoine. *n. c.*
Chêne. *n. c.*	Papier. *n. c.*	Fleurs. *n. c.*	Montagne. *n. c.*
Ecorce. *n. c.*	Marbre. *n. c.*	Jean. *n. p.*	

Corrigé.

Charrue. *n. c.*	Besançon*. *n. p.*	Potiron. *n. c.*	Etang. *n. c.*
Londres*. *n. p.*	Vache. *n. c.*	Pie. *n. c.*	Epine. *n. c.*
Marseille*. *n. p.*	Cheval. *n. c.*	Corbeau. *n. c.*	Prusse. *n. p.*
Rouen*. *n. p.*	Amérique*. *n. p.*	Sentier. *n. c.*	Bordeaux*. *n. p.*

Corrigé.

Les Alpes*. *n. p.*	Hêtre. *n. c.*	Ortie. *n. c.*	Pendule. *n. c.*
Encrier. *n. c.*	Le Rhône*. *n. p.*	Pyrénées*. *n. p.*	Cévennes*. *n. p.*
Porte-plume. *n. c.*	La Loire*. *n. p.*	L'Atlantique. *n. p.*	Groseillier. *n. c.*
La Seine*. *n. p.*	Eglantier. *n. c.*	Chanvre. *n. c.*	L'Aube. *n. p.*

1.

23. — Dans les noms il faut considérer le *genre* et le *nombre.*

Du genre.

24. — Il y a en français deux genres : le *masculin* et le *féminin.*

25. — Masculin. Les noms d'hommes ou de mâles sont du genre **masculin,** comme un *père,* un *lion.*

26. — Féminin. Les noms de femmes ou de femelles sont du genre **féminin,** comme une *mère,* une *lionne.*

27. — En outre, par imitation, on a donné le genre masculin ou le genre féminin à des choses qui ne sont ni mâles, ni femelles, comme un *livre,* une *table,* le *soleil,* la *lune.*

Exercice 5.

Distingue z les noms masculins des noms féminins. *Ecrivez :* Louis mas culin), Élisa (féminin).

Louis.	Marie.	Jeanne.	Alfred.
Elisa.	Paul.	Auguste.	Alexandre.
Nicolas.	Thérèse.	Catherine.	Rose.
Pierre.	André.	Mélanie.	Léon.

Exercice 6.

Distinguez les noms masculins des noms féminins. *Ecrivez :* Cheval masculin). Brebis (féminin).

Cheval.	Ane.	Chien.	Bouc*.
Brebis.	Coq.	Biche*.	Cerf*.
Chat.	Chatte.	Jument.	Vache.
Poule.	Bœuf.	Lapin.	Bélier*.
Lapine.	Louve.	Truie*.	Lionne.

Exercice 7.

Distinguez les noms masculins des noms féminins. *Ecrivez :* Coutu- rière (féminin). Charpentier (masculin).

Couturière.	Laboureur.	Mercière.	Maréchal.
Charpentier.	Peintre.	Marchande.	Lingère.
Maçon.	Boulangère.	Cordonnier.	Charron.
Epicière.	Pâtissier.	Menuisier.	Blanchisseuse.
Jardinière.	Cuisinière.	Fruitière.	Fileuse.

23. Qu'y a-t-il à considérer dans les noms ?

24 Combien y a-t-il de genres ?

25. Quels noms sont du genre masculin ?

26. Quels noms sont du genre féminin ?

27. Quel genre a-t-on donné aux choses ?

DÉVELOPPEMENT.

Du Genre. — Les élèves changent souvent avec une persistance singulière le genre de certains noms. Nous invitons les maîtres à revenir souvent sur les mots les plus usuels dont les élèves intervertissent le genre. On peut dicter comme devoir des listes de noms dont l'élève devra indiquer le genre.

2e **Dictée.** (DU GENRE.)

Le Maître signalera le genre des noms suivants :

Le grand *âge* de ma mère. — Le bon *amadou* prend feu aisément. — Un solide *arrosoir*. — De l'*amidon* frais. — Un *centime* neuf. — La *cravate* de mon frère. — L'*écritoire* très-noire. — Un *emplâtre* tout chaud. — La bonne *noix*. — Un grand *incendie*. — Un *omnibus* complet. — Un *ouvrage* bien fait. — Un *obus* entier. — Une *offre* bienveillante. — Un *hôtel* meublé. — Une *oie* grasse. — Une belle *dinde*. — Un *légume* vert. — Une grosse *enclume*. — Un *éclair* éblouissant. — L'*argent* est blanc. — Une solide *agrafe*. — Un *exercice* excellent. — La chaude *après-midi*.

Corrigé 5.

L'élève écrira tout au long les mots *masculin, féminin*.

Louis. *m.*	Marie. *f.*	Jeanne. *f.*	Alfred. *m.*
Elisa. *f.*	Paul. *m.*	Auguste. *m.*	Alexandre. *m.*
Nicolas. *m.*	Thérèse. *f.*	Catherine. *f.*	Rose. *f.*
Pierre. *m.*	André. *m.*	Mélanie. *f.*	Léon. *m.*

Corrigé 6.

Cheval. *m.*	Ane. *m.*	Chien. *m.*	Bouc *. *m.*
Brebis. *f.*	Coq. *m.*	Biche *. *f.*	Cerf *. *m.*
Chat. *m.*	Chatte. *f.*	Jument. *f.*	Vache. *f.*
Poule. *f.*	Bœuf. *m.*	Lapin. *m.*	Bélier *. *m.*
Lapine. *f.*	Louve. *f.*	Truie *. *f.*	Lionne. *f.*

Corrigé 7.

Couturière. *f.*	Laboureur. *m.*	Mercière. *f.*	Maréchal. *m.*
Charpentier. *m.*	Peintre. *m.*	Marchande. *f.*	Lingère. *f.*
Maçon. *m.*	Boulangère. *f.*	Cordonnier. *m.*	Charron. *m.*
Épicière. *f.*	Pâtissier. *m.*	Menuisier. *m.*	Blanchisseuse. *f.*
Jardinière. *f.*	Cuisinière. *f.*	Fruitière. *f.*	Fileuse. *f.*

28. — **Règle du masculin**. On reconnaît qu'un nom est du genre masculin quand on peut mettre **le** ou **un** devant ce nom. Ainsi *père, lion, soleil* sont du genre masculin, parce qu'on peut dire : le *père*, un *père* ; le *lion*, un *lion* ; le *soleil*, un *soleil*.

29. — **Règle du féminin**. On reconnaît qu'un nom est du genre féminin quand on peut mettre **la** ou **une** devant ce nom. Ainsi *mère, lionne, lune* sont du genre féminin, parce qu'on peut dire : la *mère*, une *mère* ; la *lionne*, une *lionne* ; la *lune*, une *lune*.

Exercice 8.

Règles 25 et 26.—Distinguez le masculin du féminin. ***Écrivez :*** *Le meuble (masculin).* La serrure *(féminin)*.

Le meuble.	Le rideau.	La feuille.	La flamme.
La serrure.	La charrette.	La racine.	La flammèche.
La sentinelle.	Le buisson.	La fleur.	La barbe.
La coquille.	La forêt.	Le fruit.	Le cornichon.
La nuit.	Le mousse.	Le pont.	La citrouille.
Le jour.	Le caillou.	La rivière.	La boutique.

Exercice 9.

Règles 28 et 29. — Mettez *le* devant les noms masculins ; *la* devant les noms féminins. *Écrivez : le* nez, *la* bouche.

... nez.	... dos.	... farine.	... porte.
... bouche.	... bras.	... bouillie.	... gouttière.
... front.	... dent.	... pendule.	... tuile.
... main.	... joue.	... foyer.	... pierre.
... pied.	... doigt.	... peinture.	... brique.
... genou.	... cheveu.	... toit.	... plafond.
... jambe.	... barbe.	... cheminée.	... plancher.

Exercice 10.

Mettez *le* devant les noms masculins ; mettez *la* devant les noms féminins : *Écrivez : Le* chien, *la* cabane.

... chien.	... vallon.	... blé.	... mouche.
... cabane.	... vallée.	... seigle.	... crapaud.
... renard.	... bois.	... pomme.	... brebis.
... maison.	... rivière.	... poire.	... grenouille.
... vigne.	... fleuve.	... tulipe.	... vipère.
... fleur.	... ruisseau.	... fraisier.	... serpent
... raisin.	... montagne.	... mouton.	... lézard.

---

28. Comment reconnaît-on qu'un nom est du genre masculin ? | **29.** Comment reconnaît-on qu'un nom est du genre féminin ?

DÉVELOPPEMENT.

Pour la formation du féminin dans les mots, voyez nos *Exercices français de Première Année*, page 6.

3e **Dictée.** (DU FÉMININ.)

Le Maître dictera le masculin des noms suivants. La dictée faite, l'élève les écrira au féminin.

Parent - e. — Voisin - e. — Lapin - e. — Marquis - e. — Berg er -ère. — Passementi er -ère. — Louis - e. — Aim é -ée. — Matelassi er -ère. — Bouch er -ère. — Laiti er -ère.

Chien -ne. — Chat -te. — Poulet -te. — Paysan -ne. — Citoyen -ne. — Chrétien -ne. — Doyen -ne. — Païen -ne. — Troyen -ne. — Espion -ne. — Alsacien -ne. — Egyptien -ne. — Bohémien -ne.

Faubourien -ne. — Borgn e -esse. — Diabl e -esse. — Chanoin e -esse. — Diacre -diacon esse. — Mulâtr e -esse. — Pair -esse. — Card eur -euse. — Gard eur -euse. — Vend eur -euse. — Baign eur -euse.

Corrigé 8.

L'élève écrira tout au long : *masculin, féminin.*

Le meuble. *m.*	Le rideau. *m.*	La feuille. *f.*	La flamme. *f.*
La serrure. *f.*	La charrette. *f.*	La racine. *f.*	La flammèche. *f.*
La sentinelle. *f.*	Le buisson. *m.*	La fleur. *f.*	La barbe. *f.*
La coquille. *f.*	La forêt. *f.*	Le fruit. *m.*	Le cornichon. *m.*
La nuit. *f.*	Le mousse. *m.*	Le pont. *m.*	La citrouille. *f.*
Le jour. *m.*	Le caillou. *m.*	La rivière. *f.*	La boutique. *f.*

Corrigé 9.

Le nez.	Le dos.	La farine.	La porte.
La bouche.	Le bras.	La bouillie.	La gouttière.
Le front.	La dent.	La pendule.	La tuile.
La main.	La joue.	Le foyer.	La pierre.
Le pied.	Le doigt.	La peinture.	La brique.
Le genou.	Le cheveu.	Le toit.	Le plafond.
La jambe.	La barbe.	La cheminée.	Le plancher.

Corrigé 10.

Le chien.	Le vallon.	Le blé.	La mouche.
La cabane.	La vallée.	Le seigle.	Le crapaud.
Le renard.	Le bois.	La pomme.	La brebis.
La maison.	La rivière.	La poire.	La grenouille.
La vigne.	Le fleuve.	La tulipe.	La vipère.
La fleur.	Le ruisseau.	Le fraisier.	Le serpent.
Le raisin.	La montagne.	Le mouton.	Le lézard.

Du nombre.

30. — Il y a en français deux nombres : le *singulier* et le *pluriel*.

31. — **Singulier.** Un nom est au **singulier** quand il ne représente qu'*une seule* personne ou *une seule* chose, comme *un homme, un livre.*

32. — **Pluriel.** Un nom est au **pluriel** quand il représente *plusieurs* personnes ou *plusieurs* choses, comme *les hommes, les livres ; sept hommes, sept livres.*

Exercice 11.

Règles 31 et 32. — Copiez en mettant *singulier* après les noms au *singulier* et *pluriel* après les noms au *pluriel. Ecrivez :* L'homme (singulier). Trois œufs (pluriel).

L'homme.	Une fourmi.	Les hirondelles.
Trois œufs.	Des haricots.	Dix soldats.
Une femme.	Un pain.	Deux fermiers.
Deux vaches.	Une galette.	Une charrue.
Quatre moutons.	Deux gâteaux.	Le laboureur.
Sept fruits.	Trois chemins.	La poste.

Même Exercice. 12.

Ecrivez : Les Evangiles (pluriel). La leçon (singulier).

Les Evangiles.	Un enclos.	Cinq pains.
La leçon.	Les villes.	Les légumes.
La pierre.	Six villages.	Le navet.
Les arbres.	Un hameau.	Une betterave.
Deux frères.	Deux chevaux.	Des voleurs.
Une rivière.	Une enclume.	Deux voitures.
Un jardin.	Trois poissons.	Six gerbes.

Exercice 13.

Ecrivez : Le crapaud (masculin singulier). Les oiseaux (masculin pluriel)

Le crapaud.	Trois artichauts.	Le toit.
Les oiseaux.	La cheminée.	Deux ânes.
Deux arbres.	La porte.	Le chien.
La génisse.	Les fenêtres.	Une voiture.
Les veaux.	Les poutres.	Les bœufs.
Un canard.	Un château.	Une pioche.

30. Combien y a-t-il de nombres ? | 32. Quand un nom est-il au plu-
31. Quand un nom est-il au sin- | riel ?
gulier ?

4e **Dictée.** (ANALYSE.)

Le maître dictera les noms suivants, et il exigera que l'élève en indique le genre et le nombre : *m.* masculin, *f.* féminin, *s.* singulier, *pl.* pluriel.

Un oiseau *m. s.* — Deux vignes *f. pl.* — Trois pies *f. pl.* — Une église *f. s.* — Deux ânes *m. pl.* — Trois charrues *f. pl.* — Un buisson *m. s.* — Des roses *f. pl.* — La rivière *f. s.* — Deux ruisseaux *m. pl.* — Douze pierres *f. pl.* — Un échalas *m. s.* — Des légumes *m. pl.* — Quatre artichauts *m. pl.* — Deux citrouilles *f. pl.* — Trois melons *m. pl.* — Une rigole *f. s.* — Sept pêches *f. pl.* — Un coing *m. s.*

Corrigé 11.

L'élève écrira en toutes lettres, soit le mot *singulier*, soit le mot *pluriel.*

L'homme. *s.*	Une fourmi. *s.*	Les hirondelles. *pl.*
Trois œufs. *pl.*	Des haricots. *pl.*	Dix soldats. *pl.*
Une femme. *s.*	Un pain. *s.*	Deux fermiers. *pl.*
Deux vaches. *pl.*	Une galette. *s.*	Une charrue. *s.*
Quatre moutons. *pl.*	Deux gâteaux. *pl.*	Le laboureur. *s.*
Sept fruits. *pl.*	Trois chemins. *pl.*	La poste. *s.*

Corrigé 12.

Les Evangiles. *pl.*	Un enclos. *s.*	Cinq pains. *pl.*
La leçon. *s.*	Les villes. *pl.*	Les légumes. *pl.*
La pierre. *s.*	Six villages. *pl.*	Le navet. *s.*
Les arbres. *pl.*	Un hameau. *s.*	Une betterave. *s.*
Deux frères. *pl.*	Deux chevaux. *pl.*	Des voleurs. *pl.*
Une rivière. *s.*	Une enclume. *s.*	Deux voitures. *pl.*
Un jardin. *s.*	Trois poissons. *pl.*	Six gerbes. *pl.*

Corrigé 13.

Le crapaud. *m. s.*	Trois artichauts. *m. pl.*	Le toit. *m. s.*
Les oiseaux. *m. pl.*	La cheminée. *f. s.*	Deux ânes. *m. pl.*
Deux arbres. *m. pl.*	La porte. *f. s.*	Le chien. *m. s.*
La génisse. *f. s.*	Les fenêtres. *f. pl.*	Une voiture. *f. s.*
Les veaux. *m. pl.*	Les poutres. *f. pl.*	Les bœufs. *m. pl.*
Un canard. *m. s.*	Un château. *m. s.*	Une pioche. *f. s.*

Formation du pluriel d'un nom.

33. — Règle du pluriel. On forme le pluriel d'un nom, en ajoutant un **s** au singulier.

Ex. : Le père, les *pères*.   Le livre, les *livres*.
La mère, les *mères*.   La table, les *tables*.

Exercice 14.

Règle 33. — Copiez et mettez tous les noms au pluriel. *Ecrivez :* l pommier, les *pommiers*.

Le pommier, les...	Le plafond, les...	Un fruit, des...
La tarte, les...	Le plancher, les...	Le blé, les...
Le pain, les...	Le diable, les...	Le laboureur, les...
La viande, les...	Un escargot, des...	Un enfant, des...
Une armoire, des...	Une échelle, des...	La plante, les...
Le pinson, les...	La ronce, les...	Le frêne, les...

Exercice 15.

Copiez et mettez au pluriel. *Ecrivez :* Un singe, des *singes*.

Un singe, des...	Le charpentier, les...	Le poulet, les...
La chèvre, les...	Le peintre, les...	Un coq, des...
La biche, les...	Un maçon, des...	Le pécheur, les...
Le chat, les...	Le rat, les...	Le cuisinier, les...
Un lion, des...	Le loir, les...	Un œuf, des...
Le tigre, les...	Un canard, des...	Le marron, les...

Exercice 16.

Copiez et mettez au pluriel. *Ecrivez :* La forêt, les *forêts*.

La forêt, les...	Un aigle, des...	Le bocage, les...
Un escalier, des...	La carotte, les...	La redingote, les...
Un insecte, des...	Le navet, les...	Un gilet, des...
Une abeille, des...	La troupe, les...	La cravate, les...
Le mur, les...	La pierre, les...	La corbeille, les...
Un arbre, des...	Le marbre, les...	Le tablier, les...
La bête, les...	La statue, les...	Le soldat, les...

Exercice 17.

Copiez et mettez au singulier *Ecrivez :* Les brosses, la *brosse*.

Les brosses, la...	Les bonnets, le...	Les voitures, la...
Les livres, le...	Les chemises, la...	Les roues, la...
Les cahiers, le...	Les boutons, le...	Les planches, la...
Les plumes. la...	Les cordons, le...	Les fers, le...
Les montres, la...	Les chaînes, la...	Les cuisines, la...
Les paletots, le...	Les papiers, le...	Les chambres, la...

---

33. Comment forme-t-on le pluriel d'un nom ?

5e **Dictée.** (SUBSTANTIFS.)

Les ailes du pinson. — Les arbustes du jardin. — Les aiguilles de ma mère. — Les rues du village. — Les arbres de la forêt. — Les fruits du verger. — Les roues du moulin. — Les ornières du chemin. — Les cheminées du hameau. — Les cris des enfants. — Les herbes des prés. — Les roches des montagnes. — Les fleurs des moissons.

Corrigé 14.

L'élève écrira tout au long : Le pommier, les *pommiers*.

— pommiers.	— plafonds.	— fruits.
— tartes.	— planchers.	— blés.
— pains.	— diables.	— laboureurs.
— viandes.	— escargots.	— enfants.
— armoires.	— échelles.	— plantes.
— pinsons.	— ronces.	— frênes.

Corrigé 15.

— singes.	— charpentiers.	— poulets.
— chèvres.	— peintres.	— coqs.
— biches.	— maçons.	— pêcheurs.
— chats.	— rats.	— cuisiniers.
— lions.	— loirs.	— œufs.
— tigres.	— canards.	— marrons.

Corrigé 16.

— forêts.	— aigles.	— bocages.
— escaliers.	— carottes.	— redingotes.
— insectes.	— navets.	— gilets.
— abeilles.	— troupes.	— cravates.
— murs.	— pierres.	— corbeilles.
— arbres.	— marbres.	— tabliers.
— bêtes.	— statues.	— soldats.

Corrigé 17.

— brosse.	— bonnet.	— voiture.
— livre.	— chemise.	— roue.
— cahier.	— bouton.	— planche.
— plume.	— cordon.	— fer.
— montre.	— chaîne.	— cuisine.
— paletot.	— papier.	— chambre.

Exercice 18.

Copiez et mettez au singulier. *Ecrivez :* Les terres, *la terre.*

Les terres, la...	Les châtaignes, la...	Les dés, le...
Des nations, une...	Les champs, un...	Les piliers, le...
Les cabanes, la...	Les plaines, la...	Les colonnes, la...
Des torts, un...	Des montagnes, une..	Des édifices, un...
Des rossignols, un...	Des vallons, un...	Des charrues, une.
Les sangliers, le...	Les fleuves, le...	Les moulins, le...
Les vaches, la...	Des îles, une...	Les pelles, la...
Des perroquets, un...	Les balances, la...	Les cuviers, le...

Exercice 19.

LE CHAMP.

Copiez et mettez au pluriel les noms entre parenthèses.

La cabane du pauvre Nicolas était bâtie sur un terrain couvert de *(bruyère)*, de *(genêt)*, d'*(ajonc*)*, de *(coudrier*)*, de *(ronce)*, d'*(épine)* et de *(buisson)* de toutes *(sorte)*. Il semblait que Dieu eût condamné ce terrain à ne produire ni *(légume)*, ni *(fruit)*. Un jour qu'il faisait une chaleur excessive, justement à l'époque des *(moisson)*, Nicolas s'était étendu à l'ombre d'un de ces *(buisson)*. Vint à passer un paysan conduisant une charrette attelée de deux *(bœuf)*. Cette charrette était remplie de magnifiques *(gerbe)* de blé. Au bruit que firent les *(roue)*, Nicolas leva la tête et ne put s'empêcher de regarder avec des yeux d'envie le rustique* équipage. Il ne se décida qu'avec peine à saluer le paysan.

Même Exercice. 20.

Le cultivateur, sans faire attention aux *(coup)* d'œil envieux de Nicolas, entama sur-le-champ la conversation : « Il ne tiendrait qu'à toi, lui dit-il, de voir ton terrain produire des *(épi)* aussi beaux que les miens, des *(légume)* superbes, des *(centaine)* de *(botte)* d'un foin odorant et d'excellente qualité. Coupe ces *(arbuste)* et ces *(buisson)* qui encombrent ces *(friche)* ; mets le feu à ces *(ronce)*, à ces *(genêt)*, à toutes ces *(plante)* inutiles ; répands-en les *(cendre)* à la surface de ton champ et commence à en labourer un peu tous les *(jour)*. Quand tu n'en remuerais chaque fois que quelques *(mètre)* carrés, tu parviendras à nettoyer promptement ta propriété.

Même Exercice. 21.

» Alors ensemence-la en *(céréale*)*, en *(graine)* fourragères, en *(légume)* ; plante des *(pomme)* de terre, des *(carotte)*, des *(navet)*, des *(haricot)*, des *(fève)*, des *(artichaut)* ; puis confie-toi aux *(soin)* de la Providence ; le temps de la moisson arri-

Corrigé 18.

L'élève écrira tout au long : *Les terres, la terre.*

— terre.
— nation.
— cabane.
— tort.
— rossignol.
— sanglier.
— vache.
— perroquet.

— châtaigne.
— champ.
— plaine.
— montagne.
— vallon.
— fleuve.
— île.
— balance.

— dé.
— pilier.
— colonne.
— édifice.
— charrue.
— moulin.
— pelle.
— cuvier.

Corrigé 19.

LE CHAMP.

La cabane du pauvre Nicolas était bâtie sur un terrain couvert de *bruyères*, de *genêts*, d'*ajoncs* *, de *coudriers* *, de *ronces*, d'*épines* et de *buissons* de toutes *sortes*. Il semblait que Dieu eût condamné ce terrain à ne produire ni *légumes*, ni *fruits*. Un jour qu'il faisait une chaleur excessive, justement à l'époque des *moissons*, Nicolas s'était étendu à l'ombre d'un de ces *buissons*. Vint à passer un paysan conduisant une charrette attelée de deux *bœufs*. Cette charrette était remplie de magnifiques *gerbes* de blé. Au bruit que firent les *roues*, Nicolas leva la tête et ne put s'empêcher de regarder avec des yeux d'envie le rustique * équipage. Il ne se décida qu'avec peine à saluer le paysan.

Corrigé 20.

Le cultivateur, sans faire attention aux *coups* d'œil envieux de Nicolas, entama sur-le-champ la conversation : « Il ne tiendrait qu'à toi, lui dit-il, de voir ton terrain produire des *épis* aussi beaux que les miens, des *légumes* superbes, des *centaines* de *bottes* d'un foin odorant et d'excellente qualité. Coupe ces *arbustes* et ces *buissons* qui encombrent ces *friches*; mets le feu à ces *ronces*, à ces *genêts*, à toutes ces *plantes* inutiles; répands-en les *cendres* à la surface de ton champ et commence à en labourer un peu tous les *jours*. Quand tu n'en remuerais chaque fois que quelques *mètres* carrés, tu parviendras à nettoyer promptement ta propriété.

Corrigé 21.

» Alors ensemence-la en *céréales* *, en *graines* fourragères, en *légumes*; plante des *pommes* de terre, des *carottes*, des *navets*, des *haricots*, des *fèves*, des *artichauts*; puis confie-toi aux *soins* de la Providence; le temps de la moisson arrivera pour toi comme pour nous, et tu ne maudiras plus ton sort. »

vera pour toi comme pour nous, et tu ne maudiras plus ton sort. »

Nicolas goûta ces *(conseil)*. Les *(arbuste)*, les *(buisson)*, les *(plante)* nuisibles disparurent, grâce à ses travaux. En peu de temps il se procura un champ qui ne lui coûta que des *(sueur)*, mais pas une obole, et qui, l'année suivante, lui donna une récolte suffisante pour le dédommager amplement de ses *(peine)*.

Exercice 22.

DISTRIBUTION DES VÉGÉTAUX.

Mettez au pluriel les noms entre parenthèses.

Voyez nos *(champ)* : nous devons presque toutes les *(plante)* qu'on y cultive, les *(vigne)*, les *(blé)*, les *(noyer)*, les *(poirier)*, les *(cerisier)*, les *(luzerne)* à des *(nation)* lointaines ou à des *(peuple)* sauvages.

Ici sont le blé, le seigle, l'orge, qui portent les utiles *(moisson)*. Là s'élèvent des *(arbre)* fruitiers, dont les *(fruit)* sont si agréables. Sur les *(hauteur)* sont les *(chêne)*, les *(sapin)* et les *(forêt)*, qui mettent les *(plaine)* à l'abri des *(vent)*. Dans le creux des *(vallon)* sont des *(pépinière*)*, où s'élève la jeunesse des *(jardin)*, des *(verger)* et des bois.

Même Exercice. 23.

Tous ces végétaux s'entr'aident et se prêtent des *(grâce)* mutuelles. Les *(lierre)* tapissent l'écorce raboteuse des *(chêne)* ; les *(touffe)* dorées du gui* brillent sur les rameaux des *(pommier)* ; le tronc nu des *(érable)* s'entoure des *(guirlande)* du chèvre-feuille et les *(peuplier)* d'Italie élèvent vers le ciel les *(pampre)* empourprés de la vigne.

Chaque classe de végétaux a ses oiseaux. Les *(alouette)* s'élèvent en chantant du sein des *(moisson)* ; les *(tourterelle)* soupirent au haut des *(orme)* ; les *(rossignol)*, du milieu des *(buisson)*, font entendre leurs touchantes *(complainte)*. En diverses *(saison)*, des *(tribu)* d' *(hirondelle)*, de *(caille)*, de *(pluvier*)*, de *(loriot)*, de rouges-gorges, arrivent du nord* ou du midi*, font leurs *(nid)* dans nos *(campagne)*, et s'y reposent comme dans des *(hôtellerie)*.

Nicolas goûta ces *conseils*. Les *arbustes*, les *buissons*, les *plantes* nuisibles disparurent, grâce à ses travaux. En peu de temps il se procura un champ qui ne lui coûta que des *sueurs*, mais pas une obole, et qui, l'année suivante, lui donna une récolte suffisante pour le dédommager amplement de ses *peines*.

Corrigé 22.

DISTRIBUTION DES VÉGÉTAUX.

Voyez nos *champs* : nous devons presque toutes les *plantes* qu'on y cultive, les *vignes*, les *blés*, les *noyers*, les *poiriers*, les *cerisiers*, les *luzernes*, à des *nations* lointaines ou à des *peuples* sauvages.

Ici sont le blé, le seigle, l'orge qui portent les utiles *moissons*. Là s'élèvent des *arbres* fruitiers, dont les *fruits* sont si agréables. Sur les *hauteurs* sont les *chênes*, les *sapins* et les *forêts*, qui mettent les *plaines* à l'abri des *vents*. Dans le creux des *vallons* sont des *pépinières*, où s'élève la jeunesse des *jardins*, des *vergers* et des bois.

Corrigé 23.

Tous ces végétaux s'entr'aident et se prêtent des *grâces* mutuelles. Les *lierres* tapissent l'écorce raboteuse des *chênes*; les *touffes* dorées du gui * brillent sur les rameaux des *pommiers*; le tronc nu des *érables* s'entoure des *guirlandes* du chèvre-feuille, et les *peupliers* d'Italie élèvent vers le ciel les *pampres* empourprés de la vigne.

Chaque classe de végétaux a ses oiseaux. Les *alouettes* s'élèvent en chantant du sein des *moissons*; les *tourterelles* soupirent au haut des *ormes*; les *rossignols*, du milieu des *buissons*, font entendre leurs touchantes *complaintes*. En diverses *saisons*, des *tribus* d'hirondelles, de *cailles*, de *pluviers*, de *loriots*, de rouges-gorges, arrivent du nord ou du midi, font leurs *nids* dans nos *campagnes*, et s'y reposent comme dans des *hôtelleries*.

6ᵉ **Dictée.** (DU NOM.)

La ruche de l'abeille. — Les chaussures du soldat. — L'argent du travailleur. — Le feu de la cheminée. — Les bottes du cavalier. — La barbe du sapeur. — L'oiseau de mon père. — Les sapins de la forêt. — La cendre du foyer. — Le marin et le soldat. — Le chien de garde. — Le sucre de l'épicier. — Les moustaches de l'officier. — Le parapet du pont. — Les galons du caporal. — La toiture de la maison.

Remarques sur le pluriel des noms.

34. — **Noms en s, x, z.** Les noms terminés au singulier par **s, x, z,** ne changent pas au pluriel.

Ex. : Le fils, les *fils* ; la voi**x**, les *voix* ; le nez, les *nez*.

35. — **Noms en au, eau, eu.** Les noms terminés au singulier par **au, eau, eu,** prennent **x** au pluriel.

Ex. : Le noyau, les *noyaux* ; le bateau, les *bateaux* ; le feu, les *feux*.

Exercice 24.

Règle 34. — Copiez et mettez au pluriel. *Ecrivez :* La souris, les *souris.*

La souris, les...	Le fonds, les...	Le tas, les...
La noix, les...	Un salsifis, des...	Un avis, des...
Le choix, les...	Un matelas, des...	Le puits, les...
Le harnais, les...	Le verjus, les...	Le repas, les...
Une croix, des...	Le panaris*, les...	Le houx*, les...
La perdrix, les...	Le remords, les...	Un rets*, des...
Un crucifix, des...	Le radis, les...	Le bois, les...

Exercice 25.

Règle 35. — Copiez et mettez au pluriel. *Ecrivez :* Le noyau, les *noyaux.*

Le noyau, les...	Le lapereau, les...	Le neveu, les ..
Un chevreau, des...	Un troupeau, des...	Un écheveau, des...
Le feu, les...	Un moineau, des...	Un hoyau, des...
Le lieu, les...	Un pinceau, des...	Un blaireau, des...
Le joyau*, les...	Le milieu, les...	Le bateau, les...
Un perdreau, des...	Le seau*, les...	Le bedeau, les...
Le lionceau, les...	Le pieu, les...	Le couteau, les...

Exercice 26.

Règles 33 à 35. — Copiez et mettez au pluriel. *Ecrivez :* Le château, les *châteaux.*

Le château, les...	Le moyeu, les...	La branche, les...
Le gluau, les...	Le caveau, les...	Le tableau, les...
Un ruisseau, des...	Le tonneau, les...	Le bureau, les...
L'eau, les...	Un escalier, des...	Un rateau, des...
Le rouleau, les...	Un anneau, des...	Un taureau, des...
Un aveu, des...	Un étau, des...	Le père, les...
Le cheveu, les...	Le marteau, les...	Le copeau, les...

---

34. Que savez-vous du pluriel des noms terminés par *s, x, z* ?

35. Que savez-vous du pluriel des noms terminés par *au, eau, eu* ?

7ᵉ **Dictée**. (NOMS EN *s*, *x*, *z*.)

Un tapis de table. — Les débris de la vaisselle. — Le trou de la souris. — L'engrais fertilisant. — Les progrès de la guérison. — Le gaz d'éclairage. — Le prix d'honneur. — Le logis du laboureur. — Les taillis de la route. — Le treillis de la vigne. — Le mépris des injures. — L'avis bon à suivre.

8ᵉ **Dictée**. (NOMS EN *eau*, *aut*, *aud*.)

La dictée faite, l'élève mettra tous les noms au singulier.

Les bateaux. — Les bandeaux. — Les flambeaux. — Les boyaux. — Les fourneaux. — Les carreaux. — Les peaux. — Les pigeonneaux. — Les pruneaux. — Les rameaux. — Les rouleaux. — Les sureaux. — Les artichauts. — Les défauts. — Les hérauts. — Les levrauts. — Les réchauds. — Les échafauds. — Les sauts. — Les crapauds. — Les badauds.

Corrigé 24.

L'élève écrira tout au long : *La souris, les souris.*

— souris.	— fonds.	— tas.
— noix.	— salsifis.	— avis.
— choix.	— matelas.	— puits.
— harnais.	— verjus.	— repas.
— croix.	— panaris *.	— houx *.
— perdrix.	— remords.	— rets *.
— crucifix.	— radis.	— bois.

Corrigé 25.

— noyaux.	— lapereaux.	— neveux.
— chevreaux.	— troupeaux.	— écheveaux.
— feux.	— moineaux.	— hoyaux.
— lieux.	— pinceaux.	— blaireaux.
— joyaux.	— milieux.	— bateaux.
— perdreaux.	— seaux.	— bedeaux.
— lionceaux.	— pieux.	— couteaux.

Corrigé 26.

— châteaux.	— moyeux.	— branches.
— gluaux.	— caveaux.	— tableaux.
— ruisseaux.	— tonneaux.	— bureaux.
— eaux.	— escaliers.	— râteaux.
— rouleaux.	— anneaux.	— taureaux.
— aveux.	— étaus.	— pères.
— cheveux.	— marteaux.	— copeaux.

36. — **Noms en ou.** Sept noms terminés par **ou** prennent aussi **x** au pluriel. Ce sont : *bijou, caillou, chou, genou, hibou, joujou, pou,* qui font au pluriel : *bijoux, cailloux, choux, genoux, hiboux, joujoux, poux.*

Tous les autres noms en **ou** prennent un **s** au pluriel. Ex. : Un clou, des *clous*, un verrou, des *verrous*.

Exercice 27.

Règle 36. — Copiez et mettez au pluriel. *Ecrivez :* Le clou, les *clous*.

Le clou, les...	Un caillou, des...	Le filou, les...
Le hibou, les...	Un écrou, des...	Le fou, les...
Le chou, les...	Le joujou, les...	Un joujou, des...
Le trou, les...	Le coucou, les...	Le cou, les...
Un verrou, des...	Le licou, les...	Le sou, les...
Un filou, des...	Le genou, les...	Le pou, les...

Exercice 28.

Règles 33 à 36. — Dites comment les noms suivants forment leur pluriel. *Ecrivez :* Le *père* prend un s au pluriel d'après la règle 33, *les pères.*

Le père...	Le tableau...	Le bois...
Le marteau...	Le mouton...	Le poireau...
La cheminée...	Le couteau...	Le clou...
Le troupeau...	Le fou...	La vigne...
Le hibou...	Le puits...	Le matelas...
Le paletot...	Le champ...	Le salsifis...

Récapitulation 29.

Règles 33 à 36. — Mettez au pluriel les mots placés entre parenthèses.

Les Gaulois se transmettaient les nouvelles par des (*feu*) allumés sur les (*montagne*) ou sur les (*coteau*).

Les (*hibou*) sont des (*oiseau*) utiles aux (*cultivateur*).

Les (*moineau*) sont de petits (*fléau*) pour nos (*champ*) de blé.

On appelle (*caïeu*) les (*bourgeon*) dont la réunion compose les (*oignon*) et les (*poireau*).

Les (*chou*) sont des (*légume*) plus nourrissants que les (*pomme*) de terre.

Les (*chameau*) sont les (*bête*) de somme des (*désert*) de l'Afrique.

Les (*berceau*) garnis de (*vigne*) sont quelquefois d'un excellent rapport.

Les (*gluau*) sont de petites (*branche*) garnies de glu pour prendre des (*oiseau*).

---

36. Que savez-vous de sept noms terminés par *ou* ? | Que savez-vous du pluriel les autres noms en *ou* ?

9e. **Dictée.** (NOMS EN *ou*, *oup*.)

Le cou de l'enfant. — Les hiboux de la carrière. — Les licous des chevaux. — Les cheveux de l'enfant. — Les fous de l'hôpital. — Les bijoux de la comtesse. — Les écrous de la roue. — Les filous adroits. — Les genoux du cheval. — Les coups de fouet.

Corrigé 27.

— clous.	— cailloux.	— filous.
— hiboux.	— écrous.	— fous.
— choux.	— joujoux.	— joujoux.
— trous.	— coucous.	— cous.
— verrous.	— licous.	— sous.
— bambous.	— matous.	— poux.

Corrigé 28.

L'élève écrira : Le père prend un *s* au pluriel d'après la règle 33 : *les pères.*

Les pères, *r.* 33.	Les tableaux. *r.* 35.	Les bois. *r.* 34.
Les marteaux. *r.* 35.	Les moutons. *r.* 33.	Les poireaux. *r.* 35.
Les cheminées. *r.* 33.	Les couteaux. *r.* 35.	Les clous. *r.* 36.
Les troupeaux. *r.* 35.	Les fous. *r.* 36.	Les vignes. *r.* 33.
Les hiboux. *r.* 36.	Les puits. *r.* 34.	Les matelas. *r.* 34.
Les paletots. *r.* 33.	Les champs. *r.* 33.	Les salsifis. *r.* 34.

Corrigé 29.

Les Gaulois se transmettaient les nouvelles par des *feux* allumés sur les *montagnes* ou sur les *coteaux.*

Les *hiboux* sont des *oiseaux* utiles aux *cultivateurs.*

Les *moineaux* sont de petits *fléaux* pour nos *champs* de blé.

On appelle *caïeux* les *bourgeons* dont la réunion compose les *oignons* et les *poireaux.*

Les *choux* sont des *légumes* plus nourrissants que les *pommes* de terre.

Les *chameaux* sont les *bêtes* de somme des *déserts* de l'Afrique.

Les *berceaux* garnis de *vignes* sont quelquefois d'un excellent rapport.

Les *gluaux* sont de petites *branches* garnies de glu pour prendre des *oiseaux.*

37. — **Noms en al.** Les noms terminés au singulier par **al** changent au pluriel **al** en **aux.**

Ex. : Le mal, les maux ; le cheval, les chevaux.

Cependant quelques noms en al prennent tout simplement un **s** au pluriel. Ainsi *bal, carnaval, chacal, régal,* font au pluriel : des *bals,* des *carnavals,* des *chacals,* des *régals.*

Exercice 30.

Règle 37. — Mettez au pluriel les noms suivants. *Ecrivez :* Le cheval, les *chevaux.*

Le cheval, les...   Le maréchal, les...   Le corporal*, les...
L'animal, les...   Un quintal*, des...   Le végétal, les...
Un journal, des...   Le confessionnal, les.   Le minéral, les...
Le carnaval, les...   Un capital, des...   Le festival*, les...
L'arsenal, les...   Le bal, les...   Le val*, les...
Le cardinal, les...   Un canal, des...   Le général, les...

Exercice 31.

Mettez au pluriel les noms suivants. *Ecrivez :* Le bocal, les *bocaux.*

Le bocal, les...   Le total, les...   Le tribunal, les...
Un local, des...   Un cordial*, des...   Le général, les...
Le sénéchal, les...   Le nopal*, les...   Un caporal, des...
Un hôpital, des...   Un fanal*, des...   Un régal, des...
Un signal, des...   Le cristal, les...   L'arsenal, les...
Un amiral, des...   Un étal*, des...   Le journal, les...

Exercice 32.

Mettez au singulier les noms suivants. *Ecrivez :* Les bals, le *bal.*

Les bals, le...   Des régals, un...   Les cardinaux, le...
Les bocaux, le...   Les signaux, le...   Les fanaux, le...
Les locaux, le...   Des animaux, un...   Les caporaux, le...
Les chacals, le...   Les maux, le...   Les provençaux, le...
Des canaux, un...   Des arsenaux, un...   Des capitaux, un...
Des maréchaux, un...   Les canaux, le...   Des signaux, un...

Exercice 33.

Règles 33 à 37. — Mettez au pluriel les noms entre parenthèses.

Les (*canal**) sont des (*rivière*) creusées par la main des (*homme*).

Les (*fanal*) sont des (*feu*) allumés la nuit sur des (*tour*), à l'entrée des (*port*) de mer, ou de grosses (*lanterne*) allumées sur les (*vaisseau*).

---

37 Que savez-vous du pluriel des noms terminés par *al* ?

10e Dictée. (PLURIEL DES NOMS.)

La dictée faite, l'élève mettra tous les noms au singulier.

Les animaux des forêts. — Les chevaux des fermiers. — Les capitaux des banquiers. — Les caporaux des régiments. — Les écluses des canaux. — Les épaulettes des généraux. — Les jugements des tribunaux. — Les régals des enfants. — Les vassaux des princes. — Les carnavals des étrangers. — Les hôpitaux des villes. — Les journaux des provinces.

Corrigé 30.

L'élève écrira tout au long : *Le cheval, les chevaux.*

— chevaux.	— maréchaux.	— corporaux *.
— animaux.	— quintaux *.	— végétaux.
— journaux.	— confessionnaux.	— minéraux.
— carnavals.	— capitaux.	— festivals *.
— arsenaux.	— bals.	— vaux *.
— cardinaux.	— canaux.	— généraux.

Corrigé 31.

L'élève écrira tout au long : *Le bocal, les bocaux.*

— bocaux.	— totaux.	— tribunaux.
— locaux.	— cordiaux *.	— généraux.
— sénéchaux.	— nopals *.	— caporaux.
— hôpitaux.	— fanaux *.	— régals.
— signaux.	— cristaux.	— arsenaux.
— amiraux.	— étaux *.	— journaux.

Corrigé 32.

L'élève écrira tout au long : *Les bals, le bal.*

— bal.	— régal.	— cardinal.
— bocal.	— signal.	— fanal.
— local.	— animal.	— caporal.
— chacal.	— mal.	— provençal.
— canal.	— arsenal.	— capital.
— maréchal.	— canal.	— signal.

Corrigé 33.

Les *canaux* * sont des *rivières* creusées par la main des *hommes.* Les *fanaux* sont des *feux* allumés la nuit sur des *tours*, à l'entrée des *ports* de mer, ou de grosses *lanternes* allumées sur les *vaisseaux.*

58. — **Noms en ail.** Les noms terminés au singulier par **ail**, changent au pluriel **ail** en **aux**.

Ex. : Le *bail*, les *baux* ; le *soupirail*, les *soupiraux*.

Cependant quelques noms en **ail** prennent tout simplement un **s** au pluriel : Ex. : l'*éventail*, les *éventails* ; le *détail*, les *détails* ; le *gouvernail*, les *gouvernails*.

Ail fait au pluriel **aulx**.

59. — **Aïeul, ciel, œil** font au pluriel *aïeux, cieux, yeux*. Cependant *aïeul* fait au pluriel *aïeuls* quand il désigne le grand-père.

(*Suite de l'exercice 33*).

Au Moyen-Age les (*seigneur*) les plus puissants commandaient à d'autres qui portaient les (*titre*) de (*vassal*), d'arrière-(*vassal*) et de (*vavassal*).

Les gros (*capital*) rapportent de gros (*intérêt*).

L'air des (*salle*) dans les (*hôpital*) doit être sans cesse renouvelé.

Les (*métal*) précieux ne s'altèrent ni à l'eau, ni à l'humidité ; tels sont l'or, l'argent, le platine*.

Les (*carnaval*) d'autrefois étaient plus animés que ceux de nos (*jour*).

Voilà des (*marchandise*) qui pèsent dix (*quintal**), c'est-à-dire mille (*kilogramme*).

La Providence a répandu autour de nous ses (*merveille*) et ses (*bienfait*).

Les (*ivrogne*) s'abaissent au niveau des (*bête*).

Les (*peuple*) du Nord vivent ensevelis sous les (*neige*) durant les longs (*jour*) de l'hiver.

Les (*hasseur*) ont surpris les (*lapin*) hors de leurs (*terrier*).

Exercice 34.

Règles 38-39. — **Mettez au pluriel les noms suivants.** *Écrivez :* Le bail, les *baux*.

Le bail, les...	Le gouvernail, les...	Un ail, des...
Le corail, les...	Un soupirail, des...	Le ciel, les...
Le détail, les...	Le travail, les...	Un œil, des...
Un émail, des...	Un vantail*, des...	Un aïeul, des...
Un éventail, des...	Un vitrail, des...	Un détail, des...

---

38. Que savez-vous du pluriel des noms terminés par *ail* ?

39. Que savez-vous du pluriel d'*aïeul, ciel, œil* ?

11e **Dictée**. (NOMS EN *ail.*)

La dictée faite, l'élève mettra tous les mots au pluriel.

L'attirail du cultivateur. — Le bail du jardin. — Le corail de la mer. — L'émail de la porcelaine. — L'éventail de la dame. — Le gouvernail du vaisseau. — Le poitrail du cheval. — Le soupirail du caveau. — Le travail de l'ouvrier. — Le vitrail de la fenêtre. — L'ail du jardin. — L'aïeul de l'enfant. — L'œil du maître.

12e **Dictée**. (NOMS EN *a, as, at, ap.*)

Le papa de Louise. — Le bras gauche. — Le lilas du jardin. — Le matelas du lit. — Le verglas de la route. — Le repas du soir. — Le compas de l'architecte. — L'avocat de l'accusé. — Le soldat du devoir. — Le chat de mon voisin. — Le plat de lentilles. — Le rat d'eau. — Le bât de l'âne. — Le bas de laine. — Le drap de lit.

Suite du corrigé 33.

Au moyen âge les *seigneurs* les plus puissants commandaient à d'autres qui portaient les *titres* de *vassaux*, d'arrière-*vassaux* et de *vavassaux*.

Les gros *capitaux* rapportent de gros *intérêts*.

L'air des *salles* dans les *hôpitaux* doit être sans cesse renouvelé.

Les *métaux* précieux ne s'altèrent ni à l'eau, ni à l'humidité: tels sont l'or, l'argent, le platine *.

Les *carnavals* d'autrefois étaient plus animés que ceux de nos jours.

Voilà des *marchandises* qui pèsent dix *quintaux*, c'est-à-dire mille *kilogrammes*.

La Providence a répandu autour de nous ses *merveilles* et ses *bienfaits*.

Les *ivrognes* s'abaissent au niveau des *bêtes*.

Les *peuples* du Nord vivent ensevelis sous les *neiges* durant les longs *jours* de l'hiver.

Les *chasseurs* ont surpris les *lapins* hors de leurs *terriers*.

Corrigé 34.

L'élève écrira tout au long : *Le bail, les baux.*

— baux.	— gouvernails.	— aulx.
— coraux.	— soupiraux.	— cieux.
— détails.	— travaux.	— yeux.
— émaux.	— vantaux.	— aïeux.
— éventails.	— vitraux.	— détails.

Complément du nom.

40. — On appelle *complément* d'un nom le mot qui *complète* le sens de ce nom. Ainsi dans ces phrases :

Le chant *de l'alouette.*
Un cheval *de carton.*
Un fauteuil *à roulettes.*

De l'alouette est le complément de *chant ; de carton* le complément de *cheval ; à roulettes* le complément de *fauteuil.*

Exercice 35.

Règle 40. — Copiez et indiquez le complément de chaque nom. *Ecrivez :* La maison de l'avocat, *de l'avocat,* complément de *maison.*

La maison de l'avocat. — Le champ du laboureur. — Les chevaux du fermier. — Un vase d'or. — La cloche de l'église. — Les herbes des prairies. — Les touffes d'avoine.

Les marches de l'autel. — Le sac du soldat. — Le curé du village. — Les habitants des villes. — Les pommes du voisin. — Les arbres de la forêt. — Les hurlements des loups.

Même Exercice.

Le lever du soleil. — Les ailes du hanneton. — Une table de marbre. — Les encriers de porcelaine. — La haie d'aubépine*. — La porte de la chambre. — L'odeur des foins.

Les fleurs du jardin. — Les plumes du geai. — Les harnais des chevaux. — Les ruses du renard. — Le courage du lion. — La sobriété de l'âne. — Le clair de la lune.

Exercice d'invention.

Ajoutez un complément convenable à chacun des noms suivants. *Ecrivez :* Le chant *du coq.*

Dans une basse-cour :	Dans une église :	Dans une maison :
Le chant...	Le son...	Le tic-tac...
L'aboiement...	La prière...	La porte...
Le gloussement...	La messe...	Le coin...
Le hennissement...	La récitation...	Les tiroirs...
Le bêlement...	Le sermon...	La nappe...
Le miaulement...	La nappe...	Le balai...
Le beuglement...	L'aube...	La brosse...

---

40. Qu'appelle-t-on complément d'un nom ?

13e **Dictée.** (PRÉNOMS.)

La dictée faite, l'élève indiquera le genre de chacun des prénoms.

Clément. — Ernest. — Edmond. — Madeleine. — Eugénie. — Joséphine. — Cécile. — Julie. — Pauline. — Virginie. — Rose. — François. — Frédéric. — Alfred. — Gustave. — Auguste. — Amédée. — Adolphe. — Pierre. — Paul. — Louis. — Marguerite. — Henriette. — Thérèse. — Isabelle. — Constance. — Alphonsine. — Berthe. — Blanche. — Alexandre. — Théophile. — Félix. — Armand. — Léon. — Joseph.

14e **Dictée.** (VÊTEMENTS.)

La dictée faite, l'élève mettra tous les mots au pluriel.

Une cravate. — Une blouse. — Un pantalon. — Un paletot. — Une manche. — Un gilet. — Un mantelet. — Un châle. — Un mouchoir. — Une ceinture. — Un foulard. — Une chemise. — Un caleçon. — Un ruban. — Une casquette. — Une calotte. — Un chapeau. — Une veste. — Une agrafe. — Un bouton. — Une redingote. — Un gousset. — Une poche. — Un mouchoir.

15e **Dictée.** (ALIMENTS.)

La dictée faite, l'élève mettra tous les mots au pluriel.

De l'huile. — Du cidre. — Du vin. — Du café. — Du pain. — De la viande. — La mie du pain. — La croûte. — Du beurre. — Une tartine. — Un potage. — Une côtelette. — Un bifteck. — Un gigot. — Une saucisse. — Une omelette. — Une carotte. — Un haricot. — Une fève. — Une pomme de terre. — Du fromage. — Un navet. — Une lentille. — Du chocolat.

Corrigé 35.

L'élève écrira tout au long : Le chant *du coq.*

— du coq.	— de la cloche.	— de la pendule.
— du chien.	— du matin.	— de la chambre.
— du dindon.	— des morts.	— du feu.
— du cheval.	— du chapelet.	— de la commode.
— du mouton.	— de charité.	— de la table.
— du chat.	— d'autel.	— de crin.
— du bœuf.	— du prêtre.	— à habits.

Formation des noms.

40. — Souvent un mot sert à en former d'autres, qu'on appelle ses *dérivés*. Ainsi le mot *plante* sert à former les dérivés suivants :

Plant,   quantité de jeunes arbres plantés sur le même terrain.
Plantation, lieu où l'on a planté de jeunes arbres.
Planter,   mettre une plante en terre.
Plantage, action de planter.
Planteur, celui qui plante.
Plantoir, outil dont on se sert pour planter.

Exercice 36.

Avec chacun des noms suivants formez celui d'un arbre fruitier finissant par *ier*. *Écrivez :* L'abricot croît sur l'*abricotier.*

L'abricot...	La noix*...	La fraise...	La groseille...
La pomme...	La poire...	La corme...	La grenade...
La nèfle...	La prune...	L'olive..,	La framboise...
Le citron...	La rose...	La noisette*...	La chataîgne...
Le café*...	La guigne...	La cerise...	La figue...
La mûre...	Le marron...	L'amande...	Le coing*...

Exercice 37.

Formez le nom de l'ouvrier qui s'occupe des matières ou des objets suivants. Ce nom finit par *ier*. *Écrivez :* Celui qui fait ou qui vend un chapeau est un *chapelier.*

Un chapeau*.	Des sabots.	Des tapis.	Du plâtre.
Une selle.	Une perruque.	Des bottes.	Des chansons.
Un tonneau*.	Du verre.	Des briques*.	Des chaudrons.
Du charbon.	Des épices.	Du café*.	Des matelas.
De la graine*.	De la glace.	De la charcute-	Des armes*.
Un van.	De la pâtisserie.	Des fruits. [rie.	Des poêles.

Exercice 38.

Formez des noms de métier. *Écrivez :* Celui qui travaille le *plomb* est un *plombier.*

Celui qui travaille le *plomb*.	Celui qui est employé de la *douane*
Celui qui fait de la *contrebande*.	Celui qui cultive un *jardin*.
Celui qui fabrique *des cordes*.	Celui qui est en *prison*.
Celui qui monte un *cheval*.	Celui qui vend du *drap*.
Celui qui va à l'*école*.	Celui qui fait la manœuvre des
Celui qui tient un *hôtel*.	Celui qui vend des *tripes*. [*pompes*
Celui qui va en *journée*.	Celui qui fait la *Banque*.
Celui qui conduit des *ânes*.	Celui qui travaille dans une *car-*
Celui qui manœuvre les *canons*.	Celui qui fait les *serrures*. [*rière*.

---

40. Que remarque-t-on sur la formation des noms ?

16e **Dictée**. (ANIMAUX.)

La dictée faite, l'élève mettra tous les mots au pluriel.

Un porc. — Un singe. — Un lapin. — Un lièvre. — Un hérisson. — Un chat. — Un chien. — Un épagneul. — Un dogue. — Un mouton. — Un loup. — Un bélier. — Un bouc. — Un âne. — Une taupe. — Une belette. — Un écureuil. — Un lion. — Un cheval. — Une chèvre. — Un renard. — Une fourmi. — Un éléphant.

Corrigé 36.

L'élève devra écrire tout au long : *L'abricot croît sur l'abricotier.*

— l'abricotier.	— le prunier.	— le cerisier.
— le pommier.	— le rosier.	— l'amandier.
— le néflier.	— le guignier.	— le groseillier.
— le citronnier.	— le marronnier.	— le grenadier.
— le caféier.	— le fraisier.	— le framboisier.
— le mûrier.	— le cormier.	— le châtaignier.
— le noyer.	— l'olivier.	— le figuier.
— le poirier.	— le noisetier.	— le coignassier.

Corrigé 37.

L'élève écrira à chaque ligne : *Celui qui fait ou qui vend un chapeau est un chapelier.*

— chapelier.	— verrier.	— charcutier.
— sellier.	— épicier.	— fruitier.
— tonnelier.	— glacier.	— plâtrier.
— charbonnier.	— pâtissier.	— chansonnier.
— *grainier* ou graine-	— tapissier.	— chaudronnier.
— vannier. [tier.	— bottier.	— matelassier.
— sabotier.	— briquetier.	— armurier.
— perruquier.	— cafetier.	— poêlier.

Corrigé 38.

— plombier.	— journalier.	— drapier.
— contrebandier.	— ânier.	— pompier.
— cordier.	— canonnier.	— tripier.
— cavalier.	— douanier.	— banquier.
— écolier.	— jardinier.	— carrier.
— hôtelier.	— prisonnier.	— serrurier.

Exercice 39.

Formez des noms de métier. Ecrivez : celui qui tient la *caisse* est un *caissier.*

Celui qui tient la *caisse*...   Celui qui tient un *cabaret*...
Celui qui fabrique des *carrosses*. Celui qui vend des *clous*...
Celui qui porte une *cuirasse*... Celui qui conduit des *mules**...
Celui qui est armé d'une *lance*...Celui qui vend de la *passementerie*
Celui qui travaille à la *terrasse*..Celui qui chasse les *loups**...
Celui qui fait de la *menuiserie*...Celui qui garde une *porte*...
Celui qui vend des *bijoux**... Celui qui garde les *bœufs**...
Celui qui fait des *bonnets*...   Celui qui travaille le *marbre.*

Exercice 40.

De *jardin* on a formé *jardinet* (petit jardin); d'*agneau* on a formé *agnelet* (petit agneau) ; vous voyez que *jardinet, agnelet,* diminuent le sens de *jardin, agneau.* Ce sont des *diminutifs.*
Formez des noms diminutifs finissant par *ET* ou *ETTE. Ecrivez* : un petit bâton est un *bâtonnet,*

Un petit *bâton*...   Un petit *bateau**...   Une petite *poche*...
Un petit *garçon*...   Un petit *manteau**... Une petite *bûche*...
Un petit *jardin*...   Un petit *os**...   Une petite *langue*...
Un petit *moulin*...   Un petit *baril*...   Une petite *boule*...
Un petit *coffre*...   Un petit *œil*...   Une petite *table*...
Un petit *agneau*...   Une petite *fourche*... Une petite *femme**...

Exercice 41.

Formez des diminutifs en *ETTE. Ecrivez* : une petite goutte est une *gouttelette.*

Une petite *goutte*...   Une petite *chaîne*... Une petite *fosse*...
Une petite *poule*...   Une petite *chanson*.. Une petite *chemise*...
Une petite *table*...   Une petite *maison*... Une petite *cuve*...
Une petite *andouille* Une petite *manche*... Une petite *hache*...
Une petite *fille*...   Une petite *chambre*.. Une petite *rose*...
Une petite *paille*...   Une petite *face*...   Une petite *noix**...

Exercice 42.

Formez des noms diminutifs finissant par *ON. Ecrivez*: un petit aigle est un *aiglon.*

Un petit *aigle*...   Une petite *corde*...   Un petit morceau de
Une petite *bonde*...   Du *sable* fin...   *lard*...
Une petite *carafe*...   Une petite *médaille*.. Une petite *balle*...
Une petite *poêle*...   Un petit *ours*...   Un petit *val*...
Une petite *cabane*...   Une petite *mouche*... Une petite *ceinture*..
Une petite *aiguille*... Un petit morceau de Une petite *pelote*...
Un petit *âne*...   *glace*...   Une petite *aile**...

Corrigé 39.

L'élève écrira : Celui qui tient la caisse *est un caissier.*

— caissier.
— carrossier.
— cuirassier.
— lancier.
— terrassier.
— menuisier.
— bijoutier.
— bonnetier.
— cabaretier.
— cloutier.
— muletier.
— passementier.
— louvetier.
— portier.
— bouvier.
— marbrier.

Corrigé 40.

L'élève écrira : Un petit bâton *est un bâtonnet.*

— bâtonnet.
— garçonnet.
— jardinet.
— moulinet.
— coffret.
— agnelet.
— batelet.
— mantelet.
— osselet.
— barillet.
— œillet.
— fourchette.
— pochette.
— bûchette.
— languette.
— boulette.
— tablette.
— femmelette.

Corrigé 41.

L'élève écrira : Une petite goutte *est une gouttelette.*

— gouttelette.
— poulette.
— tablette.
— andouillette.
— fillette.
— paillette.
— chaînette.
— chansonnette.
— maisonnette.
— manchette.
— chambrette.
— facette.
— fossette.
— chemisette.
— cuvette.
— hachette.
— rosette.
— noisette.

Corrigé 42.

L'élève écrira : Un petit aigle *est un aiglon.*

— aiglon.
— bondon.
— carafon.
— poêlon.
— cabanon.
— aiguillon.
— ânon.
— cordon.
— sablon.
— médaillon.
— ourson.
— moucheron.
— glaçon.
— lardon.
— ballon.
— vallon.
— ceinturon.
— peloton.
— aileron.

Lettre finale d'un nom.

40°. — Pour connaître la lettre *finale* d'un nom, il suffit de chercher un de ses dérivés.

Ainsi on reconnaîtra que *rang* se termine par un *g*, puisqu'il a *ranger*, *rangée*, *rangement* pour dérivés.

Exercice 43.

Indiquez la lettre finale des mots suivants à l'aide de leurs dérivés.
Ecrivez : *sang* se termine par un *g* puisqu'il a *sanguin* pour dérivé

Sang...	Matelas...	Boucher...	Saut...
Tas...	Souhait...	Elément...	Galop...
Embarras...	Accident...	Profit...	Occident...
Combat...	Camp...	Gril...	Repos...
Drap...	Champ...	Outil...	Rabat...
Trépas...	Lait...	Fusil...	Essaim...

Même Exercice.

Ecrivez : *chagrin* se termine par un *n* puisqu'il a *chagriner* pour dérivé.

Chagrin...	Sourcil...	Abus...	Argent...
Jardin...	Affront...	Début...	Lard...
Crin...	Bond...	Parfum...	Brigand...
Arrêt...	Plomb...	Echafaud...	Tapis...
Tapis...	Mousquet...	Accroc...	Bois...
Marquis...	Salut...	Respect...	Babil...

Même Exercice.

Ecrivez : *trépas* se termine par un *s* puisqu'il a *trépasser* pour dérivé.

Trépas...	Poignard...	Chat...	Enfant...
Rabais...	Hasard...	Chant...	Pivot...
Bourg...	Retard...	Accord...	Trot...
Poing...	Dos...	Refus...	Mort...
Regard...	Tamis...	Pied...	Mors...
Bavard...	Abus...	Avis...	Pot...

Exercice.

Formez un nom avec chacun des dérivés suivants. *Ecrivez :* *bondir* vient de *bond* qui se termine par un *d.*

Bondir...	Brigandage...	Biaiser...	Crocheter...
Mariage...	Souhaiter...	Mépriser...	Sangloter...
Fruitier...	Excessif...	Cahoter...	Dentiste...
Stomacal...	Bienfaiteur...	Tapisserie...	Affronter...
Oriental...	Bouquetière...	Rondeur...	Exploiter...
Chanter...	Pélerinage...	Vagabondage...	Périlleux...(1).

(1) *Abri* d'*abriter*, *relais* de *relayer*, font exception à la règle.

40° Comment connaît on la lettre finale d'un nom ?

17e **Dictée**. (ARBRES.)

La dictée faite, l'élève mettra tous les mots au pluriel.

Un arbre. — Un poirier. — Un merisier. — Un guignier. —
Une vigne. — Un pêcher. — Un abricotier. — Un cerisier. — Un
prunier. — Un pommier. — Un groseillier. — Un oranger. — Un
châtaignier. — Un noyer. — Un framboisier. — Un chêne. — Un
hêtre. — Un peuplier. — Un orme. — Un tilleul. — Un saule. —
Un acacia. — Un sapin.

Corrigé 43.

L'élève écrira : *Sang* se termine par un *g*, puisqu'il a *sanguin* pour dérivé.

— sanguin.　　— matelassier.　　— boucherie.　　— sauter.
— tasser.　　— souhaiter.　　— élémentaire.　　— galoper.
— embarrasser.　— accidentel.　　— profitable.　　— occidental.
— combattre.　　— camper.　　— griller.　　— reposer.
— draperie.　　— champêtre.　　— outillage.　　— rabattre.
— trépasser.　　— laitage.　　— fusiller.　　— essaimer.

Corrigé.

L'élève écrira : *Chagrin* se termine par un *n*, puisqu'il a *chagriner* pour dérivé.

— chagriner.　　— sourciller.　　— abuser.　　— argenterie.
— jardinier.　　— affronter.　　— débuter.　　— lardon.
— crinière.　　— bondir.　　— parfumeur.　　— brigandage.
— arrêter.　　— plomber.　　— échafaudage.　— tapissier.
— tapissier.　　— mousqueterie.　— accrocher.　　— boiserie.
— marquisat.　　— salutation.　　— respectable.　　— babillage.

Corrigé.

L'élève écrira : *Rabais* se termine par un *s*, puisqu'il a *rabaisser* pour dérivé.

— rabaisser.　　— poignarder.　　— chatte.　　— enfantillage.
— trépasser.　　— hasarder.　　— chanter.　　— pivoter.
— bourgade.　　— retarder.　　— accorder.　　— trotter.
— poignard.　　— dossier.　　— refuser.　　— mortel.
— regarder.　　— tamiser.　　— piédestal.　　— morsure.
— bavarder.　　— abuser.　　— aviser.　　— poterie.

Corrigé.

L'élève écrira : *Bondir* vient de *bond* qui se termine par un *d*.

— bond.　　— brigand.　　— biais.　　— crochet.
— mari.　　— souhait.　　— mépris.　　— sanglot.
— fruit.　　— excès.　　— cahot.　　— dent.
— estomac.　　— bienfait.　　— tapis.　　— affront.
— orient.　　— bouquet.　　— rond.　　— exploit.
— chant.　　— pèlerin.　　— vagabond.　　— péril.

M devant m, b, p.

41. — Devant *m, b, p,* la lettre n se change en m ; autrement dit : on met toujours un **m** devant *m, b, p.*

Ex. : Immobilité, ombrage, imprudence.

Analyse des noms.

41°. — Pour analyser un nom, on indique s'il est propre ou commun, masculin ou féminin, au singulier ou au pluriel.

Exemples :

Dieu, nom propre, masculin singulier.
Hommes, nom commun, masculin pluriel.
Marie, nom propre, féminin singulier.
Chèvre, nom commun, féminin singulier.
Prairies, nom commun, féminin pluriel.

Exercice 44.

Règle 41. — *Ecrivez* : je mets un *m* devant le *b* de *combat.*

Co..bat. — E..portement. — I..mobilité. — Co..pote. — E..magasinage. — E..ménagement. — E..paillement. — E..pêchement.. — E..pierrement. — E..pire. — E..plâtre. — E..ploi. — E..plette. — E..ployé. — E..barras. — A..bulance. — A..bition. — A..bassadeur. — Co..merce. — Co..misération. — Fra..boise. — A..poule. — Co..pas. — Co..pensation. — E..barcation. — E..bellissement. — E..brassement. — Co..pagnon. — Co..paraison. — Co..plaisance. — Co..pression. — I..politesse. — I..portance. — I..pénitence. — Bonbon et embonpoint font seuls exception.

Exercice 45.

Règle 41. — Analysez les noms suivants.

Ernestine. — Auguste. — Tasse. — Assiette. — Chandelle. — Chandelier. — Robe. — Rose. — Julie. — Jules. — Tablier. — Mairie. — Eglise. — Porte. — Facteur. — Lettre. — Coq. — Poule. — Corbeau. — Auguste.

Dieu. — Gâteau. — Eglise. — Homme. — Pré. — Four. — France. — Vigne. — Chevaux. — Rivière. — Cloches. — Anesses. — Ernest. — Georges. — Lampe. — Huile. — Suif.

Verger. — Paris. — Violon. — Jardiniers. — Luzerne. — Bergères. — Charrues. — Hibou. — Reine. — Blés. — Vaches. — Général. — Caporal. — Brouette. — Louis. — Louise.

---

41 Que devient n devant m, b, p? | 41° Comment analyse-t-on un nom?

18ᵉ **Dictée.** (USTENSILES DE MÉNAGE.)

La dictée faite, l'élève mettra tous les noms au pluriel.

Une pincette. — Un soufflet. — Une crémaillère. — Un gril. — La vaisselle. — La faïence. — La soupière. — L'assiette. — Le plat. — Le saladier. — Le sucrier. — Le gobelet. — La cruche. — Le bouchon. — La bouteille. — La soucoupe. — L'éponge. — Le torchon. — Le balai. — La cuillère. — La fourchette. — La serviette. — La casserole. — La marmite. — La pelle.

19ᵉ **Dictée.** (PARTIES DU CORPS.)

La dictée faite, l'élève mettra tous les noms au singulier.

Les pouces. — Les ongles. — Les têtes. — Les sourcils. — Les tempes. — Les oreilles. — Les épaules. — Les estomacs. — Les poumons. — Les veines. — Les artères. — Les talons. — Les mollets. — Les jambes. — Les paupières. — Les fronts. — Les rides. — Les joues. — Les mentons. — Les barbes. — Les bouches. — Les lèvres. — Les langues. — Les dents. — Les gosiers. — Les poignets. — Les coudes. — Les gencives. — Les hanches. — Les cuisses. — Les pieds. — Les poitrines.

Corrigé 44.

L'élève écrira : *Je mets un* m *devant le* b *de* combat.

Combat. — Emportement. — Immobilité. — Compote. — Emmagasinage. — Emménagement. — Empaillement. — Empêchement. — Empierrement. — Empire. — Emplâtre. — Emploi. — Emplette. — Employé. — Embarras. — Ambulance. — Ambition. — Ambassadeur. — Commerce. — Commisération. — Framboise. — Ampoule. — Compas. — Compensation. — Embarcation. — Embellissement. — Embrassement. — Compagnon. — Comparaison. — Complaisance. — Compression. — Impolitesse. — Importance. — Impénitence. — Bonbon et embonpoint font seuls exception.

20ᶜ **Dictée.** (m DEVANT m, b, p.)

Ambition. — Ambulance. — Ampleur. — Combinaison. — Comble. — Combustible. — Combustion. — Commandement. — Commandite. — Commencement. — Commentaire. — Commerce. — Commission. — Commotion. — Compagnon. — Comparaison. — Compas. — Compassion. — Complément. — Complice. — Complication. — Composition. — Impression. — Impossible. — Imprécation. — Impénétrable. — Imperfection. — Impertinence. — Impolitesse. — Importance. — Impossibilité. — Improbable. — Impulsion. — Impuissance.

Récapitulation générale.

Exercice 46.

Copiez et mettez au pluriel les mots entre parenthèses.

AIDONS-NOUS MUTUELLEMENT.

Un sage* de l'antiquité* parcourait les (*ville*) et les (*campagne*), s'efforçant de soulager les (*mal*) de ses (*semblable*), et de leur enseigner les (*vérité*) de la morale. Un jour il parlait de l'obligation de s'entr'aider. De nombreux (*auditeur*) écoutaient avidement ses (*parole*).

Le lieu où il se trouvait était entouré d' (*arbre*) touffus. Sur plusieurs de ces (*arbre*), le philosophe* aperçut des (*oiseau*) silencieux et immobiles. Tout-à-coup un autre oiseau accourut en volant à toutes (*aile*). Il remplissait l'air de ses (*cri*) joyeux et semblait appeler ses (*compagnon*). Ceux-ci, répondant à son appel, eurent bientôt disparu aux (*œil*) du philosophe.

Même Exercice. 47.

Le peuple s'était aperçu de ce qui venait de se passer. Chez les anciens*, si superstitieux, portés à voir des (*prodige*) dans les plus petites (*chose*), un tel fait parut surnaturel. Mais le sage en avait aperçu la cause. « Des (*enfant*), dit-il au peuple, portaient des (*panier*) contenant du blé ; l'un d'eux ayant laissé tomber le sien, le blé s'est répandu à terre. L'enfant a ramassé les (*grain*), mais il en est resté dans telle rue. L'oiseau en cherchant des (*aliment*) pour lui et ses petits a vu ces (*reste*). Aussitôt il est venu vers ses (*frère*) pour les convier au partage de son butin. »

Même Exercice. 48.

A ces (*mot*) on courut à l'endroit indiqué ; car chacun voulait voir de ses propres (*œil*) si le philosophe leur avait dit la vérité. Les (*oiseau*) achevaient de becqueter les (*grain*) qui se trouvaient à terre. « Voyez, s'écria le sage, comme ces (*oiseau*) s'entr'aident les uns les autres. Les (*homme*), qui sont supérieurs à tous les (*animal*), possèdent-ils un tel désintéressement ? Quand l'un de nous partage ses (*bien*) avec ses semblables, nous blâmons ce que nous appelons ses (*prodigalité*). Quittons ces (*idée*) égoïstes, revenons à des (*pensée*) plus charitables, secourons-nous les uns les autres, et la charge des (*mal*) de cette vie nous paraîtra plus facile à supporter. »

Exercice. 49.

Mettez au pluriel les noms entre parenthèses.

IL NE FAUT PAS ABUSER DES ANIMAUX.

Un jardinier, se disposant à aller vendre ses (*légume*) au marché de la ville voisine, chargea son âne d'une telle quan-

Corrigé 46.

Ces devoirs, comme les précédents, devront être écrits avec soin.

AIDONS-NOUS MUTUELLEMENT.

Un sage * de l'antiquité * parcourait les *villes* et les *campagnes*, s'efforçant de soulager les *maux* de ses *semblables*, et de leur enseigner les *vérités* de la morale. Un jour il parlait de l'obligation de s'entr'aider. De nombreux *auditeurs* écoutaient avidement ses *paroles*.

Le lieu où il se trouvait était entouré d'*arbres* touffus. Sur plusieurs de ces *arbres*, le philosophe * aperçut des *oiseaux* silencieux et immobiles. Tout à coup un autre oiseau accourut en volant à toutes *ailes*. Il remplissait l'air de ses *cris* joyeux et semblait appeler ses *compagnons*. Ceux-ci, répondant à son appel, eurent bientôt disparu aux *yeux* du philosophe.

Corrigé 47.

Le peuple s'était aperçu de ce qui venait de se passer. Chez les *anciens* *, si superstitieux, portés à voir des *prodiges* dans les plus petites *choses*, un tel fait parut surnaturel. Mais le sage en avait aperçu la cause. « Des *enfants*, dit-il au peuple, portaient des *paniers* contenant du blé; l'un d'eux ayant laissé tomber le sien, le blé s'est répandu à terre. L'enfant a ramassé les *grains*, mais il en est resté dans telle rue. L'oiseau, en cherchant des *aliments* pour lui et ses petits, a vu ces *restes*. Aussitôt il est venu vers ses *frères* pour les convier au partage de son butin. »

Corrigé 48.

A ces *mots* on courut à l'endroit indiqué ; car chacun voulait voir de ses propres *yeux* si le philosophe leur avait dit la vérité. Les *oiseaux* achevaient de becqueter les *grains* qui se trouvaient à terre. « Voyez, s'écria le sage, comme ces *oiseaux* s'entr'aident les uns les autres. Les *hommes*, qui sont supérieurs à tous les *animaux*, possèdent-ils un tel désintéressement? Quand l'un de nous partage ses *biens* avec ses semblables, nous blâmons ce que nous appelons ses *prodigalités*. Quittons ces *idées* égoïstes, revenons à des *pensées* plus charitables, secourons-nous les uns les autres, et la charge des *maux* de cette vie nous paraîtra plus facile à supporter. »

Corrigé 49.

IL NE FAUT PAS ABUSER DES ANIMAUX.

Un jardinier, se disposant à aller vendre ses *légumes* au marché de la ville voisine, chargea son âne d'une telle quantité de *carottes*, tité de (*carotte*), de (*chou*), de (*poireau*), d'(*oignon*) et d'(*artichaut*), que la pauvre bête était comme ensevelie au milieu de tous ces (*objet*), et qu'on n'apercevait plus que ses (*oreille*) et ses quatre (*patte*). Chemin faisant, ils traversèrent des (*lieu*) marécageux et des (*ruisseau*) bordés de (*saule*). « Voilà bien mon affaire, s'écrie le jardinier, je vais couper quelques (*fagot*) de ces (*osier*) qui me serviront d'excellents (*lien*); le poids n'en est pas bien considérable; mon baudet serait le dernier des (*grison**) s'il ne supportait pas allègrement* ce minime* surcroît de charge. »

Même exercice. 50.

Un peu plus loin la route longeait des (*touffe*) de (*coudrier*). « Bon, se dit notre homme, je ferai bien de prendre ici quelques (*douzaine*) de minces (*baguette*); elles seront des (*appui*) pour mes (*fleur*). Elles sont si légères, du reste, que mon âne aurait mauvaise grâce de se plaindre. »

Cependant le soleil, s'élevant de plus en plus au-dessus de l'horizon*, commençait à darder ses (*rayon*) avec force. Le jardinier étouffait sous ses épais (*vêtement*) : « Vite, pensa-t-il, débarrassons-nous d'une partie de ces (*harde*). » Ainsi dit, ainsi fait, et voilà les (*vêtement*) sur les (*épaule*) de la pauvre bête.

Même exercice. 51.

A peine avait-il fait quelques (*pas*), que l'âne, trébuchant sous le poids de tant de (*fardeau*) accumulés, va se heurter contre un de ces (*tas*) de (*caillou*) placés le long des (*route*). La pauvre bête tombe sur ses (*genou*) pour ne plus se relever.

Comment retracer les (*gémissement*), les (*lamentation*) du jardinier quand il voit que le plus vieux et le plus fidèle de ses (*serviteur*) est passé de vie à trépas*. « Ce qui rend encore mes (*regret*) plus amers, s'écrie-t-il, c'est qu'en tout ceci je suis à la fois malheureux et coupable : N'ai-je pas été assez insensé pour oublier qu'on ne doit imposer ni aux (*homme*), ni aux (*animal*) des (*travail*) au-dessus de leurs (*force*) ?

Exercice 52.

Copiez et mettez au pluriel les mots entre parenthèses.

NE DÉNICHEZ PAS LES NIDS D'OISEAU.

Dans une certaine contrée, existait un joli village admirablement placé au fond d'un vallon. Il était caché par de nombreux (*verger*), formant de véritables (*bosquet*) d'(*arbre*) fruitiers.

Au printemps, tous ces (*végétal*) se chargeaient de (*fleur*) aux (*couleur*) éclatantes, aux suaves (*parfum*). Un peu plus de *choux*, de *poireaux*, d'*oignons* et d'*artichauts*, que la pauvre bête était comme ensevelie au milieu de tous ces *objets*, et qu'on n'apercevait plus que ses *oreilles* et ses quatre *pattes*. Chemin faisant, ils traversèrent des *lieux* marécageux et des *ruisseaux* bordés de *saules*. « Voilà bien mon affaire, s'écrie le jardinier, je vais couper quelques *fagots* de ces *osiers* qui me serviront d'excellents *liens*; le poids n'en est pas bien considérable; mon baudet serait le dernier des *grisons* s'il ne supportait pas allègrement * ce minime * surcroît de charge. »

Corrigé 50.

Un peu plus loin la route longeait des *touffes* de *coudriers*. « Bon, se dit notre homme, je ferai bien de prendre ici quelques *douzaines* de minces *baguettes*; elles seront des *appuis* pour mes *fleurs*. Elles sont si légères, du reste, que mon âne aurait mauvaise grâce de se plaindre. »

Cependant le soleil, s'élevant de plus en plus au-dessus de l'horizon *, commençait à darder ses *rayons* avec force. Le jardinier étouffait sous ses épais *vêtements* : « Vite, pensa-t-il, débarrassons-nous d'une partie de ces *hardes*. » Ainsi dit, ainsi fait, et voilà les *vêtements* sur les *épaules* de la pauvre bête.

Corrigé 51.

À peine avait-il fait quelques *pas*, que l'âne, trébuchant sous le poids de tant de *fardeaux* accumulés, va se heurter contre un de ces *tas de cailloux* placés le long des *routes*. La pauvre bête tombe sur ses *genoux* pour ne plus se relever.

Comment retracer les *gémissements*, les *lamentations* du jardinier quand il voit que le plus vieux et le plus fidèle de ses *serviteurs* est passé de vie à trépas *. « Ce qui rend encore mes *regrets* plus amers, s'écrie-t-il, c'est qu'en tout ceci je suis à la fois malheureux et coupable; N'ai-je pas été assez insensé pour oublier qu'on ne doit imposer ni aux *hommes*, ni aux *animaux*, des *travaux* au-dessus de leurs *forces* ? »

Corrigé 52.

NE DÉNICHEZ PAS LES NIDS D'OISEAUX.

Dans une certaine contrée, existait un joli village admirablement placé au fond d'un vallon. Il était caché par de nombreux *vergers*, formant de véritables *bosquets* d'*arbres* fruitiers.

Au printemps, tous ces *végétaux* se chargeaient de *fleurs* aux

tard, ils se revêtaient do (*feuille*) qui faisaient de leurs (*cime*) des (*manteau*) de verdure.

En même temps, sur leurs (*rameau*), nichaient une foule de petits (*oiseau*). Les (*pinson*), les (*fauvette*), les (*rossignol*), les (*étourneau*), les avides (*moineau*) eux-mêmes, répandaient dans les (*jardin*) la vie, le mouvement et la gaieté.

Même exercice. 53.

En automne, nouvelles (*scène*) non moins délicieuses. Il fallait voir les (*arbre*) rompant sous le poids des (*pomme*), des (*poire*), des (*coing*), des (*prune*) parfumées, des (*pêche*) veloutées, des (*noix*) et des (*nèfle*).

Mais de méchants petits (*garçon*) se mirent à dénicher les (*oiseau*). Ceux-ci ne pouvant consentir à perdre leurs (*nid*), (*berceau*) de leurs jeunes (*famille*), se décidèrent peu à peu à quitter le pays. Dès lors plus d'harmonieux (*concert*) pendant les belles (*matinée*) du printemps. Les (*jardin*), les (*verger*), les (*enclos*) et les (*bois*) devinrent tristes et silencieux.

Même exercice. 54.

Ce ne fut pas tout : les (*chenille*), auxquelles les (*oiseau*) ne faisaient plus la chasse, se mirent à dévorer (*fleur*) et (*feuille*), de sorte que les (*arbre*), même aux plus beaux (*jour*) de l'été, présentaient l'aspect désolé qu'ils ont en hiver.

L'automne vint ; mais sans apporter avec lui ces nombreuses (*corbeille*) de (*fruit*) qui causaient autrefois tant de joie aux (*enfant*). La gêne et la disette remplacèrent dans ces (*lieu*) l'aisance et les (*richesse*).

Ces tristes (*résultat*) montrèrent aux mauvais (*garnement*) que la cruauté, même envers les (*animal*), attire sur ceux qui l'exercent les plus terribles (*châtiment*).

Exercices lexicologiques. 55.

Répondez au moyen du dictionnaire placé à la fin du volume, aux questions suivantes :

1º. — Qu'est-ce que : Paris, Marseille, Rouen, l'Amérique, l'Afrique, la Tamise, Bordeaux, Lyon ?

2º. — Qu'est-ce que : les Alpes, la Seine, le Rhône, la Loire, les Pyrénées, les Cévennes, la Garonne, l'Aube ?

3º. — Qu'est-ce que : la Méditerranée, le Jura, la Marne, les Vosges, la garance, une oie, un loir, un épervier?

4º. — Qu'est-ce que : un panaris, une taupe, du houx, un rets, du riz, du gui, un tamis, un engrais ?

5º. — Qu'est-ce que : un cyprès, un devis, un vers, un joyau, un seau, un quintal?

6º. — Qu'est-ce que : un cordial, un fanal, un étal, l'aubépine, un sage, l'antiquité, un philosophe ?

7º. — Qu'est-ce que : les anciens, le moyen-âge, le platine, l'ajonc, le coudrier, une céréale ?

couleurs éclatantes, aux suaves *parfums*. Un peu plus tard, ils se revêtaient de *feuilles* qui faisaient de leurs *cimes* des *manteaux* de verdure.

En même temps, sur leurs *rameaux*, nichaient une foule de petits *oiseaux*. Les *pinsons*, les *fauvettes*, les *rossignols*, les *étourneaux*, les avides *moineaux* eux-mêmes, répandaient dans les *jardins* la vie, le mouvement et la gaieté.

Corrigé 53.

En automne, nouvelles *scènes* non moins délicieuses. Il fallait voir les *arbres* rompant sous le poids des *pommes*, des *poires*, des *coings*, des *prunes* parfumées, des *pêches* veloutées, des *noix* et des *nèfles*.

Mais de méchants petits *garçons* se mirent à dénicher les *oiseaux*. Ceux-ci ne pouvant consentir à perdre leurs *nids*, berceaux de leurs jeunes *familles*, se décidèrent peu à peu à quitter le pays. Dès lors plus d'harmonieux *concerts* pendant les belles *matinées* du printemps. Les *jardins*, les *vergers*, les *enclos* et les *bois* devinrent tristes et silencieux.

Corrigé 54.

Ce ne fut pas tout : les *chenilles*, auxquelles les *oiseaux* ne faisaient plus la chasse, se mirent à dévorer *fleurs* et *feuilles*, de sorte que les *arbres*, même aux plus beaux *jours* de l'été, présentaient l'aspect désolé qu'ils ont en hiver.

L'automne vint, mais sans apporter avec lui ces nombreuses *corbeilles* de *fruits* qui causaient autrefois tant de joie aux *enfants*. La gêne et la disette remplacèrent dans ces *lieux* l'aisance et les *richesses*.

Ces tristes *résultats* montrèrent aux mauvais *garnements* que la cruauté, même envers les *animaux*, attire sur ceux qui l'exercent les plus terribles *châtiments*.

Corrigé 55.

Pour l'explication de chacun des mots contenus dans l'exercice 55, voir le *Lexique*.

21ᵉ Dictée. (COMPOSITION.)

L'élève répondra par écrit aux questions suivantes :

Combien y a-t-il de voyelles ?

Combien y a-t-il de sortes d'*e* ?

A quoi reconnaît-on qu'un nom est du masculin ?

A quoi reconnaît-on qu'un nom est du féminin ?

A quoi reconnaît-on qu'un nom est au singulier ?

Quel est le pluriel de *chapeau, pruneau, troupeau, bureau, fourneau* ? Tirez-en la règle.

Quel est le pluriel de *animal, général, métal, mal, canal* ? Tirez-en la règle.

CHAPITRE II

DE L'ARTICLE.

42. — L'*article* est un mot que l'on place devant un nom pour annoncer que ce nom est *déterminé*, c'est-à-dire bien connu.

43. — Nous n'avons en français qu'un article, qui est :

Le, pour le masculin singulier : le *père*.

La, pour le féminin singulier : la *mère*.

Les, pour le pluriel des deux genres : les *pères*, les *mères*.

44. — **Élision.** On retranche *e* dans le mot *le*, on retranche *a* dans le mot *la* quand le mot suivant commence par une voyelle ou un *h* muet. Cette suppression s'appelle *élision*. — A la place de la lettre supprimée on met une *apostrophe* (').

Ainsi l'on dit, *l'argent* pour *le argent*, *l'histoire* pour *la histoire*.

Exercice 56.

(Règle 42). — Copiez et mettez l'article convenable. *Écrivez* : *Le* tambour *de la* compagnie.

... tambour de ... compagnie.... girouette de ... tourelle.
... salade de ... jardinière.   ... coqs de ... basse-cour.
... livres des écoliers.   ... pigeon de ... ferme.
... nid du merle.   ... blé du cultivateur.
... cheval du laboureur.   ... sabre et ... fusil du soldat.
... bonnet de ... cousine.   ... montagnes de ... lune.
... raisin de ... vigne.   ... pied de ... table.

Exercice 57.

(Règle 44). — Mettez l'article convenable. *Écrivez* : *L'*homme des champs.

... homme des champs.   ... porte de ... écurie.
... œuf de ... oiseau.   ... fenêtre de ... étable.
... œufs des oiseaux.   ... œil de ... poule.
... culture de ... betterave.   ... yeux de ... oie.
... armoire de ... armurier.   ... haie de ... enclos.
... âne de ... artisan.   ... abricotier de ... espalier.
... herbe° de ... prairie.   ... arête de ... éperlan.
... hirondelle° de ... cheminée.... aile de ... aigle.

---

42. Qu'est-ce que l'article ?   44. En quoi consiste l'élision ?
43. Combien avons-nous d'articles ?

22ᵉ **Dictée**. (SUJET DE COMPOSITION.)

LE SINGE ET LA NOIX.

Une jeune guenon cueillit une noix recouverte de son écale verte. Elle y porte la dent et fait une affreuse grimace, tant la coque lui semble mauvaise. De dépit, elle jette la noix au loin. Un singe la ramasse, la casse, l'épluche et la mange. — Souvenez-vous que, dans la vie, sans un peu de travail on n'a pas de plaisir.

23ᵉ **Dictée**. (ORTHOGRAPHE USUELLE.)

Les blés d'automne. — Les gelées du mois de mai. — Les giboulées de mars. — Les lés de la robe. — Le curé de la paroisse. — Les prés des vallées. — La chicorée des jardins. — Les canapés du salon. — La rentrée des élèves. — Les couvées de la poule. — Les cuillerées de sirop. — Les fées des contes. — Les épées des officiers.— Les pavés de la route. — Les denrées du pays. — Trois pellées de terre.— Les allées du parc. — Les poupées des enfants.

Corrigé 56.

Le tambour de *la* compagnie.   *La* girouette de *la* tourelle.
La salade de *la* jardinière.   *Les* coqs de *la* basse-cour.
Les livres des écoliers.   *Le* pigeon de *la* ferme.
Le nid du merle.   *Le* blé du cultivateur.
Le cheval du laboureur.   *Le* sabre et *le* fusil du soldat.
Le bonnet de *la* cousine.   *Les* montagnes de *la* lune.
Le raisin de *la* vigne.   *Le* pied de *la* table.

Corrigé 57.

*L'*homme des champs.   *La* porte de *l'*écurie.
*L'*œuf de *l'*oiseau.   *La* fenêtre de *l'*étable.
Les œufs des oiseaux.   *L'*œil de *la* poule.
La culture de *la* betterave.   *Les* yeux de *l'*oie.
*L'*armoire de *l'*armurier *.   *La* haie de *l'*enclos.
*L'*âne de *l'*artisan.   *L'*abricotier de *l'*espalier.
*L'*herbe * de *la* prairie.   *L'*arête de *l'*éperlan.
*L'*hirondelle * de *la* cheminée.   *L'*aile de *l'*aigle.

45. — **Contraction.** On change *de le* en *du*, *à le* en *au* devant tout nom masculin singulier qui commence par une consonne ou un *h* aspiré.

Ainsi l'on dit : **du** *père* pour *de le père* ; **au** *hameau* pour *à le hameau*.

Devant tous les noms pluriels *de les* se change en **des** ; *à les* se change en *aux*.

Ainsi l'on dit : **des** *pères* pour *de les pères* ; **aux** *mères* pour *à les mères*.

Cette réunion de deux mots en un seul s'appelle *contraction*.

Exercice 58.

Règle 45. — Mettez *du* ou *des*. *Ecrivez : Le terrier du renard.*

... terrier ... renard.   ... sacs ... soldats.
... nids ... oiseaux.   ... hirondelles ... moulin.
... cornes ... bouc.   ... mousse ... fontaines.
... coq ... clocher.   ... ruisseaux ... vallons.
... yeux ... fromage.   ... ornières ... chemins.
... varlope ... menuisier.   ... plaisir ... voyage.
... veste ... meunier.   ... clef ... champs.

Exercice 66.

Règle 45. Mettez *au* ou *aux*. *Ecrivez : L'hirondelle au vol rapide.*

... hirondelle ... vol rapide.   ... prairie ... hautes herbes.
... aigle ... serres* puissantes.   ... violon ... son harmonieux.
... arbre ... vert feuillage.   ... héron* ... long cou.
... ruisseau ... eaux limpides.   ... belette ... fin corsage.
... cigogne ... long bec.   ... visite ... château.
... cygne* ... blanc plumage.   ... herbe ... écus*.
... vautour* ... bec crochu.   ... herbe ... pauvre homme*.

Récapitulation. — Exercice 60.

Mettez l'article convenable.

LES CAILLOUX.

... jeune Victor, domestique d'un roulier, avait contracté ... mauvaise habitude de boire de ...eau-de-vie. A ... longue, ..usage immodéré de cette pernicieuse boisson avait altéré ... raison et ... santé (d...) pauvre garçon. Il fallut recourir (a...) médecin, qui défendit (a...) malade de boire à ...avenir de ...eau-de-vie. « Vous aurez beau faire, Monsieur ... docteur, répondit Victor, vous ne m'empêcherez pas de céder (a...) funeste penchant qui m'entraîne. Tenez, fit-il en tirant une fiole de dessous son oreiller ; il m'en faut plein cette bouteille tous ... jours. » Consentirez-vous, répliqua ... médecin, à suivre ... prescription que je vais vous indiquer ? « — Volontiers, répondit ... malade. »

45. En quoi consiste la contraction ?

24e Dictée. (SUJET DE COMPOSITION.)
L'ENVIE.

Un jour les divers animaux, causant entre eux, faisaient l'éloge du ver à soie. « Quel talent a-t-il à déployer, disaient-ils, pour filer cette soie si belle, si douce, qui fait l'admiration de l'homme! » Une chenille seule lui trouvait toutes sortes de défauts. « Messieurs, s'écria un renard, ne vous étonnez pas des critiques de la chenille; madame file aussi, et, comme elle file moins bien, elle se venge en disant du mal du ver à soie. » — L'envieux se ronge le cœur.

25e Dictée. (ORTHOGRAPHE USUELLE.)

L'acidité des fruits. — Les antiquités du musée. — Les bontés du maître. — Les cavités du rocher. — Les extrémités de la terre.— La civilité des enfants. — Les cruautés des animaux. — Les députés des départements. — Les divinités des païens. — Deux potées de confitures. — Trois chantiers de bois. — Deux assiettées de soupe.

Corrigé 58.

Le terrier *du* renard.	*Les* sacs *des* soldats.
Les nids *des* oiseaux.	*Les* hirondelles *du* moulin.
Les cornes *du* bouc.	*La* mousse *des* fontaines.
Le coq *du* clocher.	*Les* ruisseaux *des* vallons.
Les yeux *du* fromage.	*Les* ornières *des* chemins.
La varlope *du* menuisier.	*Le* plaisir *du* voyage.
La veste *du* meunier.	*La* clef *des* champs.

Corrigé 59.

*L'*hirondelle *au* vol rapide.	*La* prairie *aux* hautes herbes.
*L'*aigle *aux* serres * puissantes.	*Le* violon *au* son harmonieux.
*L'*arbre *au* vert feuillage.	*Le* héron * *au* long cou.
Le ruisseau *aux* eaux limpides.	*La* belette *au* fin corsage.
La cigogne * *au* long bec.	*La* visite *au* château.
Le cygne * *au* blanc plumage.	*L'*herbe *aux* écus *.
Le vautour *au* bec crochu.	*L'*herbe *au* pauvre homme *.

Corrigé 60.
LES CAILLOUX.

Le jeune Victor, domestique d'un roulier, avait contracté *la* mauvaise habitude de boire de l'eau-de-vie. A la longue, *l'*usage immodéré de cette pernicieuse boisson avait altéré *la* raison et *la* santé *du* pauvre garçon. Il fallut recourir au médecin qui défendit *au* malade de boire à *l'*avenir de *l'*eau-de-vie. « Vous aurez beau faire, monsieur *le* docteur, répondit Victor, vous ne m'empêcherez pas de céder *au* funeste penchant qui m'entraîne. Tenez, fit-il en tirant une fiole de dessous son oreiller, il m'en faut plein cette bouteille tous *les* jours. — Consentirez-vous, répliqua le médecin, à suivre *la* prescription que je vais vous indiquer? — Volontiers, » répondit *le* malade.

Analyse de l'article.

46. — Pour analyser l'article on indique s'il est masculin ou féminin, singulier ou pluriel, et quel est le nom déterminé qu'il annonce. Ex. : Le cheval du fermier.

Le, article simple masculin singulier, **annonce** que *cheval* est déterminé.

Cheval, nom commun masculin singulier.

Du mis pour *de le. Le* article simple masculin sing., annonce que *fermier* est déterminé.

Fermier, nom commun masculin singulier.

Même Exercice. 61.

... lendemain ... médecin apporta (a...) jeune homme un coffret rempli de petits cailloux fort propres. « Promettez-moi, lui dit-il, de mettre tous ... jours dans ... fiole une (d...) pierres contenues dans cette boîte et de ne jamais la retirer. » Victor, conformément (a...) prescriptions (d...) docteur mit chaque jour un caillou dans (...) fiole dont (...) capacité diminua de (...) sorte insensiblement. Mais sans que (...) jeune homme s'en aperçût, son goût pour ...'eau de vie diminua dans ... mêmes proportions. A... fin ... fiole, pleine de cailloux, ne put plus contenir une seule goutte d'eau-de-vie et au grand étonnement (d...) jeune homme, celui-ci vit qu'il pouvait s'en passer sans en être le moins du monde incommodé.

Exercice d'analyse. 62.

Règle 46. — Cet exercice pourra être l'objet de plusieurs devoirs.

Les enfants. — La nourrice. — Au fruit. — Des moineaux. — Les troupes. — Au vin. — Les moineaux. — Du blé. — Les fontaines. — Le marbre. — Les métaux. — Des brebis. — Des tambours. — Aux gazons. — Des renards. — La religion. — Du foin. — Des ailes. — Aux escargots. — L'odeur. — Aux harnais. — Des encriers. — L'agneau. — Des épis. — Au foin.

---

46. Comment fait-on pour analyser l'article?

26e Dictée. (SUJET DE COMPOSITION.)

LE CERFEUIL ET LA CIGUE. (*Fable.*)

Le cerfeuil, à l'odeur pénétrante et forte, avait poussé sur le bord d'un chemin à côté de la ciguë, dont on connaît les propriétés malfaisantes. Un enfant les cueillit pêle-mêle et les porta à sa mère, pensant qu'ils lui seraient utiles pour le ragoût du soir; mais la ménagère expérimentée distingua bien vite le mortel poison. « Sache, dit-elle à son fils, que souvent le mal revêt l'apparence du bien, et qu'il faut déployer une grande pénétration pour en savoir faire la différence. »

27e Dictée. (SUJET DE COMPOSITION.)

LA FLEUR ET LE NUAGE. (*Fable.*)

Pendant les chaleurs d'un brûlant été, une fleur languissait, dépérissait à vue d'œil sur sa tige desséchée. Vint à passer un beau nuage revêtu de brillantes couleurs, mais dont une partie déjà sombre semblait promettre une pluie prochaine. « Bon nuage, s'écria la fleur, fais-moi l'aumône de quelques gouttes de pluie; elles me rendraient la santé et la vie. » Le nuage passa sans exaucer la pauvre fleur, prétextant qu'il avait des ordres pressés à accomplir. Quand il revint quelques heures plus tard, la fleur avait cessé de vivre. — Il ne faut jamais différer de faire le bien quand nous en trouvons l'occasion.

Corrigé 61.

Le lendemain *le* médecin apporta *au* jeune homme un coffret rempli de petits cailloux fort propres. « Promettez-mo*i*, lui dit-il, de mettre tous *les* jours dans *la* fiole une *des* pierres contenues dans cette boîte et de ne jamais la retirer. » Victor, conformément *aux* prescriptions *du* docteur, mit chaque jour un caillou dans *la* fiole dont *la* capacité diminua de *la* sorte insensiblement. Mais, sans que *le* jeune homme s'en aperçût, son goût pour *l'*eau-de-vie diminua dans *les* mêmes proportions. A *la* fin *la* fiole, pleine de cailloux, ne put plus contenir une seule goutte d'eau-de-vie, et au grand étonnement *du* jeune homme, celui-ci vit qu'il pouvait s'en passer sans en être le moins du monde incommodé.

28e Dictée. (AGRICULTURE.)

La dictée faite, l'élève mettra tous les noms au pluriel.

Un collier. — Une longe. — Un terrain. — Une jachère. — Un labour. — Une culture. — Une faucille. — Une javelle. — Un andain. — La fenaison. — Une gerbe. — Une batteuse. — Un van. — Un semoir. — Un épi. — La poudrette. — Le fumier. — La herse. — La charrue. — Une selle. — Un attelage. — Une friche. — Une lande. — Une marne. — Un sillon. — Une rigole. — Une semaille.

CHAPITRE III

DE L'ADJECTIF.

47. — Il y a deux sortes d'adjectifs : *l'adjectif qualificatif* et l'*adjectif déterminatif*.

De l'adjectif qualificatif.

48. — On appelle **adjectif qualificatif** tout mot que l'on ajoute au nom pour en faire connaître une *qualité* bonne ou mauvaise, une *manière d'être*.

Dans *bon père, bonne mère, beau livre , belle image ,* ces mots *bon, bonne, beau, belle* sont des adjectifs qualificatifs.

49. — **Manière de reconnaître un adjectif.** On connaît qu'un mot est adjectif quand on peut y joindre *personne* ou *chose*.

Ainsi *habile, agréable* sont des adjectifs, parce qu'on peut dire *personne habile, chose agréable*.

Exercice 63.

Règle 49. — Manière de reconnaître un adjectif. *Ecrivez : Personne juste, chose agréable, etc.*

Juste.	Stupide.	Funeste.	Adorable.
Agréable.	Maigre.	Aigre.	Large.
Infatigable.	Malade.	Livide*.	Rouge.
Tranquille.	Intrépide.	Aimable.	Jaune.
Fade.	Mobile.	Croyable.	Triste.
Docile.	Rapide.	Fragile.	Sublime.

Exercice 64.

Règle 49. — Distinguez les noms des adjectifs. *Ecrivez : Sale (adjectif).* — Mouton (nom).

Sale.	Véritable.	Vaisseau.	Arbuste.
Mouton.	Pupitre.	Fleuve.	Magnifique.
Fertile.	Epine.	Raisonnable.	Faible.
Admirable.	Utile.	Superbe.	Douleur.
Maison.	Variable.	Colline.	Faiblesse.

---

47 Combien y a t-il de sortes d'adjectifs ?

48. Qu'appelle-t-on adjectif qualificatif ?

49. A quoi reconnaît-on qu'un mot est adjectif qualificatif ?

DÉVELOPPEMENT.

Le Maître fera remarquer qu'on range parmi les adjectifs qualificatifs :

1° Tous les mots qui désignent les couleurs, comme *blanc*, *bleu*, *rouge*, *jaune*, *vert*, etc. ;

2° Tous les mots qui indiquent une qualité ou un défaut du corps, comme *grand*, *fort*, *gros*, *gras*, *maigre*, *aveugle*, *sourd*, *boiteux*, etc. ;

3° Tous les mots qui représentent une qualité ou un défaut de l'esprit, comme *bon*, *aimable*, *joli*, *sage*, *courageux*, *paresseux*, *méchant*, *indocile*, etc. ;

4° Les mots qui servent à désigner les manières d'être des objets matériels, comme *mou*, *dur*, *solide*, *long*, *large*, *haut*, *fragile*, *opaque*, *transparent*, etc.

Corrigé 63.

Personne juste.	*Personne* malade.	*Chose* croyable.
Chose agréable.	*Personne* intrépide.	*Chose* fragile.
Personne infatigable.	*Personne* mobile.	*Personne* adorable.
Personne tranquille.	*Chose* rapide.	*Chose* large.
Chose fade..	*Chose* funeste.	*Chose* rouge.
Personne docile.	*Chose* aigre.	*Chose* jaune.
Personne stupide.	*Personne* livide.	*Personne* triste.
Personne maigre.	*Personne* aimable.	*Chose* sublime.

Corrigé 64.

Sale. *adj.*	Véritable. *adj.*	Vaisseau. *n. c.*	Arbuste. *n. c.*
Mouton. *n. c.*	Pupitre. *n. c.*	Fleuve. *n. c.*	Magnifique. *adj.*
Fertile. *adj.*	Epine. *n. c.*	Raisonnable. *adj.*	Faible. *adj.*
Admirable. *adj.*	Utile. *adj.*	Superbe. *adj.*	Douleur. *n. c.*
Maison. *n. c.*	Variable. *adj.*	Colline. *n. c.*	Faiblesse. *n. c.*

29ᵉ Dictée. (MÉTIERS.)

La dictée faite, l'élève mettra tous les mots au pluriel.

Le tisserand. — Le mercier. — Le tailleur. — Le boulanger. — Le boucher. — Le charcutier. — L'épicier. — Le corroyeur. — Le tanneur. — Le cordonnier. — Le cuisinier. — Le drapier. — Le passementier. — Le meunier. — Le quincaillier. — Le ferblantier. — Le chaudronnier. — Le coutelier. — Le cordier. — La lingère. — Le chapelier. — Le couvreur. — Le serrurier. — Le charpentier. — Le menuisier. — Le vitrier. — Le tapissier. — Le peintre. — L'horloger. — L'imprimeur.

50. — Les adjectifs peuvent se mettre au masculin ou au féminin, au singulier ou au pluriel.

Formation du féminin dans les adjectifs.

51. — Règle du féminin. Pour former le féminin d'un adjectif on ajoute un **e** muet au masculin.

Ex. : Un homme *prudent*, une femme *prudente*; un fils *poli*, une fille *poli*e.

Exercice 65.

Règle 51. — Remplacez les points par l'adjectif au féminin. *Ecrivez*: L'habit gris, la robe *grise*.

L'habit *gris*, la robe...
Le manteau *court*, la jupe...
Le bas *bleu*, la ceinture...
Le cheval *noir*, la jument...
Le chou *vert*, la pomme...
Le raisin *noir*, la prune...

Le chapeau *rond*, la casquette...
Le bâton *pointu*, la canne...
Le *petit* coq, la ...poule.
Le *joli* poisson, la...grenouille.
Le soleil *brillant*, la lune...
Le papillon *délicat*, la mouche..

Même exercice. 66.

Règle 51. — Remplacez les points par l'adjectif au féminin.

Le pinson *gai*, la fauvette...
Le père *hardi*, la mère...
L'appartement *chaud*, la chambre...
L'hiver *froid*, la saison...
L'homme *poli*, la femme...
L'abricot *mûr*, la cerise...
L'habit *bleu*, la robe...

Le chien *intelligent*, la chienne..
L'âne *frugal*, l'ânesse...
Le poids *lourd*, la charge...
Le *grand* château, la ...maison.
Le jardinier *matinal*, la jardinière...
Le visage *blafard*, la face...
Le bois *vert*, la forêt...

Même exercice. 67.

Règle 51. — Remplacez les points par l'adjectif au féminin.

Le pantalon *brun*, la veste...
Le soldat *vigilant*, la sentinelle...
Le fil *noir*, la soie .. [nelle...
Le village *voisin*, la ville...
Le puits *profond*, la mare...
Un accueil *cordial*, une réception...
Le *grand* bateau, la ...barque.

Un salut *courtois*, une révérence...
Un cœur *pur*, une conscience..
Un fruit *cru*, une poire...
Un chemin *droit*, une route...
Un sentier *étroit*, une rue...
Du chanvre *fin*, de la filasse...
Le pré *vert*, la prairie...

---

50. Les adjectifs ont-ils toujours la même forme ?

51. Comment forme-t-on le féminin d'un adjectif ?

30e **Dictée**. (SUJET DE COMPOSITION.)

La dictée faite, l'élève indiquera après chaque mot s'il est article, nom ou adjectif.

La jolie maison. — La petite fille jolie. — La mauvaise bière.— Le geai bavard. — La pie bavarde. — L'habit bleu. — La robe bleue. — Le papier gris. — L'étoffe grise. — Le fruit vert. — La pomme verte. — Du vin pur. — De l'eau pure. — Un abricot mûr. — Une pêche mûre. — Un homme hardi. — Une femme hardie.— Un conte amusant. — Une histoire amusante.

31e **Dictée**. (FÉMININ DES ADJECTIFS.)

La dictée faite, l'élève mettra tous les mots au masculin.

La boulangère honnête. — L'ânesse entêtée. — La chienne hardie. — La chatte méchante. — La jardinière habile. — La cuisinière bavarde. — La jolie petite fille. — La pâtissière intelligente. — La lionne terrible. — La poule gourmande. — Louise obéissante.— Alphonsine timide. — La vache énorme. — La grande jument.

Corrigé 65.

L'élève écrira tout au long : L'habit gris, la robe *grise*.

— la robe *grise*.
— la jupe *courte*.
— la ceinture *bleue*.
— la jument *noire*.
— la pomme *verte*.
— la prune *noire*.

— la casquette *ronde*.
— la canne *pointue*.
— la *petite* poule.
— la *jolie* grenouille.
— la lune *brillante*.
— la mouche *délicate*.

Corrigé 66.

— la fauvette *gaie*.
— la mère *hardie*.
— la chambre *chaude*.
— la saison *froide*.
— la femme *polie*.
— la cerise *mûre*.
— la robe *bleue*.

— la chienne *intelligente*.
— l'ânesse *frugale*.
— la charge *lourde*.
— la *grande* maison.
— la jardinière *matinale*.
— la face *blafarde*.
— la forêt *verte*.

Corrigé 67.

— la veste *brune*.
— la sentinelle *vigilante*.
— la soie *noire*.
— la ville *voisine*.
— la mare *profonde*.
— une réception *cordiale*.
— la *grande* barque.

— une révérence *courtoise*.
— une conscience *pure*
— une poire *crue*.
— une route *droite*.
— une rue *étroite*.
— de la filasse *fine*.
— la prairie *verte*.

52. — **Adjectifs en e.** Les adjectifs terminés au masculin par un e muet ne changent pas au féminin.

Ex. : Un homme *juste*, une femme *juste*.

53. — **Adjectifs en el, eil, en, on, et.** Pour former le féminin des adjectifs terminés par el, eil, en, on, et, on met deux l, deux n ou deux t, et l'on ajoute un e muet.

Ex. Un homme *cruel*, une femme *cruelle* ;
Le raisin *vermeil*, la cerise *vermeille* ;
Le meuble *ancien*, la statue *ancienne*.

54. — De même les adjectifs *bas, gras, gros, las, épais, gentil, nul, sot, vieillot paysan* font au féminin : *basse, grasse, grosse, lasse, épaisse, gentille, nulle, sotte, vieillotte, paysanne.*

Exercice 68.

Règle 52. — Remplacez les points par l'adjectif au féminin. *Ecrivez* : L'enfant sage, la petite fille *sage.*

L'enfant *sage*, la petite fille... Le bœuf *tendre*, la côtelette...
Le dindon *stupide*, la dinde... Le jardinier *pauvre*, la jardi-
Un ouvrier *habile*, une ouvrière.   nière...
Le terreau *fertile*, la terre... Un serviteur *coupable*, une ser-
L'homme *avare*, la femme...   vante....
Le chien *fidèle*, la chienne... Le père *prodigue*, la mère...
Le travail *facile*, la besogne... Le géranium* *rouge*, la fleur...

Exercice 69.

Règles 53 et 54. — Remplacez les points par l'adjectif au féminin. *Ecrivez* : Le froid continuel, la pluie *continuelle.*

Le froid *continuel*, la pluie... Un fruit *aigrelet*, une pomme..
L'amour *fraternel*, l'amitié... Un fauteuil *bas*, une chaise...
Un visage *mignon*, une figure.. Le *gentil* oiseau, la ... perdrix.
Un temple *ancien*, une église.. Un travail *nul*, une besogne...
Un chapeau *pareil*, une cas- Un liquide *épais*, une sauce...
quette... Un gilet *violet*, une ceinture...
Un jour *solennel*, une fête... Un séjour *habituel*, une de-
Un mot *spirituel*, une répartie.. meure...

---

52. Quel est le féminin des adjectifs terminés par un e muet?
53. Comment forme-t-on le féminin des adjectifs terminés par el,
eil, en, on, et ?
54. Quel est le féminin de *bas,
gras, gros, las, épais. gentil, nul,
sot, vieillot, paysan ?*

32e **Dictée**. (LETTRE FINALE DE L'ADJECTIF.)

Le Maître fera remarquer que le féminin de l'adjectif permet souvent de trouver la dernière lettre de l'adjectif masculin.

Son occupation habituelle. — Une conversation spirituelle. — Un langage naturel. — Une bonté perpétuelle. — La plante annuelle. — Le péché originel. — Un serment solennel. — La vie éternelle. — Un fruit aigrelet. — Une saveur aigrelette. — Une couleur violette. — Un poulet maigrelet. — Une poule maigrelette. — Une haie mitoyenne. — La religion païenne. — Le mois prochain. — La semaine prochaine. — Mon cousin germain. — Ma cousine germaine. — Un vilain animal. — Une vilaine bête. — Un édifice ancien. — Une maison ancienne.

33e **Dictée**. (MÊME DEVOIR.)

Un bon âne. — Une bonne ânesse. — Un champ fécond. — Une terre féconde. — Un pied mignon. — Une main mignonne. — Une perruque blonde. — Une tête blonde. — L'humeur gasconne. — L'accent gascon. — La mer profonde. — Le puits profond. — Un soulier pareil. — Une chaussure pareille. — Du raisin vermeil. — Une cerise vermeille. — Une résolution criminelle. — Une petite fille frêle. — Une narration fidèle. — Une pomme de terre nouvelle. — Une voûte basse. — Un plafond bas. — Une femme lasse de marcher. — Un homme las de marcher. — Une marmotte grasse. — Un loir gras. — La sauce épaisse. — Le jus épais.

Corrigé 68.

L'élève écrira tout au long : L'enfant sage, la petite fille *sage*.

— la petite fille *sage*.
— la dinde *stupide*.
— une ouvrière *habile*.
— la terre *fertile*.
— la femme *avare*.
— la chienne *fidèle*.
— la besogne *facile*.
— la côtelette *tendre*.
— la jardinière *pauvre*.
— une servante *coupable*.
— la mère *prodigue*.
— la fleur *rouge*.

Corrigé 69.

L'élève écrira tout au long : Le froid continuel, *la pluie continuelle*.

— la pluie *continuelle*.
— l'amitié *fraternelle*.
— une figure *mignonne*.
— une église *ancienne*.
— une casquette *pareille*.
— une fête *solennelle*.
— une repartie *spirituelle*.
— une pomme *aigrelette*.
— une chaise *basse*.
— la *gentille* perdrix.
— une besogne *nulle*.
— une sauce *épaisse*.
— une ceinture *violette*.
— une demeure *habituelle*.

3.

55. — EXCEPTION. Six adjectifs en *et* font leur féminin en *ète*. Ce sont : *complet, concret, discret, inquiet, replet, secret,* qui font au féminin : *complète, concrète, discrète, inquiète, replète, secrète.*

56. — REMARQUE. Beau, nouveau, fou, mou, vieux deviennent au masculin bel, nouvel, fol, mol, vieil devant les mots commençant par une voyelle ou un *h* muet : bel oiseau, bel homme.

En conséquence, les mêmes adjectifs font au féminin belle, nouvelle, folle, molle, vieille.

Exercice 70.

Règles 53 et 55. — Remplacez les points par l'adjectif au féminin. Adjectifs en *et,* féminin *ette* ou *ète.*

Un wagon *complet,* une voiture... Le loup *inquiet,* la louve...

Un serviteur *discret,* une servante...

Un chat *doucet,* une chatte...

Le villageois *propret,* la villageoise...

Le mouton *grassouillet,* la brebis...

Le jardinier *pauvret,* la jardinière...

Le porc *replet,* la truie...

Le poulain *maigrelet,* la pouliche...

Un remède *secret,* une médecine...

Un prix *net,* une réponse...

Le nègre *sujet,* la négresse...

Le bœuf *brunet,* la vache...

Un tiroir *secret,* une armoire...

Exercice 71.

Règle 56. — Remplacez les points par l'adjectif masculin et par l'adjectif féminin. *Ecrivez* : Un domicile nouveau, un *nouvel* appartement, une *nouvelle* chambre.

Un domicile *nouveau,* un ... appartement, une ... chambre.

Un lit *mou,* un ... oreiller, une couche ...

Un *vieux* palais, une ... église, un ... édifice.

Un *beau* livre, un ... ouvrage, une ... œuvre.

Un *fou* rire, un ... enjouement, une ... gaîté.

Un *beau* mouton, une ... brebis, un ... agneau.

Un désir *fou,* une ... ambition, un ... espoir.

Un *vieux* cheval, un ... âne, une ... jument.

Un sol *mou,* une ... terre, un ... humus*.

Un *vieux* légume, une ... fève, un ... haricot.

Un *nouveau* continent, une ... mer*, un ... océan.

Un *beau* vêtement, un ... habit, une ... blouse.

---

55. Quels sont les adjectifs en *et* qui font leur féminin en *ète ?*

56. Que deviennent au masculin *beau, nouveau, fou, mou, vieux* devant une voyelle ou un *h* muet, et comment font-ils au féminin ?

DÉVELOPPEMENT.

À l'exception de *inquiet*, tous les adjectifs qui ont le féminin en *è* sont terminés par *plet* ou *cret*.

34e **Dictée**. (FÉMININ DES ADJECTIFS.)

La dictée faite, l'élève mettra tous les mots au pluriel.

Une corbeille complète. — La voisine discrète. — Une nouvelle emplette. — Ma mère inquiète. — Le vieil arbre. — La vieille vigne. — Une folle aventure. — Le fol espoir. — Mon vieil habit. — La nouvelle lune. — Un mol édredon. — Une poire molle. — Une personne replète. — Un individu replet. — Un matelas épais. — Un discours parfait. — Du beurre frais. — Une carte muette. — Un costume coquet. — Une demoiselle distraite.

Corrigé 70.

L'élève écrira tout au long : Un wagon complet, *une voiture complète.*

— une voiture *complète.*
— une servante *discrète.*
— une chatte *doucette.*
— la villageoise *proprette.*
— la brebis *grassouillette.*
— la jardinière *pauvrette.*
— la louve *inquiète.*
— la truie *replète.*
— la pouliche *maigrelette.*
— une médecine *secrète.*
— une réponse *nette.*
— la négresse *sujette.*
— la vache *brunette.*
— une armoire *secrète.*

Corrigé 71.

— un *nouvel* appartement, une *nouvelle* chambre.
— un *mol* oreiller, une couche *molle.*
— une *vieille* église, un *vieil* édifice.
— un *bel* ouvrage, une *belle* œuvre.
— un *fol* enjouement, une *folle* gaieté.
— une *belle* brebis, un *bel* agneau.
— une *folle* ambition, un *fol* espoir.
— un *vieil* âne, une *vieille* femme.
— une terre *molle*, un *mol* humus.
— une *vieille* fève, un *vieil* haricot.
— une *nouvelle* mer, un *nouvel* océan.
— un *bel* habit, une *belle* blouse.

57. — **Adjectifs en f :** Pour former le féminin des adjectifs terminés au masculin par **f**, on change **f** en **ve**.

Ex.: Un fruit *tardif*, une pomme *tardi*ve.

Bref fait *brè*ve avec un accent grave.

58. — **Adjectifs én x.** Pour former le féminin des adjectifs terminés au masculin par **x**, on change **x** en **se**.

Ex. : Un homme *heureux*, une femme *heureu*se.

59. — REMARQUE. *Doux, faux, préfix, roux* font au féminin *douce, fausse, préfixe, rousse.*

Exercice 72.

Règle 57. — Remplacez les points par l'adjectif au féminin. *Ecrivez* : Le cheval poussif, la jument *poussive.*

Le cheval *poussif*, la jument...	Un tempérament *maladif*, une constitution...
Le fermier *actif*, la fermière...	
L'honneur *sauf**, la vie...	Un esprit *vindicatif**, une âme...
Un arbre *chétif*, une plante...	Un mulet *rétif*, une mule...
Un examen *bref*, une question..	Le mouton *craintif*, la brebis...
Un chariot *neuf*, une charrue...	Le serviteur *fautif*, la servante.
Un coq *vif*, une poule...	Le villageois *oisif*, la villageoise...
Un garçon *naïf*, une fille...	
Un produit *tardif**, une récolte..	Le pois *hâtif**, la pomme de terre...
Un cri *plaintif*, une voix...	
Un homme *veuf*, une femme...	L'ouvrier *actif*, l'ouvrière...

Exercice 73.

Règles 58-59. — Remplacez les points par l'adjectif au féminin. *Ecrivez* : Un fossé bourbeux, une mare *bourbeuse.*

Un fossé *bourbeux*, une mare..	Un marché *avantageux*, une vente...
Un légume *bulbeux**, une plante.	
Un endroit *herbeux*, une prairie...	Un pré *fangeux*, une prairie...
	Un pays *marécageux*, une contrée...
Un cheval *fougueux*, une jument...	
	Un temps *orageux*, une nuit...
Un visage *hideux*, une figure...	Un chien *hargneux*, une chienne
Un jeu *hasardeux**, une loterie..	Un vin *doux*, une pomme...[ne
Un homme *doux*, une femme...	Un âne *rogneux**, une ânesse. .
Un *faux* billet, de la... monnaie.	Un taureau *roux*, une vache...

---

57. Comment forme-t-on le féminin des adjectifs terminés par *f*.
58. Comment forme-t-on le féminin des adjectifs terminés par *x* ?
59. Comment *doux, faux, préfix, roux* font-ils au féminin ?

DÉVELOPPEMENT.

On pourra appeler l'attention de l'élève sur la ressemblance du *v*
et du *f*. Le *v* n'est qu'un *f* prononcé plus mollement, ces deux
lettres *v* et *f* se prononcent avec les lèvres. *V* remplace *f* non-seulement dans le féminin des adjectifs, mais encore dans d'autres cas,
par exemple dans la formation des noms : actif, activité ; naïf,
naïveté ; veuf, veuve, veuvage ; vif, vive, vivacité, vivifier. Expliquez
à l'élève la signification du mot *préfixe*.

35ᵉ **Dictée.** (FÉMININ DES ADJECTIFS.)

Une fausse dent. — La chevelure rousse. — Un homme roux. —
Une cerise douce. — Un fruit doux. — Un ton bref. — Une voix
brève. — Le fils adoptif. — La fille adoptive. — Une réponse défi-
nitive. — De l'argenterie massive. — Un chandelier massif.

Corrigé 72.

L'élève écrira tout au long : Le cheval poussif, la jument *poussive*.

— la jument *poussive*.	— une femme *veuve*.
— la fermière *active*.	— une constitution *maladive*
— la vie *sauve*.	— une âme *vindicative*.
— une plante *chétive*.	— une mule *rétive*.
— une question *brève*.	— la brebis *craintive*.
— une charrue *neuve*.	— la servante *fautive*.
— une poule *vive*.	— la villageoise *oisive*.
— une fille *naïve*.	— la pomme de terre *hâtive*.
— une récolte *tardive*.	— l'ouvrière *active*.
— une voix *plaintive*.	

Corrigé 73.

L'élève écrira tout au long : Un fossé bourbeux, une mare bourbeuse.

— une mare *bourbeuse*.	— une vente *avantageuse*.
— une plante *bulbeuse*.	— une prairie *fangeuse*.
— une prairie *herbeuse*.	— une contrée *marécageuse*.
— une jument *fougueuse*.	— une nuit *orageuse*.
— une figure *hideuse*.	— une chienne *hargneuse*.
— une loterie *hasardeuse*.	— une pomme *douce*.
— une femme *douce*.	— une ânesse *rogneuse*.
— de la *fausse* monnaie.	— une vache *rousse*.

60. — **Adjectifs en eur**. Les adjectifs terminés par **eur** forment généralement leur féminin en **euse**. *Trompeur*, *trompeuse* ; *parleur*, *parleuse* ; *chanteur*, *chanteuse*.

61. — PREMIÈRE REMARQUE. La plupart des adjectifs en **teur** forment leur féminin en **trice** : *Accusateur, accusatrice* ; *destructeur, destructrice*.

62. — DEUXIÈME REMARQUE. *Enchanteur, pécheur, vengeur*, font au féminin *enchanteresse, pécheresse, vengeresse*.

63. — TROISIÈME REMARQUE. *Majeur, meilleur, mineur* font au féminin : *majeure, meilleure, mineure*.

Tous les adjectifs en **érieur** forment leur féminin en ajoutant un e muet au masculin : Ainsi *antérieur* fait *antérieure*.

Exercice 74.

Règles 60-63. — **Mettez les adjectifs au féminin.** *Ecrivez* : La marmotte *dormeuse*.

Le loir *dormeur*, la marmotte...Un fils *majeur*, une fille...

L'ouvrier *boudeur*, l'ouvrière...L'aspect *trompeur*, l'apparence.

Le pigeon *voyageur**, l'hiron-Un événement *postérieur*, une delle... action...

L'incendie *dévastateur **, la Un génie *supérieur*, une intel-guerre... ligence...

Un mal *extérieur*, une maladie...Un combat *libérateur**, une ba-Un mérite *inférieur*, une qua-taille... lité... Le mâtin *querelleur*, la chienne...

Exercice 75.

Remplacez les points par l'adjectif au féminin.

Le perroquet *siffleur*, la per-Un monsieur *questionneur*, une ruche... dame... [mière...

Le valet *introducteur**, la ser-Le fermier *débiteur*, la fer-vante... L'ouvrier *rieur*, l'ouvrière...

Un fil *conducteur*, une main...Le temps *meilleur*, la saison..

Le portier *causeur*, la portière..Le fléau *destructeur*, la perte..

Le musicien *admirateur*, la Le commerce *intérieur*, la na-musicienne... vigation...

---

60. Comment les adjectifs en *eur* forment-ils leur féminin?

61. Comment la plupart des adjectifs en *teur* forment-ils leur féminin?

62. Comment forme-t-on le fémi-nin de *enchanteur, pécheur, vengeur?*

63. Comment forme-t-on le féminin de *majeur, meilleur, mineur* et des adjectifs en *érieur?*

36ᵉ **Dictée**. (FÉMININ DES ADJECTIFS.)

La dictée faite, l'élève formera le féminin des adjectifs.

Moqu eur (-euse). — Destruc teur (-trice). — Meill eur (-eure). — Neu f (-ve). — Hasardeu x (-se). — Ven geur (-geresse). — Repl et (-ète). — Péch eur (-eresse). — Dévasta teur (-trice). — Viol et (-ette). — Inqui et (-ète). — Préfl x (-xe). — Avantag eux (euse). — Ri eur (-euse). — Débi teur (-trice). — Gent il (-ille). — S ot (-otte). — Querell eur (-euse). — Orag eux (-euse). — Inféri eur (-re). — Fau x (-sse).

37ᵉ **Dictée**. (THÉORIE.)

Quel est le masculin de : *jolie, sombre, éternelle, coquette, musicienne, poltronne, heureuse, vive?*
Tirez-en les règles pour la formation du féminin.

38ᵉ **Dictée**. (FÉMININ DES ADJECTIFS.)

La dictée faite, l'élève mettra tous les mots au pluriel.

Une demeure enchanteresse. — Une meilleure alimentation. — La lune rousse. — Une humeur frondeuse. — Une peine intérieure. — L'enceinte extérieure. — Une parole blasphématrice. — Un salaire rémunérateur. — Une décision ultérieure. — La rive citérieure du fleuve.

Corrigé 74.

— la marmotte *dormeuse*.
— l'ouvrière *boudeuse*.
— l'hirondelle *voyageuse*.
— la guerre *dévastatrice*.
— une maladie *extérieure*.
— une qualité *inférieure*.
— une fille *majeure*.
— l'apparence *trompeuse*.
— une action *postérieure*.
— une intelligence *supérieure*.
— une bataille *libératrice*.
— la chienne *querelleuse*.

Corrigé 75.

— la perruche *siffleuse*.
— la servante *introductrice*.
— une main *conductrice*.
— la portière *causeuse*.
— la musicienne *admiratrice*.
— une dame *questionneuse*.
— la fermière *débitrice*.
— l'ouvrière *rieuse*.
— la saison *meilleure*.
— la peste *destructrice*.
— la navigation *intérieure*.

64. — **Adjectifs en er.** Les adjectifs terminés au masculin par **er** font leur féminin en **ère**, avec un accent grave : *léger, légère ; entier, entière.*

65.—**Autres adjectifs.** *Blanc, franc, sec, frais* font au féminin *blanche, franche, sèche, fraîche.*

66. — *Public, caduc, turc, grec* font au féminin *publique, caduque, turque, grecque.*

67. — *Bénin, malin, long, oblong* font au féminin *bénigne, maligne, longue, oblongue.*

68. — *Favori*, coi** font au féminin *favorite, coite.*

69. — **Adjectifs en gu.** Les adjectifs en **gu**, comme *aigu, contigu* prennent un **e** muet surmonté d'un tréma : *aiguë, contiguë.*

Exercice 76.

Règle 64. — Remplacez les points par l'adjectif au féminin. **Ecrivez : Le** duvet *léger*, la plume *légère.*

Le duvet *léger*, la plume...
Le récit *mensonger*, l'histoire...
Un entretien *familier*, une conversation...
Un villageois *casanier*, une villageoise... [son...
Un climat *printanier**, une sai-
L'insecte *cirier**, l'abeille...

L'animal *carnassier**, la bête...
Un jardin *régulier*, une allée...
Le mets *grossier*, la nourriture..
L'abricot *entier*, la pêche...
Un logis *hospitalier*, une maison...
Un paysan *gaucher*, une paysanne...

Exercice 77.

Règles 65-69.—Remplacez les points par l adjectif au féminin. **Ecrivez :** **Le** pigeon blanc, la colombe *blanche.*

Le pigeon *blanc*, la colombe...
Un marché *franc*, une foire...
Du bois *sec*, une branche...
Du vin *frais*, de l'eau...
Du tabac *turc*, une pipe...
Un son *aigu*, une note...
Un bonnet *grec*, une calotte...

Un mal *bénin*, une fièvre...
Le singe *malin*, la guenon...
Un *long* voyage, une ..traversée
Un château *oblong*, une caserne...
Le chien *favori*, la chienne...
Un jardin *contigu*, une cour...

---

64. Comment les adjectifs en *er* font-ils leur féminin?

65. Comment font au féminin : *blanc, franc, sec, frais* ?

66. Comment font au féminin *public, caduc, turc, grec* ?

67. Comment font au féminin *bénin, malin, long, oblong* ?

68. Comment font au féminin *favori, coi* ?

69. Comment forme-t-on le féminin des adjectifs comme *aigu, contigu* ?

39ᵉ Dictée.

LE ROULEUR DE CIGARES.

Le rouleur de cigares, appelé aussi *lisette*, est un insecte qui exerce de grands dégâts dans nos vignes. Les magnifiques couleurs dont il est revêtu ne feraient jamais soupçonner sa scélératesse. Il est d'un vert brillant en dessous et présente en dessus l'éclat de l'or. Pendant le mois de mai, il coupe aux trois quarts la queue d'une feuille. Celle-ci se fane bientôt et acquiert une grande faiblesse ; alors l'animal la roule sur elle-même et dépose dans l'intérieur trois ou quatre œufs. Pendant que la feuille brunit de plus en plus et prend l'apparence d'un cigare que l'on aurait attaché à un cep, les œufs éclosent, et donnent naissance à des larves qui vont s'enfouir sous terre pour achever de s'y développer. Cependant le rouleur de cigares a compromis l'existence de la vigne dont il a fait périr les feuilles. Guerre implacable donc à ce beau charançon et à sa race !

Corrigé 76.

L'élève écrira tout au long : Le duvet léger, *la plume légère.*

— la plume *légère.*
— l'histoire *mensongère.*
— une conversation *familière.*
— une villageoise *casanière.*
— une saison *printanière.*
— l'abeille *cirière.*

— la bête *carnassière.*
— une allée *régulière.*
— la nourriture *grossière.*
— la pêche *entière.*
— une maison *hospitalière.*
— une paysanne *gauchère.*

Corrigé 77.

L'élève écrira tout au long : Le pigeon blanc, *la colombe blanche.*

— la colombe *blanche.*
— une foire *franche.*
— une branche *sèche.*
— de l'eau *fraiche.*
— une pipe *turque.*
— une note *aiguë.*
— une calotte *grecque.*

— une fièvre *bénigne.*
— la guenon *maligne.*
— une *longue* traversée.
— une caserne *oblongue.*
— la chienne *favorite.*
— une cour *contiguë,*

Récapitulation sur le féminin des adjectifs.
Exercice 78.

Mettez au féminin les adjectifs entre parenthèses.

SUPPORTONS NOS MAUX AVEC PATIENCE.

Deux jeunes servantes, Brigitte et Rose, s'acheminaient ensemble vers la ville (*voisin*). Chacune d'elles portait sur sa tête une (*lourd*) corbeille (*plein*) de fruits. Quelle (*grand*) différence entre l'une et l'autre ! Brigitte faisait la plus (*triste*) figure. Quiconque l'eût examinée, même d'une façon (*superficiel**) l'eût trouvée d'une humeur (*chagrin*) et (*maussade*), (*prêt*) à abandonner son fardeau au milieu de la route et à retourner au village.

Exercice 79.

Sa compagne, au contraire, se montrait (*vif*), (*gai*), (*joyeux*). Elle avait presque toujours le sourire sur les lèvres, et de temps à autre quelque (*fin*) plaisanterie s'échappait de sa bouche à l'adresse de l'(*infortuné*) Brigitte.

Cette (*dernier*) s'écria tout-à-coup : « En (*bon*) conscience, comment peux-tu, ma (*cher*) amie, rire de la sorte ? Tu as une charge au moins (*égal*) sinon (*supérieur*) à la mienne, et je ne te crois pas plus (*fort*) que moi. »

Exercice 80.

La (*charmant*) Rose lui répondit : « J'ai mis dans ma corbeille une plante (*merveilleux*) qui me la rend plus (*léger*). Je te conseille d'en faire autant. — Hâte-toi donc, s'écria Brigitte (*impatient*), de me nommer cette plante (*précieux*) ; je donnerais volontiers le contenu de ma bourse pour me la procurer, afin d'alléger* ma charge. — Merci de ton offre (*généreux*), répliqua Rose. Je n'ai besoin de récompense ni (*grand*) ni (*petit*) pour soulager mes semblables, quand le hasard m'en fournit l'occasion. Apprends donc que la plante (*précieux*) qui a le pouvoir d'alléger tous les fardeaux, c'est la *patience**.

Exercice 81.

Mettez au féminin les adjectifs entre parenthèses.

LE CHANVRE.

Le chanvre est une plante (*annuel**) de la même famille que les orties. Il a une (*petit*) racine (*dur*), (*blanc*) et (*pointu*) ; une tige (*rond*), (*vert*) au dehors, (*blanc*) et (*creux*) en dedans. Sa feuille, trois fois plus (*long*) que (*large*), d'une couleur (*vert*) très- (*sombre*), est garnie de dents comme une faucille. D'après une opinion (*erroné**), mais presque (*universel*) dans

Corrigé 78.

L'élève écrira avec soin.

SUPPORTONS NOS MAUX AVEC PATIENCE.

Deux jeunes servantes, Brigitte et Rose, s'acheminaient ensemble vers la ville *voisine*. Chacune d'elles portait sur sa tête une *lourde* corbeille *pleine* de fruits. Quelle *grande* différence entre l'une et l'autre ! Brigitte faisait la plus *triste* figure. Quiconque l'eût examinée, même d'une façon *superficielle*, l'eût trouvée d'une humeur *chagrine* et *maussade*, *prête* à abandonner son fardeau au milieu de la route et à retourner au village.

Corrigé 79.

Sa compagne, au contraire, se montrait *vive, gaie, joyeuse*. Elle avait presque toujours le sourire sur les lèvres, et de temps à autre quelque *fine* plaisanterie s'échappait de sa bouche à l'adresse de l'*infortunée* Brigitte.

Cette *dernière* s'écria tout à coup : « En *bonne* conscience, comment peux-tu, ma *chère* amie, rire de la sorte ? Tu as une charge au moins *égale*, sinon *supérieure* à la mienne, et je ne te crois pas plus *forte* que moi. »

Corrigé 80.

La *charmante* Rose lui répondit : « J'ai mis dans ma corbeille une plante *merveilleuse* qui me la rend plus *légère*. Je te conseille d'en faire autant. — Hâte-toi donc, s'écria Brigitte *impatiente*, de me nommer cette plante *précieuse*; je donnerais volontiers le contenu de ma bourse pour me la procurer, afin d'alléger * ma charge. — Merci de ton offre *généreuse*, répliqua Rose. Je n'ai besoin de récompense ni *grande* ni *petite* pour soulager mes semblables, quand le hasard m'en fournit l'occasion. Apprends donc que la plante *précieuse* qui a le pouvoir d'alléger tous les fardeaux, c'est la *patience*. »

Corrigé 81.

LE CHANVRE.

Le chanvre est une plante *annuelle* de la même famille que les orties. Il a une *petite* racine *dure, blanche* et *pointue*; une tige *ronde, verte* au dehors, *blanche* et *creuse* en dedans. Sa feuille, trois fois plus *longue* que *large*, d'une couleur *verte*, très-*sombre*, est garnie de dents comme une faucille. D'après une opinion *erronée* *, mais presque *universelle* dans les campagnes, les pieds de chanvre

les campagnes, les pieds de chanvre qui portent la graine seraient les pieds mâles et les autres les pieds femelles. Il faut renoncer à cette manière de voir tout à fait *(inexact)*, car c'est le contraire qui a lieu.

Exercice 82.

Le chanvre est avant tout une plante *(textile*)* ; la filasse que produisent ses tiges, quoique un peu *(grossier)*, offre une *(grand)* solidité. Le chanvre était employé dès la plus *(haut)* antiquité pour faire des cordes de toutes sortes, et ce n'est qu'à une époque assez *(récent)* qu'il a pu être obtenu en assez *(beau)* qualité pour faire de la toile. Du temps d'Ollivier de Serres*, on n'en tirait encore qu'une filasse très- *(grossier)*, et l'histoire cite comme une chose *(merveilleux)* les deux chemises de toile de chanvre que possédait la reine Catherine de Médicis.

Exercice 83.

Le chanvre est en outre une plante *(oléagineux*)* ; sa graine porte le nom de chênevis. De cette graine, *(dur)*, *(gris)* et *(luisant)* en dehors, *(blanc)* et *(mou)* en dedans, on tire une huile *(siccatif*)*, *(doux)*, d'une saveur *(désagréable)*, mais *(propre)* à la peinture, à l'éclairage et à la fabrication du savon. Le chênevis sert aussi à la nourriture des oiseaux de basse-cour dont il rend la ponte plus *(hâtif)* et plus *(abondant)*.

Exercice 84.
LA FAUVETTE.

Le retour des oiseaux au printemps est comme la *(doux)* annonce du réveil de la nature *(vivant)*. La feuillée* *(renaissant)* ne contribue pas *(seul)* à nous enchanter, et la vue des bocages revêtus de leur *(nouveau)* parure semblerait moins *(frais)* et moins *(délicieux)* sans le *(nouveau)* hôte qui vient les animer. Cet hôte, c'est l'*(aimable)* et *(gentil)* fauvette, si *(vif)*, si *(agile)*, si *(léger)*, dont tous les accents ont le ton de la joie la plus *(expressif)*. A une voix *(harmonieux)* et *(suave)* la fauvette unit un instinct de sociabilité* très-développé et une grâce *(naturel)* *(étonnant)*.

Exercice 85.

Mais en lui donnant plus d'une qualité *(précieux)*, la *(divin)* Providence lui a refusé l'éclatant plumage dont elle a paré plus d'un oiseau. Point de robe *(brillant)* pour la fauvette ; mais un vêtement d'une teinte *(gris)*, *(obscur)* et *(terne)*, qui du reste fait trouver plus admirable le talent de cette *(petit)* *(musicien)*. La *(délicieux)* surprise qu'elle nous cause peut être considérée comme une *(nouveau)* preuve du vieil adage* qui nous répète depuis tant de siècles « *que l'habit ne fait pas le moine.* »

qui portent la graine seraient les pieds mâles et les autres les pieds femelles. Il faut renoncer à cette manière de voir tout à fait *inexacte*, car c'est le contraire qui a lieu.

Corrigé 82.

Le chanvre est avant tout une plante *textile**; la filasse que produisent ses tiges, quoique un peu *grossière*, offre une *grande* solidité. Le chanvre était employé dès la plus *haute* antiquité pour faire des cordes de toutes sortes, et ce n'est qu'à une époque assez *récente* qu'il a pu être obtenu en assez *belle* qualité pour faire de la toile. Du temps d'Ollivier de Serres *, on n'en tirait encore qu'une filasse très-*grossière*, et l'histoire cite comme une chose *merveilleuse* les deux chemises de toile de chanvre que possédait la reine Catherine de Médicis.

Corrigé 83.

Le chanvre est en outre une plante *oléagineuse**; sa graine porte le nom de chènevis. De cette graine, *dure*, *grise* et *luisante* en dehors, *blanche* et *molle* en dedans, on tire une huile *siccative**, *douce*, d'une saveur *désagréable*, mais *propre* à la peinture, à l'éclairage et à la fabrication du savon. Le chènevis sert aussi à la nourriture des oiseaux de basse-cour dont il rend la ponte plus *hâtive* et plus *abondante*.

Corrigé 84.

LA FAUVETTE.

Le retour des oiseaux au printemps est comme la *douce* annonce du réveil de la nature *vivante*. La feuillée *renaissante* ne contribue pas *seule* à nous enchanter, et la vue des bocages revêtus de leur *nouvelle* parure semblerait moins *fraîche* et moins *délicieuse* sans le *nouvel* hôte qui vient les animer. Cet hôte, c'est l'*aimable* et *gentille* fauvette, si *vive*, si *agile*, si *légère*, dont tous les accents ont le ton de la joie la plus *expressive*. A une voix *harmonieuse* et *suave* la fauvette unit un instinct de sociabilité * très-développé et une grâce *naturelle étonnante*.

Corrigé 85.

Mais, en lui donnant plus d'une qualité *précieuse*, la *divine* Providence lui a refusé l'éclatant plumage dont elle a paré plus d'un oiseau. Point de robe *brillante* pour la fauvette ; mais un vêtement d'une teinte *grise*, *obscure* et *terne*, qui du reste fait trouver plus admirable le talent de cette *petite musicienne*. La *délicieuse* surprise qu'elle nous cause peut être considérée comme une *nouvelle* preuve du vieil adage * qui nous répète depuis tant de siècles *que l'habit ne fait pas le moine*.

Formation du pluriel des adjectifs.

70. — **Pluriel des adjectifs.** On forme le pluriel des adjectifs en ajoutant un **s** comme dans les noms.

Ex, : Le *grand* chemin, les *grands* chemins. La *grande* église, les *grandes* églises.

Exercice 86.

Règle 70. — Mettez au pluriel les phrases suivantes. *Ecrivez*: Le cheveu noir, *les cheveux noirs.*

Le cheveu noir, les...   Le blé magnifique, les...
La longue muraille, les...   La carotte sauvage, les...
La chenille hideuse, les...   Le lourd hoyau, les...
Le papillon léger, les...   Le pinson gai, les...
La haie épineuse, les...   Un haut peuplier, des...
La charrue utile, les...   L'herbe verte, les...
Le cheval robuste, les...   Le blanc bouleau, les...
Un sol fertile, des...   L'astre étincelant, les...

Exercice 87.

Règle 70. — Mettez au pluriel les phrases suivantes. *Ecrivez* : Le coq hardi, *les coqs hardis.*

Le coq hardi, les...   Le vent rafraîchissant, les...
Le faisan doré, les...   Le noir sapin, les...
L'œil maternel, les...   L'humble violette, les...
La main droite, les...   La mousse verdâtre, les...
Le bras puissant, les...   La prune énorme, les...
Le charretier économe, les...   Le coing odorant, les...
Le soldat intrépide, les...   L'arbre gigantesque, les...
Le cerf agile, les...   La splendide moisson, les...

Exercice 88.

Règle 70. — Mettez au pluriel les phrases suivantes. *Ecrivez* : La paisible chaumière, *les paisibles chaumières.*

La paisible chaumière, les...   Un vin sec, des...
Le rat dévastateur, les...   Un raisin mûr, des...
Un immense grenier, des...   La farine nutritive, les...
Une grange pleine, des...   Une bouillie épaisse, des...
Le cellier humide, les...   La crème écumeuse, les...
La bataille sanglante, les...   Un plancher solide, des...
La jeune fille imprudente, les... La fenêtre ovale, les...
La rose champêtre, les...   Le lapin timide, les...

---

70. Comment forme-t-on le pluriel des adjectifs ?

DÉVELOPPEMENT.

Les adjectifs, exprimant des qualités, n'ont par eux-mêmes ni genre ni nombre. Mais, afin de mieux indiquer le rapport qui les lie au nom, on leur donne le même genre et le même nombre qu'à ce nom. Dans ces conditions, les règles de la formation du féminin, ainsi que les règles de la formation du pluriel, sont les mêmes pour les adjectifs que pour les noms.

Corrigé 86.

L'élève écrira tout au long : Le cheveu noir, *les cheveux noirs.*

— les cheveux noirs.
— les longues murailles.
— les chenilles hideuses.
— les papillons légers.
— les haies épineuses.
— les charrues utiles.
— les chevaux robustes.
— des sols fertiles.
— les blés magnifiques.
— les carottes sauvages.
— les lourds hoyaux.
— les pinsons gais.
— les hauts peupliers.
— les herbes vertes.
— les blancs bouleaux.
— les astres étincelants.

Corrigé 87.

L'élève écrira tout au long : Le coq hardi, *les coqs hardis.*

— les coqs hardis.
— les faisans dorés.
— les yeux maternels.
— les mains droites.
— les bras puissants.
— les charretiers économes.
— les soldats intrépides.
— les cerfs agiles.
— les vents rafraîchissants.
— les noirs sapins.
— les humbles violettes.
— les mousses verdâtres.
— les prunes énormes.
— les coings odorants.
— les arbres gigantesques.
— les splendides moissons.

Corrigé 88.

L'élève écrira tout au long : La paisible chaumière, *les paisibles chaumières.*

— les paisibles chaumières.
— les rats dévastateurs.
— des immenses greniers.
— des granges pleines.
— les celliers humides.
— les batailles sanglantes.
— les jeunes filles imprudentes.
— les roses champêtres.
— des vins secs.
— des raisins mûrs.
— les farines nutritives.
— des bouillies épaisses.
— les crèmes écumeuses.
— des planchers solides.
— les fenêtres ovales.
— les lapins timides.

71. — Les adjectifs terminés par **s** ou **x** au singulier ne changent pas au pluriel.

Ex. : Le *gros* chien, les *gros* chiens.

72. — Les adjectifs terminés au singulier par *eau* prennent **x** au masculin pluriel : le *beau* pré, les *beaux* prés.

73. — Les adjectifs terminés au masculin singulier par *al* font leur masculin pluriel en **aux** : *loyal, loyaux ; original, originaux.*

74. — **Exception.** Cependant *fatal, final, glacial, nasal, naval, pascal, théâtral* prennent un **s** au pluriel : un froid *glacial,* des froids *glacials.*

Exercice 89.

Règle 71. — Mettez au singulier les phrases suivantes. *Ecrivez* : Des sols bas, *un sol bas.*

Des sols bas, un...   Des végétaux oléagineux*, un...
Des sols montueux, un...   Des yeux chassieux, un...
Des sols marécageux, un...   Les habits gris, l'...
Des légumes frais, un...   Des discours concis, un...
Des pains bis, un...   Des biens indivis*, un...
Les prés herbeux, le...   Les enfants pieux, l'...
Les souvenirs douloureux, le... Les ramoneurs frileux, le...
Des navets creux, un...   Les événements mystérieux, l'..

Exercice 90.

Règles 72-74. — Mettez au pluriel les phrases suivantes. *Ecrivez* : Le beau mulet, *les beaux mulets.*

Le beau mulet, les...   Un instant fatal, des...
Le blé nouveau, les...   Un pays septentrional, des...
Un froid glacial, des...   Un cœur loyal, des...
Le nouveau fermier, les...   Un lit horizontal, des...
Le droit féodal, les...   Un discours original, des...
Un chemin vicinal, des...   Le four banal, les...
Un sentiment moral, des...   Un point central, des...
L'ordre royal, les...   Un caractère égal, des...

---

71. Comment forme-t-on le pluriel des adjectifs terminés par *s* ou *x ?*
72. Comment forme-t-on le pluriel des adjectifs en *eau ?*
73. Comment forme-t-on le pluriel des adjectifs en *al ?*
74. Comment forme-t-on le pluriel de quelques adjectifs en *al ?*

DÉVELOPPEMENT.

Il n'y a pas d'adjectif terminé par *z*; il n'y a du reste que quatre noms ayant cette lettre finale : *nez, gaz, riz, rez.*

Le pluriel féminin des adjectifs en *eau* et *al* se forme d'après la règle ordinaire. Ex. : Une nouvelle route, de *nouvelles* routes, une intention *loyale,* des intentions *loyales.*

40ᵉ Dictée. (PLURIEL DES ADJECTIFS.)

La dictée terminée, l'élève l'écrira de nouveau au singulier.

Des hommes heureux. — Les veaux gras. — Les grandes forêts. — Les hautes montagnes. — Les vêtements gris. — Les froids glacials. — Les procès-verbaux. — Les serviteurs loyaux. — Des murs latéraux. — Des charretiers brutaux. — Les pays méridionaux. — Les contrées méridionales. — Les villes capitales. — Les dispositions générales. — Les batailles navales.

Corrigé 89.

L'élève écrira tout au long : Des sols bas, *un sol bas.*

— un sol bas.
— un sol montueux.
— un sol marécageux.
— un légume frais.
— un pain bis.
— le pré herbeux.
— le souvenir douloureux.
— un navet creux.

— un végétal oléagineux.
— un œil chassieux.
— l'habit gris.
— un discours concis.
— un bien indivis.
— l'enfant pieux.
— le ramoneur frileux.
— l'événement mystérieux.

Corrigé 90.

L'élève écrira tout au long : Le beau mulet, *les beaux mulets.*

— les beaux mulets.
— les blés nouveaux.
— des froids glacials.
— les nouveaux fermiers.
— les droits féodaux.
— des chemins vicinaux.
— des sentiments moraux.
— les ordres royaux.

— des instants fatals.
— des pays septentrionaux.
— des cœurs loyaux.
— des lits horizontaux.
— des discours originaux.
— les fours banaux.
— des points centraux.
— des caractères égaux.

Exercice 91.

Règles 73-74. — Mettez au pluriel les phrases suivantes. *Écrivez* : Un adjectif numéral, *des adjectifs numéraux*.

Un adjectif numéral, des...
Un adjectif cardinal, des...
Un adjectif ordinal, des...
Le soldat brutal, les...
Un cierge pascal, des...
Un bien communal, des...
Le juge impartial, les...
Le drapeau national, les...

Un son nasal, des...
Le principal motif, les...
Un peuple méridional, des...
Un magistrat municipal, des...
Le médicament pectoral, les...
Le palais impérial, les...
Un péché capital, des...
Un geste théâtral, des...

Récapitulation sur le pluriel des adjectifs.

Exercice 92.

Mettez au pluriel les adjectifs entre parenthèses.

IL NE FAUT PAS JUGER SUR L'APPARENCE.

Un jour une mère envoya ses deux (*jeune*) filles dans les bois (*voisin*) pour y cueillir des champignons, mets qui faisait les plus (*grande*) délices de leur père. « Vous en rencontrerez surtout, leur dit-elle, soit dans les parties (*basse*) et (*humide*), soit dans les endroits (*montueux*) tout couverts de (*grand*) arbres. — Maman, s'écrièrent les (*petite*), dès qu'elles furent de retour, vous allez être bien contente, regardez nos champignons : nous en avons trouvé de bien (*beau*), de (*superbe*), d'(*énorme*); ils sont tout (*rouge*) et paraissent ornés de (*grosse*) et (*magnifique*) perles. Il y avait bien aussi dans la forêt de ces (*petit*) champignons (*grisâtre*), (*laid*) et (*sale*), (*pareil*) à ceux que vous avez apportés l'autre jour; mais nous les avons jugés trop (*vilain*), et nous ne nous sommes pas donné la peine de les ramasser. »

Même exercice. 93.

O ! (*petite*) (*insensée*) que vous êtes, répliqua la mère, ces (*beau*) champignons, malgré leurs (*vive*) couleurs, malgré les perles (*éclatante*) dont ils brillent, sont doués de propriétés (*malfaisante*) et (*pernicieuse*), ils forment un des plus (*terrible*) poisons qui existent ; ils font mourir dans les souffrances les plus (*cruelle*) et les plus (*atroce*) tous ceux qui les mangent. Au contraire, ces champignons (*gris*), que vous avez méprisés, sont justement les plus (*inoffensif*) et même les (*meilleur*), malgré leur peu d'apparence. Il en est ainsi, mes (*chère*) enfants, de beaucoup de choses dans ce monde. Les vertus (*modeste*), mais (*solide*) et (*utile*), y sont dédaignées du vulgaire, tandis qu'on n'y voit que trop souvent des défauts (*brillant*) qui attirent l'admiration des sots.

Corrigé 91.

L'élève écrira tout au long : Un adjectif numéral, *des adjectifs numéraux.*

— des adjectifs numéraux.
— des adjectifs cardinaux.
— des adjectifs ordinaux.
— les soldats brutaux.
— des cierges pascals.
— des biens communaux.
— les juges impartiaux.
— les drapeaux nationaux.
— des sons nasals.
— les principaux motifs.
— des peuples méridionaux.
— des magistrats municipaux.
— les médicaments pectoraux.
— les palais impériaux.
— des péchés capitaux.
— des gestes théâtrals.

Corrigé 92.

L'élève écrira avec soin les devoirs suivants :

IL NE FAUT PAS JUGER SUR L'APPARENCE.

Un jour une mère envoya ses deux *jeunes* filles dans les bois *voisins* pour y cueillir des champignons, mets qui faisait les plus *grandes* délices de leur père. « Vous en rencontrerez surtout, leur dit-elle, soit dans les parties *basses* et *humides*, soit dans les endroits *montueux* tout couverts de *grands* arbres. — Maman, s'écrièrent les *petites*, dès qu'elles furent de retour, vous allez être bien contente, regardez nos champignons : nous en avons trouvé de bien *beaux*, de *superbes*, d'*énormes* ; ils sont tout *rouges* et paraissent ornés de *grosses* et *magnifiques* perles. Il y avait bien aussi dans la forêt de ces *petits* champignons *grisâtres, laids* et *sales, pareils* à ceux que vous avez apportés l'autre jour ; mais nous les avons jugés trop *vilains*, et nous ne nous sommes pas donné la peine de les ramasser.

Corrigé 93.

— O *petites insensées* que vous êtes ! répliqua la mère, ces *beaux* champignons, malgré leurs *vives* couleurs, malgré les perles *éclatantes* dont ils brillent, sont doués de propriétés *malfaisantes* et *pernicieuses* ; ils forment un des plus *terribles* poisons qui existent ; ils font mourir dans les souffrances les plus *cruelles* et les plus *atroces* tous ceux qui les mangent. Au contraire, ces champignons *gris*, que vous avez méprisés, sont justement les plus *inoffensifs* et même les *meilleurs*, malgré leur peu d'apparence. Il en est ainsi, mes *chères* enfants, de beaucoup de choses dans ce monde. Les vertus *modestes*, mais *solides* et *utiles*, y sont dédaignées du vulgaire, tandis qu'on n'y voit que trop souvent des défauts *brillants* qui at-

Le péché cherche à nous séduire par des dehors (*agréable*) ; sachons résister à ses (*trompeuse*) amorces et rappelons-nous qu'il ne faut juger ni des choses ni des gens sur l'apparence. »

Exercice 94.

Mettez au pluriel les adjectifs entre parenthèses.

LES BLAIREAUX.

Les blaireaux sont des animaux (*paresseux*), (*défiant*), (*solitaire**), qui se retirent dans les lieux les plus (*désert*), et s'y creusent des demeures (*souterraine*). Ils ne sortent de ces séjours (*ténébreux*) que pour chercher leur subsistance.

Comme ils ont le corps allongé, les jambes (*courte*), les ongles très-(*long*) et très-(*ferme*), ils ont beaucoup de facilité pour ouvrir la terre, y fouiller, y pénétrer et se creuser des terriers qu'ils rendent (*tortueux*), (*oblique*) et très-(*profond*). C'est dans ces terriers qu'ils se réfugient à l'approche d'un danger ; car ils ont les jambes trop (*courte*) pour pouvoir bien courir.

Ils ont la peau couverte de poils très-(*épais*), les jambes (*robuste*), les mâchoires (*puissante*), les dents très-(*forte*) aussi bien que les ongles. En se défendant, ils font aux chiens de (*profonde*) et (*cruelle*) blessures.

Exercice 95.

Les blaireaux, pris (*jeune*), s'apprivoisent aisément et se familiarisent avec tout le monde, sans jamais devenir ni (*voleur*), ni (*gourmand*), ni (*importun**). Quoique (*carnassier**), les blaireaux ne vivent de proie que lorsqu'ils ne trouvent plus de baies* (*molle*) et (*succulente**) ou d'autres fruits (*charnu**).

(*Plein*) d'intelligence et très-(*rusé*), les blaireaux ne donnent que rarement dans les piéges qu'on leur tend. Si l'on veut forcer des blaireaux à sortir de leurs terriers en les y enfumant et en y faisant pénétrer des chiens, leurs ennemis (*naturel*), les (*malicieux*) animaux font ébouler de la terre, de manière à couper la communication entre eux et leurs adversaires.

tirent l'admiration des sots. Le péché cherche à nous séduire par des dehors *agréables* ; sachons résister à ses *trompeuses* amorces et rappelons-nous qu'il ne faut juger ni des choses ni des gens sur l'apparence. »

Corrigé 94.

LES BLAIREAUX.

Les blaireaux sont des animaux *paresseux, défiants, solitaires,* qui se retirent dans les lieux les plus *déserts,* et s'y creusent des demeures *souterraines.* Ils ne sortent de ces séjours *ténébreux* que pour chercher leur subsistance.

Comme ils ont le corps allongé, les jambes *courtes,* les ongles *très-longs* et très-*fermes,* ils ont beaucoup de facilité pour ouvrir la terre, y fouiller, y pénétrer et se creuser des terriers qu'ils rendent *tortueux, obliques* et très-*profonds.* C'est dans ces terriers qu'ils se réfugient à l'approche d'un danger ; car ils ont les jambes trop *courtes* pour pouvoir bien courir.

Ils ont la peau couverte de poils très-*épais,* les jambes *robustes,* les mâchoires *puissantes,* les dents très-*fortes* aussi bien que les ongles. En se défendant, ils font aux chiens de *profondes* et *cruelles* blessures.

Corrigé 95.

Les blaireaux, pris *jeunes,* s'apprivoisent aisément et se familiarisent avec tout le monde, sans jamais devenir ni *voleurs,* ni *gourmands,* ni *importuns.* Quoique *carnassiers,* les blaireaux ne vivent de proie que lorsqu'ils ne trouvent plus de baies* *molles* et *succulentes* ou d'autres fruits *charnus.*

Pleins d'intelligence et très-*rusés,* les blaireaux ne donnent que rarement dans les piéges qu'on leur tend. Si l'on veut forcer des blaireaux à sortir de leurs terriers en les y enfumant et en y faisant pénétrer des chiens, leurs ennemis *naturels,* les *malicieux* animaux font ébouler de la terre, de manière à couper la communication entre eux et leurs adversaires.

41ᵉ Dictée. (POISSONS ET OISEAUX.)

La dictée faite, l'élève mettra tous les noms au pluriel.

Le coq. — La fauvette. — Le rossignol. — Le roitelet. — Le merle. — La carpe. — Le brochet. — L'anguille. — Le hareng. — La tourterelle. — La corneille. — La pie. — L'autruche. — Le cygne. — L'alouette. — La mésange. — Le pinson. — Le chardonneret. — L'hirondelle. — Le geai. — Le perroquet. — La sole. — La sardine. — La raie. — Le saumon. — La perdrix. — La bécasse. — L'épervier. — La caille. — Le pigeon. — Le canard. — L'oie. — La dinde. — La poule.

Règles d'accord des adjectifs.

75. — **Première règle d'accord.** Tout adjectif s'accorde en genre et en nombre avec le nom qu'il qualifie.

Ex.: Le *bon* père, la *bonne* mère.

Bon est au masculin et au singulier parce que *père* est du masculin et au singulier.

Bonne est au féminin et au singulier parce que *mère* est du féminin et au singulier.

76. — **Deuxième règle d'accord.** Tout adjectif qui qualifie deux noms au singulier se met au pluriel, parce que deux singuliers valent un pluriel.

Quand les deux noms sont du masculin, l'adjectif se met au masculin pluriel.

Ex. : L'oncle et le neveu *intelligents*.

Quand les deux noms sont du féminin, l'adjectif se met au féminin pluriel.

Ex. : La tante et la nièce *intelligentes*.

Quand l'un des deux noms est masculin et l'autre féminin, l'adjectif se met au masculin pluriel.

Ex.: Le neveu et la nièce *intelligents*.

Exercice 96.

Règle 76. — **Faites accorder l'adjectif.** *Écrivez* : Le lièvre et le lapin *craintifs*.

Le lièvre et le lapin (*craintif*).
L'ânesse et le mulet (*rétif*).
La rose et la violette (*odorant*).
La plante et l'arbre (*épineux*).
La pêche et le coing (*velouté*).
La chouette* et le hibou (*utile*).
Le vin et le cidre (*nouveau*).
La bière et la liqueur (*nouveau*).

La tarte et la brioche (*délicieux*).
Le bois et la forêt (*touffu*).
La rivière et le fleuve (*profond*)
Le chêne et l'acajou très-(*dur*).
Le peuplier et le bouleau très-(*léger*).
La feuille et la racine (*amer*).
La racine et le fruit (*amer*).

---

75. Comment s'accorde l'adjectif ?

76. A quel nombre met-on un adjectif qualifiant deux noms au singulier ; dans quel cas met-on cet adjectif au masculin ; dans quel cas le met-on au féminin ?

42ᵉ Dictée. (ACCORD DE L'ADJECTIF.)

Le champ fertile. — Les champs fertiles. — La jolie maison. — Les jolies maisons. — Les noix vertes. — Le melon et la citrouille bien mûrs. — L'abricotier et le pécher très-vieux. — La pêche et l'abricot excellents. — La forêt et la prairie humides. — Le haricot et le pois hâtifs. — Le fruit et le légume succulents. — La rose et l'œillet odorants. — L'herbe et la mousse vertes.

43ᵉ Dictée. (*Même sujet.*)

Le soldat et le matelot courageux. — Le marbre et la pierre durs et polis. — La châtaigne et la pomme de terre farineuses. — L'âne et le mulet têtus. — L'abeille et la fourmi industrieuses. — La groseille et la cerise vermeilles. — Les collines et les montagnes escarpées. — Les vallées et les prairies riantes. — Les graines oléagineuses. — Les plantes textiles. — Les prairies artificielles. — Le chemin et le sentier trop longs. — Le mur et la haie infranchissables.

44ᵉ Dictée. (*Même sujet.*)

La rivière poissonneuse. — Les ruisseaux limpides. — Les asperges magnifiques. — La chicorée et le pissenlit rafraîchissants. — Le houblon et la centaurée amers. — Le hêtre et le chêne séculaires. — La poire et la pomme délicieuses. — Le verre et la faïence cassants. — L'osier et le noisetier flexibles. — La lionne et la panthère effrayantes.

Corrigé 96.

Le lièvre et le lapin *craintifs.*
L'ânesse et le mulet *rétifs.*
La rose et la violette *odorantes.*
La plante et l'arbre *épineux.*
La pêche et le coing *veloutés.*
La chouette* et le hibou *utiles.*
Le vin et le cidre *nouveaux.*
La bière et la liqueur *nouvelles.*

La tarte et la brioche *délicieuses.*
Le bois et la forêt *touffus.*
La rivière et le fleuve *profonds.*
Le chêne et l'acajou très-*durs.*
Le peuplier et le bouleau très-*légers.*
La feuille et la racine *amères.*
La racine et le fruit *amers.*

Complément des adjectifs qualificatifs.

77. — On appelle *complément* d'un adjectif tout nom placé après cet adjectif pour en compléter le sens. Ainsi dans ces exemples :

Avide de *louanges*.

Cruel envers les *animaux*.

Louanges est le complément de *avide ;* — *animaux* est le complément de *cruel*.

Exercice 97.

Règle 76. — Faites accorder l'adjectif. *Ecrivez* : La tige et la branche *tortueuses*.

La tige et la branche (*tortueux*).
La biche et le cerf (*peureux*).
La lionne et le loup (*cruel*).
L'huitre et l'escargot (*excellent*).
La chandelle et la bougie (*lumineux*).
L'étoile et la planète (*resplendissant*).
Le pinson et le rossignol (*harmonieux*).
La grange et la cave (*plein*).
La laiterie et le cellier (*spacieux*).
Le chemin et le sentier (*raboteux*).
L'allée et le chemin (*sablé*).
La porte et la fenêtre (*étroit*).
Le rosier et le prunier (*épineux*).
L'aubépine et l'églantier (*rose*).
Le melon et le concombre (*rugueux*).
La pomme et la poire (*mûr*).

Exercice 98.

Règle 77. — Indiquez le complément de chaque adjectif. *Ecrivez* : Le tonneau plein de vin *(vin* complément de *plein)*.

Le tonneau plein de vin. — L'écolier avide de louanges. — Le fardeau lourd pour les enfants. — La richesse accessible aux hommes laborieux. — L'écolier fier de ses succès. — La mère ivre de joie. — L'homme sage content de son sort. — Dieu miséricordieux envers les pécheurs.

Le médecin orgueilleux de son savoir. — L'enfant friand de ses biscuits. — La science indispensable au cultivateur. — Le renard honteux de sa maladresse. — Les méchants cruels envers les animaux. — L'avare insatiable de richesses. — L'homme sensible aux reproches. — Un courage digne de récompense.

---

77. Qu'appelle-t-on complément d'un adjectif ?

45ᵉ **Dictée**. (ORTHOGRAPHE USUELLE.)

La mère et la *bru* obligeantes. — De la bonne *glu*. — Une solide *vertu*. — Un mince *fétu*. — Un petit *écu*. — Une belle *laitue*. — Une jolie *statue*. — La lente *tortue*. — Un vieux *bahut*. — Un lourd *tribut*. — La *tribu* de Juda. — Quelle *cohue*. — La maladie du *scorbut*. — Un membre de l'*Institut*. — Un grand *abus*. — Le *jus* de la vigne. — Le *flux* et le *reflux* de l'Océan.

Corrigé 97.

La tige et la branche *tortueuses*.
La biche et le cerf *peureux*.
La lionne et le loup *cruels*.
L'huître et l'escargot *excellents*.
La chandelle et la bougie *lumineuses*.
L'étoile et la planète *resplendissantes*.
Le pinson et le rossignol *harmonieux*.
La grange et la cave *pleines*.
La laiterie et le cellier *spacieux*.
Le chemin et le sentier *raboteux*.
L'allée et le chemin *sablés*.
La porte et la fenêtre *étroites*.
Le rosier et le prunier *épineux*.
L'aubépine et l'églantier *roses*.
Le melon et le concombre *rugueux*.
La pomme et la poire *mûres*.

46ᵉ **Dictée**. (PRÉNOMS.)

Edouard. — Célestin. — Baptiste. — Arthur. — Léopold. — Jules. — Charles. — Alexis. — Jacques. — Amélie. — Elisabeth. — Mathilde. — Hortense. — Caroline. — Sophie. — Denise. — Marie. — Angèle. — Anna. — Jeanne. — Clotilde. — Céline. — Octavie. — Esther. — Elise. — Ferdinand. — Louis. — Henri. — Albert. — Camille. — Philippe. — Victor. — Emile.

47ᵉ **Dictée**. (SUJET DE COMPOSITION.)

LE COUP DE PIED.

Un insolent que la renommée de Socrate importunait, étant venu un jour à passer auprès de ce sage, lui donna un coup de pied. Les amis du philosophe, indignés, l'engageaient à déférer aux tribunaux l'auteur de cette action insensée et brutale. Socrate leur répliqua doucement : « Si un âne me lançait aussi un coup de pied, devrais-je le traduire devant le juge ? Eh bien ! dans les deux cas que nous envisageons, l'un n'est pas plus responsable que l'autre. »

4.

Formation des adjectifs et des noms.

78. — Un grand nombre d'adjectifs sont formés avec des noms.

Par exemple de *vertu* on a fait l'adjectif *vertueux*, de *roi* on a fait l'adjectif *royal*.

79. — Au contraire, un grand nombre de noms sont formés avec des adjectifs.

Par exemple de *sage* on a fait *sagesse* ; de *prudent* on a fait *prudence*.

Exercice 99.

Règle 78. — Formez un adjectif terminé en *EUX* avec chacun des noms suivants. *Ecrivez* : de *vertu* on forme *vertueux*. (Cherchez dans le dictionnaire les noms marqués d'un astérisque *.)

Vertu.	Courage.	Fange.	Orgueil*.
Malheur.	Paresse.	Argile.	Péril*.
Valeur.	Vice*.	Honte.	Joie*.
Peur.	Caprice*.	Doute.	Gloire*.
Danger.	Silence.*	Fièvre.	Victoire*.

Exercice 100.

Règle 78. — Formez un adjectif terminé en *EL* avec chacun des noms suivants. *Ecrivez* : de *forme* on fait *formel*.

Forme.	Addition*.	Circonstance*.	Trimestre*.
Origine.	Condition*.	Confidence*.	Semestre*.
Personne.	Constitution*.	Providence*.	Artifice*.
Nature.	Correction*.	Substance*.	Artère*.
Individu.	Tradition*.	Essence*.	Matière*.

Exercice 101.

Règle 78. — Formez un adjectif terminé en *AL* avec chacun des noms suivants. *Ecrivez* : de *verbe* on forme *verbal*.

Verbe.	Province*.	Théâtre.	Horizon*.
Triomphe.	Fin.	Colosse.	Electeur*.
Colonie.	Machine.	Orient.	Baptême*.
Glace*.	Matin.	Occident.	Médecin*.
Proverbe*.	Nation.	Fondement*.	Enfer*.

Exercice 102.

Règle 78. — Formez un adjectif terminé en *ABLE* avec chacun des noms suivants. *Ecrivez* : de *gué* on forme *guéable*.

Gué*.	Labour.	Epouvante.	Honneur*.
Envie.	Profit.	Effroi*.	Remarque.
Préjudice*.	Regret*.	Pardon*.	Pratique*.
Blâme.	Souhait.	Paie*.	Calcul.
Désir.	Respect.	Faveur*.	Justice*.

---

78. Comment se forment un grand nombre d'adjectifs ?

79. Comment un grand nombre de noms sont-ils formés ?

Corrigé 99.

L'élève écrira tout au long : De *vertu* on forme *vertueux*.

— vertueux.
— malheureux.
— valeureux.
— peureux.
— dangereux.
— courageux.
— paresseux.
— vicieux *.
— capricieux *.
— silencieux *.
— fangeux.
— argileux.
— honteux.
— douteux.
— fiévreux.
— orgueilleux *.
— périlleux *.
— joyeux *.
— glorieux *.
— victorieux *.

Corrigé 100.

L'élève écrira tout au long : De *forme* on fait *formel*.

— formel.
— originel.
— personnel.
— naturel.
— individuel.
— additionnel *.
— conditionnel *.
— constitutionnel *.
— correctionnel *.
— traditionnel *.
— circonstanciel *.
— confidentiel *.
— providentiel *.
— substantiel *.
— essentiel *.
— trimestriel *.
— semestriel *.
— artificiel *.
— artériel *.
— matériel *.

Corrigé 101.

L'élève écrira tout au long : De *verbe* on forme *verbal*.

— verbal.
— triomphal.
— colonial.
— glacial *.
— proverbial *.
— provincial *.
— final.
— machinal.
— matinal.
— national.
— théâtral.
— colossal.
— oriental.
— occidental.
— fondamental *.
— horizontal *.
— électoral *.
— baptismal *.
— médicinal *.
— infernal *.

Corrigé 102.

L'élève écrira tout au long : De *gué* on forme *guéable*.

— guéable *.
— enviable.
— préjudiciable *.
— blâmable.
— désirable.
— labourable.
— profitable.
— regrettable *.
— souhaitable.
— respectable.
— épouvantable.
— effroyable *.
— pardonnable *.
— payable *.
— favorable *.
— honorable *.
— remarquable.
— praticable *.
— calculable.
— justiciable *.

Exercice 103.

Règle 79. — Formez un nom terminé en *ESSE* avec chacun des adjectifs suivants. *Ecrivez* : de *sage* on forme *sagesse*.

Sage.	Faible.	Tendre.	Mou*.
Jeune.	Noble.	Délicat.	Gentil*.
Large.	Souple.	Juste.	Vieux*.
Riche.	Fin.	Petit.	Adroit*.
Hardi.	Ivre.	Poli*.	Sec*.

Exercice 104.

Règle 79. — Formez un nom terminé en *ENCE* ou *ANCE* avec chacun des adjectifs suivants. *Écrivez* : d'*éloquent* on forme *éloquence*.

Eloquent.	Bienséant.	Négligent.	Indolent.
Abondant.	Elégant.	Méfiant.	Nonchalant.
Dépendant.	Exigent.	Insouciant.	Turbulent.
Evident.	Intelligent.	Patient.	Bienveillant.
Prudent.	Obligeant.	Imprévoyant.	Opulent.

Exercice 105.

Règle 78. — Formez des adjectifs diminutifs terminés en *ATRE*. *Ecrivez* : ce qui tire sur le bleu est *bleuâtre;* — sur le gris, *grisâtre.* Comment qualifiez-vous :

Ce qui tire sur le *bleu,* — le *gris,* — le *noir,* — le *brun,* — le *rouge*,* — le *jaune,* — le *vert*,* — le *roux*,* — le *blanc*.* — Ce qui se rapproche de la couleur de l'*olive.* — Ce qui est un peu salé comme la *saumure*.* — Ce qui est d'une *douceur** fade. — Celui qui est d'une gaieté un peu *folle*.*

Exercice 106.

Règle 78. — Avec chacun des noms propres suivants formez un adjectif terminé par *AIS*. *Ecrivez* : un habitant de la France s'appelle *Français*. Comment appelez-vous un habitant :

De la France. — Du Piémont*. — De Milan*. — Du Japon*. — De Rouen*. — De Lyon*. — De Dijon*. — De la Hollande. — De l'Ecosse. — De l'Irlande. — De la Finlande. — Du Groënland*. — De l'Islande. — De la Pologne*. — De Marseille. — De Versailles. — De Nantes. — D'Orléans*. — De Bordeaux*. — De l'Angleterre*.

Exercice 107.

Règle 78. — Avec chacun des noms propres suivants formez un adjectif terminé en *IEN*. *Ecrivez* : un habitant de Paris s'appelle *Parisien*. Comment appelez-vous un habitant :

De Paris. — Du Brésil*. — Du Languedoc*. — De l'Italie. — De l'Alsace. — De l'Egypte. — De la Prusse. — D'une paroisse. — De l'Autriche. — De l'Inde. — De la Sicile. — De la Bohême. — De Babylone. — D'Athènes*. — Des galères. — D'Algérie. — Du Pérou*. — De Troyes*. — D'une cité*.

Corrigé 103.

L'élève écrira tout au long : De *sage* on forme *sagesse.*

— sagesse.   — souplesse.   — politesse *.
— jeunesse.   — finesse.   — mollesse *.
— largesse.   — ivresse.   — gentillesse *.
— richesse.   — tendresse.   — vieillesse *.
— hardiesse.   — délicatesse.   — adresse *.
— faiblesse.   — justesse.   — sécheresse *.
— noblesse.   — petitesse.

Corrigé 104.

L'élève écrira tout au long : D'*éloquent* on forme *éloquence.*

— éloquence.   — exigence.   — imprévoyance.
— abondance.   — intelligence.   — indolence.
— dépendance.   — obligeance.   — nonchalance.
— évidence.   — négligence.   — turbulence.
— prudence.   — méfiance.   — bienveillance.
— bienséance.   — insouciance.   — opulence.
— élégance.   — patience.

Corrigé 105.

L'élève écrira tout au long : Ce qui tire sur le bleu est *bleuâtre.*

... bleuâtre, — ... grisâtre, — ... noirâtre, — ... brunâtre, — ... rougeâtre, — ... jaunâtre, — ... verdâtre, — ... roussâtre, — ... blanchâtre, — ... olivâtre, — ... saumâtre, — douceâtre, — ... folâtre.

Corrigé 106.

L'élève écrira tout au long : Un habitant de la France est un *Français.*

... Français. — ... Piémontais. — ... Milanais. — ... Japonais, — ... Rouennais. — ... Lyonnais. — ... Dijonnais. — ... Hollandais. — ... Ecossais. — ... Irlandais. — ... Finlandais. — ... Groënlandais. — ... Islandais. — ... Polonais. — ... Marseillais. — ... Versaillais. — ... Nantais. — ... Orléanais. — ... Bordelais. — ... Anglais.

Corrigé 107.

L'élève écrira tout au long : Un habitant de Paris est un *Parisien.*

...Parisien. — ...Brésilien. — ...Languedocien. — ...Italien. — ... Alsacien. — ... Egyptien. — ... Prussien. — ... Paroissien. — .. Autrichien. — ...Indien. — ...Sicilien. — ...Bohémien. — ...Babylonien. — ... Athénien. — ... Galérien. — ... Algérien. — ...Péruvien. — ...Troyen. — ...Citadin.

Exercice.

Avec chacun des noms propres suivants formez un adjectif terminé e **OIS**. *Ecrivez* : un habitant de la Chine est un *chinois*.

De la Chine. — De la Suède. — De la Gaule. — De Bade — De Siam. — De Lille. — D'un village. — D'un bourg. — De Liége. — D'Albi. — De Reims. — De la Champagne. — Du Dauphiné. — De Gênes. — De Genève. — De la Bavière — De la Franche-Comté. — Du Danemark. — De la Hongrie — De Strasbourg.

Exercice.

Formez le contraire des adjectifs suivants en plaçant devant eux le préfixe *dé* qui devient *dés* devant une voyelle ou un *h* muet. *Ecrivez* ce *ou* celui qui n'est pas favorable est *défavorable*.

Favorable.	Plaisant.	Approbateur.	Obéissant.
Loyal.	Raisonnable.	Avantageux.	Obligeant.
Moralisateur.	Agréable.	Honnête.	Organisateur.

Exercice.

Formez le contraire de chacun des adjectifs suivants en plaçant devant eux le préfixe *in*. *Ecrivez* : ce *ou* celui qui n'est pas actif est *inactif*.

Actif.	Complet.	Constant.	Fidèle.
Attentif.	Correct.	Discret.	Fructueux.
Capable.	Crédule.	Habile.	Intelligent.
Certain.	Digne.	Humain.	Juste.
Combustible.	Utile.	Egal.	Valide.

Exercice.

Le préfixe *in* devient *im* devant *m, b, p* ; il devient *il* devant *l* ; *ir* devant un *r*. *Ecrivez* : ce *ou* celui qui n'est pas respectueux est *irrespectueux*.

Respectueux.	Lisible.	Révocable.	Parfait.
Légitime.	Religieux.	Licite.	Patient.
Moral.	Légal.	Mobile.	Réfléchi.
Régulier.	Mortel.	Mortel.	Résolu.

Exercice.

Avec chacun des mots suivants formez un adjectif. *Ecrivez* : le peuple de Paris, le peuple *parisien*.

Le peuple *de Paris*. Une douceur *d'ange*. Les pluies *de l'au-*
L'armée *de la France*. Donnez-nous notre *tomne*.
Son amour *de mère*. pain *de chaque jour* La séve *du prin-*
Ses entrailles *de père*. Le palais *du roi*. *temps*.
La piété *d'un fils*. Le château *du sei-* Une promenade *dans*
Une joie *d'enfant*. *gneur*. *les champs*.
Un sourire *d'ami*. La colère *de Dieu*. Un tissu *de laine*.

Corrigé.

L'élève écrira tout au long : Un habitant de la Chine est un *Chinois*.

Chinois. —Suédois. — Gaulois. — Badois. —Siamois. — Lillois. —Villageois. — Bourgeois. — Liégeois. — Albigeois. — Rémois. —Champenois. — Dauphinois. — Génois. — Gènevois. — Bavarois. —Franc-Comtois. — Danois. — Hongrois. — Strasbourgeois.

Corrigé.

L'élève écrira tout au long : Ce ou celui qui n'est pas favorable est *défavorable*.

— défavorable. — déraisonnable. — déshonnête.
— déloyal. — désagréable. — désobéissant.
— démoralisateur. — désapprobateur. — désobligeant.
— déplaisant. — désavantageux. — désorganisateur.

Corrigé.

L'élève écrira tout au long : Ce ou celui qui n'est pas actif est *inactif*.

— inactif. — incrédule. — inégal.
— inattentif. — indigne. — infidèle.
— incapable. — inutile. — infructueux.
— incertain. — inconstant. — inintelligent.
— incombustible. — indiscret. — injuste.
— incomplet. — inhabile. — invalide.
— incorrect. — inhumain.

Corrigé.

L'élève écrira tout au long : Ce ou celui qui n'est pas respectueux est *irrespec-tueux*.

— irrespectueux. — illégal. — imparfait.
— illégitime. — immortel. — impatient.
— immoral. — irrévocable. — irréfléchi.
— irrégulier. — illicite. — irrésolu.
— illisible. — immobile.
— irréligieux. — immortel.

Corrigé.

L'élève écrira tout au long : *Le peuple de Paris, le peuple parisien.*

— parisien. — amical. — automnales.
— française. — angélique. — printanière.
— maternelle. — quotidien. — champêtre.
— paternelles. — royal. — laineux.
— filiale. — seigneurial.
— enfantine. — divine.

Lettre finale d'un adjectif.

79°. — Pour connaître la lettre *finale* d'un adjectif il suffit d'en former le féminin.

Ainsi on reconnaîtra que *grand* se termine par un *d,* puisqu'il fait *grande* au féminin.

Exercice.

Indiquez la lettre finale des adjectifs suivants à l'aide de leur féminin. *Ecrivez* : *rond* se termine par un *d,* puisqu'il fait *ronde* au féminin.

Rond...	Vrai...	Laid...	Inquiet...
Discret...	Adroit...	Mauvais...	Secret...
Bleu...	Méchant...	Sot...	Concret...
Vert...	Plaisant...	Gentil...	Coquet...
Gris...	Etroit...	Gros ..	Douillet...
Pointu...	Sourd...	Epais...	Sujet...

Même Exercice.

Ecrivez : *religieux* se termine par un *x,* puisqu'il fait *religieuse* au féminin.

Religieux...	Moelleux...	Particulier...	Complet...
Pieux...	Peureux...	Entier...	Distrait...
Laborieux...	Joyeux...	Chaud...	Fort...
Heureux...	Familier...	Muet...	Las...
Vertueux...	Grossier...	Blanc...	Gracieux...
Douteux...	Dernier...	Négligent...	Rancunier...

Même Exercice.

Ecrivez : *poli* se termine par un *i,* puisqu'il fait *polie* au féminin.

Poli...	Pervers...	Lourd...	Bienfaisant...
Contigu...	Ecru...	Brillant...	Prudent...
Franc...	Sacré...	Adroit...	Courtois...
Oblong...	Petit...	Paresseux...	Vigilant...
Furieux...	Plat...	Furieux...	Joli...
Long. -	Profond...	Méchant...	Orageux...

Même Exercice.

Formez un adjectif masculin à l'aide du féminin suivant. Ecrivez : *sainte* vient de *saint* qui se termine par un *t.*

Sainte...	Dévote...	Confuse...	Légère...
Gratuite...	Prudente...	Gaillarde...	Jolie...
Verte...	Eparse...	Obéissante...	Polie...
Sanglante...	Seconde...	Prompte...	Gaie...
Droite...	Sourde...	Intacte...	Excellente...

79° Comment connait-on la lettre finale d'un adjectif ?

48° Dictée. (ALIMENTS.)

La dictée faite, l'élève mettra tous les mots au pluriel.

Le lait. — La friture. — Le vinaigre. — La bière. — La dragée. — — La galette. — Le ragoût. — La sauce. — Le chapon. — Le légume. — Le lard. — Le jambon. — Le rôti. — La graisse. — Le poulet. — La boisson. — La liqueur. — La brioche. — Le biscuit. — La soupe. — Le pâté. — La salade. — La moutarde. — Le sel. — Le poivre.

Corrigé.

L'élève écrira tout au long : *Rond* se termine par un *d*, puisqu'il fait *ronde* au féminin.

— ronde.   — vraie.   — laide.   — inquiète.
— discrète.   — adroite.   — mauvaise.   — secrète.
— bleue.   — méchante.   — sotte.   — concrète.
— verte.   — plaisante.   — gentille.   — coquette.
— grise.   — étroite.   — grosse.   — douillette.
— pointue.   — sourde.   — épaisse.   — sujette.

Corrigé.

L'élève écrira : *Religieux* se termine par un *x*, puisqu'il fait *religieuse* au féminin.

— religieuse.   — moelleuse.   — particulière. — complète.
— pieuse.   — peureuse.   — entière.   — distraite.
— laborieuse.   — joyeuse.   — chaude.   — forte.
— heureuse.   — familière.   — muette.   — lasse.
— vertueuse.   — grossière.   — blanche.   — gracieuse.
— douteuse.   — dernière.   — négligente.   — rancunière.

Corrigé.

L'élève écrira tout au long : *Poli* se termine par un *i*, puisqu'il fait *polie* au féminin.

— polie.   — perverse.   — lourde.   — bienfaisante.
— contiguë.   — écrue.   — brillante.   — prudente.
— franche.   — sacrée.   — adroite.   — courtoise.
— oblongue.   — petite.   — paresseuse.   — vigilante.
— furieuse.   — plate.   — furieuse.   — jolie.
— longue.   — profonde.   — méchante.   — orageuse.

Corrigé.

L'élève écrira tout au long : *Sainte* vient de *saint* qui se termine par un *t*.

— saint.   — dévot.   — confus.   — léger.
— gratuit.   — prudent.   — gaillard.   — joli.
— vert.   — épars.   — obéissant.   — poli.
— sanglant.   — second.   — prompt.   — gai.
— droit.   — sourd.   — intact.   — excellent.

Analyse des adjectifs qualificatifs.

80. — Pour analyser un adjectif qualificatif on indique s'il est au masculin ou au féminin, au singulier ou au pluriel et quel nom il qualifie.

Ex. : *Les enfants attentifs.*

Les,   article simple, masculin pluriel, annonce que *enfants* est déterminé.

enfants,   nom commun, masculin pluriel.

attentifs, adjectif qualificatif, masculin pluriel, qualifie *enfants*.

Exercice 108.

Règle 80. — Analysez :

Le champ fertile. — La récolte abondante. — Le chanvre utile. — Les superbes forêts. — Les torrents impétueux. — Les montagnes arides. — Le large fleuve. — La maison commode. — Aux collines verdoyantes. — Des fruits magnifiques. — Les jaunes moissons. — Les fraises odorantes. — La vaste plaine. — Le hideux crapaud. — La pomme rouge. — La pêche vermeille.

Récapitulation générale des adjectifs.
Exercice 109.

Faites accorder les adjectifs entre parenthèses. — Chaque alinéa fera l'objet d'un devoir.

UTILITÉ DE LA TAILLE DE LA VIGNE.

Au milieu d'un des plus (*magnifique*) vergers qu'il y ait eu jusqu'alors, se trouvait l'habitation du jardinier, si (*propret*), si (*coquet*) qu'elle faisait plaisir à voir. Sur les murailles (*blanc*) et (*bleu*), plusieurs pieds de vignes étalaient leurs branches (*noueux*) et (*flexible*) ; celles-ci se couvraient pendant la (*beau*) saison de (*large*) et (*vert*) feuilles qui cachaient la (*joli*) maisonnette tout (*entier*).

En automne cette treille se garnissait de raisins (*délicieux*) dont les grappes (*énorme*) étaient pour tout le monde un objet d'admiration. Le jardinier et sa famille se montraient justement (*fier*) de cette vigne qui n'avait pas sa (*pareil*) à dix lieues à la ronde. Mais un voisin, dans un accès de (*bas*) jalousie, s'en vint pendant une nuit (*obscur*), couper plusieurs des plus (*beau*) ceps.

On peut se figurer aisément la (*profond*) douleur que ressentit l'(*honnête*) et (*laborieux*) famille quand elle s'aper-

---

80. Comment fait-on pour analyser un adjectif qualificatif?

49e **Dictée.** (SUJET DE COMPOSITION.)

Expliquez les règles d'accord de l'adjectif et donnez des exemples de chaque cas.

Dites comment se forme le pluriel des adjectifs, donnez des exemples.

Indiquez les principales manières de former le féminin des noms.

En quoi consiste l'élision de l'article? donnez des exemples.

En quoi consiste la contraction de l'article? donnez des exemples.

50e **Dictée.** (ORTHOGRAPHE USUELLE.)

Un vieil *abbé*. — Un *dé* à jouer. — Un *dé* à coudre. — Du bon *café*. — Le *gué* d'une rivière. — Le *blé* mur. — Le *lé* de cette étoffe. — La *clé* de la chambre. — Une grosse *gerbée*. — Un *scarabée* vert. — Une *bouchée* de pain. — Une *nichée* d'oiseaux. — Une *ondée* épouvantable. — La baguette de la *fée*. — La fine *dragée*. — Les oiseaux sous la *feuillée*. — L'*armée* nationale. — La *fumée* du camp. — Une *journée* de printemps.

51e **Dictée.** (ORTHOGRAPHE USUELLE.)

La *poupée* de la petite fille. — L'*épée* du soldat. — Une *bourrée* d'épines. — Une *cuillerée* de sirop. — La *marée* basse. — Une *verrée* de tisane. — Le *boucher* du village. — Le *maraîcher* voisin. — Le *rocher* escarpé. — L'*horloger* du coin. — L'*oranger* de l'oncle. — Le *verger* superbe. — Le *calendrier* commode. — Le *genévrier* vert. — Le *sucrier* de porcelaine. — Le *déjeuner* et le *diner* des enfants.

Corrigé 109.

L'élève écrira avec soin les devoirs suivants :

UTILITÉ DE LA TAILLE DE LA VIGNE.

Au milieu d'un des plus *magnifiques* vergers qu'il y ait eu jusqu'alors, se trouvait l'habitation du jardinier si *proprette*, si *coquette*, qu'elle faisait plaisir à voir. Sur les murailles *blanches* et *bleues*, plusieurs pieds de vignes étalaient leurs branches *noueuses* et *flexibles*; celles-ci se couvraient pendant la *belle* saison de *larges* et *vertes* feuilles qui cachaient la *jolie* maisonnette tout *entière*.

En automne cette treille se garnissait de raisins *délicieux* dont les grappes *énormes* étaient pour tout le monde un objet d'admiration. Le jardinier et sa famille se montraient justement *fiers* de cette vigne qui n'avait pas sa *pareille* à dix lieues à la ronde. Mais un voisin, dans un accès de *basse* jalousie, s'en vint, pendant une nuit *obscure*, couper plusieurs des plus *beaux* ceps.

çut de ces *(odieux)* et *(criminel)* mutilations. Sa peine fut d'autant plus *(vif)* qu'à cette époque on ignorait encore la pratique aussi *(ingénieux)* que *(fécond)* de la taille des arbres. Mais, ô prodige ! cette même année l'espalier produisit de bien plus *(beau)* raisins et en plus *(grand)* quantité que les années *(antérieur)* ! Cet événement inspira au jardinier l'*(heureux)* idée de tailler désormais sa vigne.

Ainsi le mal que cherchent à nous faire nos ennemis tourne souvent à notre avantage, et les couvre de confusion.

Exercice 110.

Faites accorder les adjectifs entre parenthèses.

IL FAUT SAVOIR MODÉRER SES DÉSIRS.

Pendant une *(beau)* matinée de printemps, la *(petit)* Marguerite étant allée se promener le long des haies, se mit à cueillir des fleurs dont elle voulait composer un bouquet. Au pied même de la haie, la *(jeune)* fille aperçut des violettes si *(nombreux)*, si *(joli)*, si *(odorant)*, qu'enchantée de cette trouvaille *(inattendu)*, elle se disposa à les cueillir.

Comme elle s'approchait toute *(radieux)*, une *(vieux)* paysanne s'écria : « Éloigne-toi, ma *(cher)* fille, de cette haie *(dangereux)* ; des vipères *(malfaisant)* et *(venimeux)* en ont fait leur retraite. » Marguerite, naturellement *(timide)* et *(craintif)*, recula d'abord épouvantée; mais le désir d'avoir de *(joli)* fleurs l'emporta bientôt. « Il me faut encore, se dit-elle à elle-même, ces *(beau)* violettes que j'aperçois là-bas. » Déjà la *(malheureux)* *(petit)* fille se baisse pour mettre la main sur son trésor : mais soudain une *(hideux)* vipère s'élance sur elle, s'enroule autour de son bras, lui fait une *(cruel)* morsure.

Aux cris *(horrible)* poussés par l'enfant, la *(bon)* femme va chercher du secours. Quand le médecin arrive il trouve la *(pauvre)* Marguerite, tout-à-l'heure si *(charmant)* et si *(gai)*, déjà *(froid)* et *(immobile)* comme un cadavre. Heureusement il peut lui administrer des médicaments* énergiques qui la rappellent bientôt à la vie. Mais quelle *(sévère)* et *(cruel)* leçon elle a reçue et comme elle se promet bien de n'oublier jamais que l'on doit se modérer dans ses désirs, même les plus *(simple)* et les plus *(inoffensif)* en apparence !

Exercice 111.

Faites accorder les adjectifs entre parenthèses :

NE BUVEZ JAMAIS D'EAU FROIDE QUAND VOUS ÊTES EN SUEUR.

Par une *(chaud)* journée d'été, le *(petit)* Guillaume était parti pour la campagne. Il avait marché si vite que ses joues étaient *(brûlant)* et qu'une soif *(ardent)* le dévorait. Le malheur voulut qu'il arrivât bientôt sous un épais bouquet de chênes *(gigantesque)*. Là se trouvait une source *(clair)*, *(brillant)*

On peut se figurer aisément la *profonde* douleur que ressentit
l'honnête et *laborieuse* famille quand elle s'aperçut de ces *odieuses* et
criminelles mutilations. Sa peine fut d'autant plus *vive*, qu'à cette
époque on ignorait encore la pratique aussi *ingénieuse* que *féconde*
de la taille des arbres. Mais, ô prodige ! cette même année l'espalier produisit de bien plus *beaux* raisins et en plus *grande* quantité
que les années *antérieures !* Cet événement inspira au jardinier
l'heureuse idée de tailler désormais sa vigne.

Ainsi le mal que cherchent à nous faire nos ennemis tourne souvent à notre avantage, et les couvre de confusion.

Corrigé 110.

IL FAUT SAVOIR MODÉRER SES DÉSIRS.

Pendant une *belle* matinée de printemps, la *petite* Marguerite, étant
allée se promener le long des haies, se mit à cueillir des fleurs dont
elle voulait composer un bouquet. Au pied même de la haie, la
jeune fille aperçut des violettes si *nombreuses*, si *jolies*, si *odorantes*,
qu'enchantée de cette trouvaille *inattendue*, elle se disposa à les
cueillir.

Comme elle s'approchait toute *radieuse*, une *vieille* paysanne s'é-
cria : « Éloigne-toi, ma *chère* fille, de cette haie *dangereuse ;* des
vipères *malfaisantes* et *venimeuses* en ont fait leur retraite. » Marguerite, naturellement *timide* et *craintive*, recula d'abord épouvantée ; mais le désir d'avoir de *jolies* fleurs l'emporta bientôt. « Il
me faut encore, se dit-elle à elle-même, ces *belles* violettes que j'a-
perçois là-bas. » Déjà la *malheureuse petite* fille se baisse pour mettre la main sur son trésor : mais soudain une *hideuse* vipère s'élance
sur elle, s'enroule autour de son bras, lui fait une *cruelle* morsure.

Aux cris *horribles* poussés par l'enfant, la *bonne* femme va chercher du secours. Quand le médecin arrive, il trouve la *pauvre* Marguerite, tout à l'heure si *charmante* et si *gaie*, déjà *froide* et *immobile* comme un cadavre. Heureusement il peut lui administrer des
médicaments énergiques qui la rappellent bientôt à la vie. Mais quelle
sévère et *cruelle* leçon elle a reçue, et comme elle se promet bien
de n'oublier jamais que l'on doit se modérer dans ses désirs, même
les plus *simples* et les plus *inoffensifs* en apparence !

Corrigé 111.

NE BUVEZ JAMAIS D'EAU FROIDE QUAND VOUS ÊTES EN SUEUR.

Par une *chaude* journée d'été, le *petit* Guillaume était parti pour
la campagne. Il avait marché si vite que ses joues étaient *brûlantes*
et qu'une soif *ardente* le dévorait. Le malheur voulut qu'il arrivât
bientôt sous un épais bouquet de chênes *gigantesques*. Là se trouvait
une source *claire*, *brillante* comme un filet d'argent, mais si *fraîche*
qu'on l'eût crue *glacée*. L'*imprudent* enfant se précipite sur cette eau

comme un filet d'argent, mais si (*frais*) qu'on l'eût crue (*glacé*). L'(*imprudent*) enfant se précipite sur cette eau et en boit à (*long*) traits. Mais bientôt il tombe sans connaissance.

Des passants (*charitable*) le ramènent (*malade*) chez ses parents. Ceux-ci lui prodiguent pendant plusieurs jours les soins les plus (*assidu*). Dans les intervalles de repos que lui laissaient les (*fréquent*) accès d'une fièvre (*pernicieux*), le pauvre Guillaume s'écriait : « Qui eût dit que cette eau si (*beau*) et si (*rafraîchissant*) contenait un poison qui pouvait me faire mourir. — Ce n'est point la source qui est la cause de ta (*cruel*) maladie, lui répliqua son père : c'est ta (*grand*) légèreté qui a fait tout le mal. Ne sais-tu donc pas qu'il est très-dangereux quand on a chaud, de boire de l'eau (*froid*) ? Ton avidité (*irréfléchi*) a seule occasionné le malheur que nous déplorons, mais dont nous saurons te tirer, grâce à Dieu !

Guillaume guérit en effet, mais une fois rétabli il se promit bien de veiller sur lui-même et de ne plus commettre de ces étourderies presque toujours (*funeste*) à leurs auteurs.

Exercices lexicologiques. 112.

Répondez au moyen du dictionnaire aux questions suivantes :

1º. — Qu'était-ce que : Catherine de Médicis et Olivier de Serres ?

2º — Qu'est-ce que : une guenon, un géranium, un serin, l'herbe aux écus, l'herbe au pauvre homme, un gué, un mâtin, un trimestre, un semestre ?

3º. — Qu'est-ce que : une tradition, un artifice, une statue, un païen, une pyramide, une artère, de la saumure, un gentilhomme, une cité, un faubourg ?

4º. — Que signifient les mots : livide, charbonneux, contagieux, venimeux, carnassier, oléagineux, textile, volatil, combustible ?

5º. — Que signifient les mots : foncier, mobilier, usufruitier, printanier, quotidien, perpétuel, hâtif, intempestif, cirier ?

6º. — Que signifient les mots : pectoral, bulbeux, rogneux, solitaire, succulent, manuel, mitoyen, hasardeux, pétulant, savoureux ?

7º. — Que signifient les mots : favori, coi, erroné, frugal, vigilant, importun, vengeur, dévastateur, créateur, enchanteur ?

8º. — Que signifient les mots : licite, rationnel, attéré, introducteur, conducteur, demandeur, matière, substance, essence ?

et en boit à *longs* traits. Mais bientôt il tombe sans connaissance. Des passants *charitables* le ramènent *malade* chez ses parents. Ceux-ci lui prodiguent pendant plusieurs jours les soins les plus *assidus*. Dans les intervalles de repos que lui laissaient les *fréquents* accès d'une fièvre *pernicieuse*, le pauvre Guillaume s'écriait : « Qui eût dit que cette eau si *belle* et si *rafraîchissante* contenait un poison qui pouvait me faire mourir? — Ce n'est point la source qui est la cause de ta *cruelle* maladie, lui répliqua son père ; c'est ta *grande* légèreté qui a fait tout le mal. Ne sais-tu donc pas qu'il est très-dangereux, quand on a chaud, de boire de l'eau *froide?* Ton avidité *irréfléchie* a seule occasionné le malheur que nous déplorons, mais dont nous saurons te tirer, grâce à Dieu. »

Guillaume guérit en effet ; mais, une fois rétabli, il se promit bien de veiller sur lui-même et de ne plus commettre de ces étourderies presque toujours *funestes* à leurs auteurs.

Corrigé 112.

On trouvera dans le *Lexique* les réponses à cet exercice.

52ᵉ **Dictée**. (SUJET DE COMPOSITION.)

LE DOMPTEUR D'ANIMAUX.

« Admirez ma valeur : je soumets les lions,
L'hyène m'obéit, le tigre est mon esclave !
— Pour moi, je sais quelqu'un de plus fort, de plus brave :
C'est celui qui le mieux dompte ses passions. »

LE LAIT DE LA BREBIS.

« Mon lait, dit la brebis, hier était si doux !
— S'il est aigre aujourd'hui, c'est qu'il a, voyez-vous,
Subi des éléments le contact délétère... »
De même le malheur aigrit le caractère.

53ᵉ **Dictée**. (SUJET DE COMPOSITION.)

LES PYRÉNÉES.

Entre Bagnères et Baréges, vous saisirez la fantastique beauté des Pyrénées, ces sites étranges et cette atmosphère magique qui tour à tour rapproche et éloigne les objets. Voyez ces gaves écumants, ces prairies d'émeraude. Engageons-nous le long du Gave de Pau, à travers ces entassements infinis de blocs de trois et quatre mille pieds cubes. Maintenant viennent les rochers aigus, les neiges permanentes ; puis les détours du Gave, battu et rembarré durement d'un mont à l'autre. Enfin contemplons le prodigieux cirque de Gavarie et ses tours dans le ciel. Au pied, douze sources alimentent le gave, qui mugit sous des ponts de neige, et cependant tombe de treize cents pieds, en formant la plus haute cascade de l'ancien monde.

Des adjectifs déterminatifs.

81. — Il y a cinq sortes d'adjectifs déterminatifs : *les adjectifs démonstratifs, les adjectifs possessifs, les adjectifs conjonctifs, les adjectifs numéraux, les adjectifs indéfinis.*

Des adjectifs démonstratifs.

82. — On appelle *adjectifs démonstratifs* ceux qui servent à *montrer* les personnes ou les choses dont on parle. Quand je dis : ce livre, cette table, je *montre* un livre, une table.

83. — Les adjectifs démonstratifs sont :

Ce et *cet,* devant un nom masculin singulier.

Cette, devant un nom féminin singulier.

Ces, devant tous les noms pluriels.

84. — Première Remarque. On met *ce* devant un nom masculin singulier qui commence par une consonne ou un h aspiré. Ex.: *Ce* village, *ce* hameau.

On met *cet* devant un nom masculin singulier qui commence par une voyelle ou par un *h* muet. Ex. : *Cet* oiseau, *cet* homme.

85. — Deuxième Remarque. Pour montrer des choses qui sont proches, on emploie le mot *ci :* Ce livre-ci, cet homme-ci.

Pour montrer des choses éloignées, on emploie le mot *là :* Ce livre-là, cet homme-là.

Exercice 113.

Règle 83 et 85.—Mettez l'adjectif démonstratif convenable devant chaque nom, indiquez-en le genre et le nombre. Ex.: *Ce* jardin (masc. sing.). — *Cette* cour (fém. sing.). — *Ces* meubles (masc. plur.)

C... jardin.	C... oie.	C... meubles.	C... étincelle*.
C... cour.	C... canard.	C... amadou*.	C... incendie*.
C... maisons.	C... hirondelle.	C... autel.	C... fleurs.
C... chemise.	C... instrument	C... hôtel.	C... statues.
C... oiseau.	C... année.	C... encrier.	C... intervalle.
C... *hanneton.	C... arbre.	C... éventail.	C... tissu.

---

81. Combien y a-t-il de sortes d'adjectifs déterminatifs ?

82. Qu'appelle-t-on adjectifs démonstratifs ?

83. Quels sont-ils ?

84. Dans quel cas emploie-t-on *ce* et *cet* ?

85. Dans quel cas emploie-t-on le mot *ci* et le mot *là* ?

54e **Dictée.** (ADJECTIFS DÉMONSTRATIFS.)

Cet oiseau est bon à manger. — *Cette* hirondelle est vieille. — *Cet* ouvrage coûtera cher. — *Cette* armoire est en bois blanc. — *Cet* argent est à moi. — *Cette* encre est bleue. — *Cet* abîme est profond. — *Cet* amadou est très-inflammable. — *Cet* arbre est couvert de fruits. — *Cette* histoire est intéressante. — *Ces* avis sont sages. — *Ces* oranges sont acides. — *Ces* abricots sont mûrs. — *Cette* chaumière est chaude. — *Ces* blés sont déjà jaunes. — *Ces* hannetons sont ennuyeux. — *Ces* haies sont épaisses. — *Ce* perroquet est bavard. — *Ce* chaudron est immense.

55e **Dictée.** (*Même sujet.*)

Ce lit est moelleux. — *Cette* arme est excellente. — *Cet* isolement est pénible. — *Cette* île est montagneuse. — *Cet* isthme est resserré. — *Cet* éléphant est vieux. — *Cette* alouette est gaie. — *Ces* habits sont magnifiques. — *Ces* yeux sont expressifs. — *Cette* huile est rance. — *Ces* ordres sont cruels. — *Ces* hérissons sont gras. — *Ces* agneaux sont frileux. — *Cette* occasion est unique. — *Cet* uniforme est râpé. — *Ces* oignons sont sucrés. — *Cet* air est lourd. — *Cette* hache est affilée. — *Cette* hart est longue. — *Ces* escargots sont énormes.

56e **Dictée.** (SUJET DE COMPOSITION.)

L'ENNEMI GÉNÉREUX.

Deux chiens, un terre-neuve et un mâtin, s'étaient voué une haine mortelle. Il n'arrivait jamais qu'ils se rencontrassent sans se livrer un combat acharné. Pendant une de ces luttes, qui avait lieu sur la plage, ils tombèrent l'un et l'autre à la mer. Le terre-neuve, habile nageur, eut bien vite regagné la côte ; mais le mâtin, moins heureux, faisait pour cela d'inutiles efforts. Le pauvre animal va périr, quand le terre-neuve, oubliant sa haine invétérée, s'élance dans les flots, et ramène au rivage son ennemi qui, par mille caresses, lui témoigne sa reconnaissance.

Corrigé 113.

L'élève analysera : *Ce jardin,* masc. sing.

Ce jardin.	*Cette* oie.	*Ces* meubles.	*Cette* étincelle*.
Cette cour.	*Ce* canard.	*Cet* amadou*.	*Cet* incendie*.
Ces maisons.	*Cette* hirondelle.	*Cet* autel.	*Ces* fleurs.
Cette chemise.	*Cet* instrument.	*Cet* hôtel.	*Ces* statues.
Cet oiseau.	*Cette* année.	*Cet* encrier.	*Cet* intervalle.
Ce hanneton.	*Cet* arbre.	*Cet* éventail.	*Ce* tissu.

Même exercice. 114.

Règle 83 et 85. — Mettez devant chaque nom l'adjectif démonstratif convenable, et analysez le nom. Ecrivez : *ce* chapeau (masc. sing.).

C... chapeau. C... emplâtre*. C... omnibus*. C... montagnes
C... *hoquet. C... jeux. C... âge. C... rivières.
C... *haquet. C... bâteaux. C... armoire. C... avoine.
C... argent. C... colonnes. C... abîme. C... obstacle.
C... ouvrage. C... forêt. C... exemple. C... ustensile.
C... hôpital. C... plaine. C... viandes. C... agrafe.

Exercice 115.

Mettez au féminin. Ecrivez : *Cet homme loyal, cette femme loyale.*

Cet *homme* loyal.
Ce *lion* cruel.
Ce *tigre** féroce.
Cet *instituteur* habile.
Cet *écolier* attentif.
Ce bon *maître.*
Ce *voleur* audacieux.

Cet *âne** rétif.
Ce *loup** dévorant.
Ce *comte** généreux.
Ce *lapin* gras.
Ce vieux *coq**.
Ce *bienfaiteur* généreux.
Ce *jardinier* actif.

Exercice 116.

Mettez au pluriel. Ecrivez : *Cette haute montagne, ces hautes montagnes*

Cette haute montagne.
Cette ancienne église.
Cette verte forêt.
Ce champ fertile.
Ce courage indomptable.
Cette encre bleue.
Cette plante nuisible.

Cette rose magnifique.
Ce beau parc.
Cette belle allée.
Ce long voyage.
Cette sanglante bataille.
Cette cloche sonore.
Cette vertu précieuse.

Exercice 117.

Mettez au singulier. Ecrivez : *Ces animaux maigres, cet animal maigre.*

Ces animaux maigres.
Ces ouvriers diligents*.
Ces ouvrières diligentes.
Ces horloges utiles.
Ces aveux complets.
Ces couronnes précieuses.
Ces offres acceptables.

Ces insultes grosières.
Ces odeurs insupportables.
Ces entretiens familiers.
Ces chevaux robustes.
Ces abîmes profonds.
Ces histoires véridiques.
Ces discours mensongers.

Exercice 118.

Règle 85. — Indiquez que les personnes ou les objets sont rapprochés, ou éloignés. Cet homme-ci. — Cette avoine-là.

Objets rapprochés.		Objets éloignés.	
Homme.	Maison.	Avoine.	Fleuve.
Arbres.	Etable.	Blé.	Soldat.
Chevaux.	Livre.	Charrue.	Instrument.
Pays.	Meubles.	Jardin.	Terre.
Jours.	Récoltes.	Bâtiments.	Montagne.
Chemin.	Vin.	Vaisseaux.	Muraille.

Corrigé 114.

L'élève analysera : *Ce chapeau,* masc. sing.

Ce chapeau.	*Cet* emplâtre*.	*Cet* omnibus.	*Ces* montagnes.
Ce hoquet.	*Ces* jeux.	*Cet* âge.	*Ces* rivières.
Ce baquet.	*Ces* bateaux.	*Cette* armoire.	*Cette* avoine.
Cet argent.	*Ces* colonnes.	*Cet* abîme.	*Cet* obstacle.
Cet ouvrage.	*Cette* forêt.	*Cet* exemple.	*Cet* ustensile.
Cet hôpital.	*Cette* plaine.	*Ces* viandes.	*Cette* agrafe.

Corrigé 115.

L'élève écrira tout au long : *Cet homme loyal, cette femme loyale.*

— cette *femme* loyale.
— cette *lionne* cruelle.
— cette *tigresse** féroce.
— cette *institutrice* habile.
— cette *écolière* attentive.
— cette bonne *maîtresse.*
— cette *voleuse* audacieuse.

— cette *ânesse** rétive.
— cette *louve** dévorante.
— cette *comtesse** généreuse.
— cette *lapine* grasse.
— cette vieille *poule*.
— cette *bienfaitrice* généreuse.
— cette *jardinière* active.

Corrigé 116.

L'élève écrira tout au long : *Cette haute montagne, ces hautes montagnes.*

— ces hautes montagnes.
— ces anciennes églises.
— ces vertes forêts.
— ces champs fertiles.
— ces courages indomptables.
— ces encres bleues.
— ces plantes nuisibles.

— ces roses magnifiques.
— ces beaux parcs.
— ces belles allées.
— ces longs voyages.
— ces sanglantes batailles.
— ces cloches sonores.
— ces vertus précieuses.

Corrigé 117.

L'élève écrira tout au long : *Ces animaux maigres, cet animal maigre.*

— cet animal maigre.
— cet ouvrier diligent*.
— cette ouvrière diligente.
— cette horloge utile.
— cet aveu complet.
— cette couronne précieuse.
— cette offre acceptable.

— cette insulte grossière.
— cette odeur insupportable.
— cet entretien familier.
— ce cheval robuste.
— cet abîme profond.
— cette histoire véridique.
— ce discours mensonger.

Corrigé 118.

Objets rapprochés.		Objets éloignés.	
Cet homme-*ci.*	*Cette* maison-*ci.*	*Cette* avoine-*là.*	*Ce* fleuve-*là.*
Ces arbres-*ci.*	*Cette* étable-*ci.*	*Ce* blé-*là.*	*Ce* soldat-*là.*
Ces chevaux-*ci.*	*Ce* livre-*ci.*	*Cette* charrue-*là.*	*Cet* instrument-*là*
Ces pays-*ci.*	*Ces* meubles-*ci.*	*Ce* jardin-*là.*	*Cette* terre-*là.*
Ces jours-*ci.*	*Ces* récoltes-*ci.*	*Ces* bâtiments-*là.*	*Cette* montagne-*là*
Ce chemin-*ci.*	*Ce* vin-*ci.*	*Ces* vaisseaux-*là.*	*Cette* muraille-*là.*

Des adjectifs possessifs.

86. — On appelle *adjectifs possessifs* ceux qui marquent la *possession* des personnes ou des choses.

Ex. : *Mon* livre, *votre* cheval, *son* chapeau ; c'est-à-dire le livre *qui est à moi,* le cheval *qui est à vous,* le chapeau *qui est à lui..*

87. — Les adjectifs possessifs sont :

SINGULIER.		PLURIEL.
Masculin.	*Féminin.*	*Pour les deux genres*
Mon.	Ma.	Mes.
Ton.	Ta.	Tes.
Son.	Sa.	Ses.
Notre.	Notre.	Nos.
Votre.	Votre.	Vos.
Leur.	Leur.	Leurs.

88. — PREMIÈRE REMARQUE. Devant un nom féminin commençant par une voyelle ou par un *h* muet, on remplace *ma, ta, sa* par *mon, ton, son.*

Ex. : *Mon* âme, pour *ma* âme ; *ton* épée pour *ta* épée ; *son* humeur pour *sa* humeur,

89. — DEUXIÈME REMARQUE. Ne confondez pas l'adjectif démonstratif *ces* avec l'adjectif possessif *ses. Ces,* adjectif démonstratif, s'écrit avec un *c ; ses,* adjectif possessif, s'écrit avec un *s.*

Ex.: Voyez *ces* moutons qui paissent dans la prairie.

Le bon pasteur donne sa vie pour *ses* brebis.

Exercice 119.

* Règles 86 et 87. — Mettez devant chaque nom l'adjectif convenable. *Ecrivez : mon chien.*

M... chien.	*N...* tante.	*L...* livre.	*N...* écuries.
L... habit.	*N...* oncles.	*V...* politesse.	*M...* blés.
S... casquette.	*T...* cousines.	*S...* vertu.	*S...* champs.
T... pantalon.	*T...* sœur.	*L...* courage.	*V...* charme.
N... souliers.	*M...* bouteille.	*V...* faiblesse.	*N...* terres.
L... sabots.	*M...* panier.	*M...* chevaux.	*S...* domicile.

---

86. Qu'appelle-t-on adjectifs possessifs ?

87. Quels sont les adjectifs possessifs ?

88. Par quoi remplace-t-on *ma, ta, sa* devant un nom féminin singulier commençant par une voyelle ou par un *h* muet ?

89. Comment écrit-on *ces* démonstratif, et *ses* possessif ?

57e **Dictée**. (ces et ses.)

Le Maître établira la distinction qui existe entre *ces* et *ses*.

Voyez *ces* enfants qui jouent dans la rue. — Cet enfant a perdu *ses* livres en allant à l'école. — Voyez *ces* corbeaux qui volent dans les airs. — Admirez *ces* étoiles qui brillent au firmament. — La fermière a vendu *ses* poulets. — La petite fille a reçu *ses* étrennes. — Le maître a gardé *ses* serviteurs. — Où avez-vous cueilli *ces* fraises que vous me présentez? — Le curé a visité *ses* paroissiens. — Il faut conduire *ces* animaux au pâturage. — Le cultivateur a ensemencé *ses* champs. — Le vigneron taillera *ses* vignes. — Où avez-vous acheté *ces* pêches délicieuses?

58e **Dictée**. (*Même sujet*.)

Vous porterez *ces* légumes au marché. — Ce coq perd *ses* plumes. — *Ces* gens sont des inconnus. — L'hiver a quelquefois *ses* beaux jours comme l'été. — Le maître a recommandé à *ses* élèves de bien travailler. — Voyez *ces* hautes montagnes : elles sont toujours couvertes de neige. — *Ces* porcs coûteront peu de son pour s'engraisser. — Ce chapelier vend *ses* chapeaux trop cher. — On fera cuire *ces* haricots pour le souper. — Le vieillard a oublié *ses* lunettes. — Mon cousin a vendu *ses* deux chevaux. — On a amené *ces* pierres de très-loin. — Faute d'eau, *ces* moulins ne tournent plus.

59e **Dictée**. (*Même sujet*.)

Comment trouvez-vous *ces* tableaux? — Le jardinier a porté *ses* artichauts au marché. — Le cuisinier a laissé brûler *ses* côtelettes. — Il faudra faucher *ces* blés, ils sont déjà mûrs. — L'Europe a *ses* montagnes comme l'Asie, mais elles sont moins hautes. — Avez-vous entendu parler d'Herculanum et de Pompéia ? *Ces* deux villes ont été détruites par une éruption du Vésuve. — *Ces* étables devront être nettoyées aujourd'hui. — Ce village a perdu plus de la moitié de *ses* habitants. — Le singe a *ses* bras proportionnellement plus longs que ceux de l'homme.

Corrigé 119.

Mon chien.	*Notre* tante.	*Leur* livre.	*Nos* écuries.
Leur habit.	*Nos* oncles.	*Votre* politesse.	*Mes* blés.
Sa casquette.	*Tes* cousines.	*Sa* vertu.	*Ses* champs.
Ton pantalon.	*Ta* sœur.	*Leur* courage.	*Votre* charme.
Nos souliers.	*Ma* bouteille.	*Votre* faiblesse.	*Nos* terres.
Leurs sabots.	*Mon* panier.	*Mes* chevaux.	*Son* domicile.

Exercice 120.

Mettez devant chaque nom l'adjectif possessif convenable. *Ecrivez* : *mon épée* (règles 86, 87).

M...épée.	*M*... hauteur .	*M*... oreille.	*S*... incivilité.
T... honneur.	*M*... hôtel.	*T*...hallebarde*	*M*... usage.
S... habitude.	*T*... histoire.	*T*... harpe*.	*S*...usurpation.
S... houlette*.	*M*... hotte .	*S*... herse .	*T*... enfance.
S... héroïsme.	*M*... âme.	*S*... honnêteté.	*M*... hache*.
S... hardiesse .	*S*... aile.	*T*... honte .	*T*... arme.

Exercice 121.

Mettez au pluriel. *Ecrivez* : *Ma nouvelle propriété, mes nouvelles propriétés.*

Ma nouvelle propriété.
Votre question indiscrète*.
Notre vœu le plus cher.
Leur grande armoire.
Son bel appartement.
Votre robe bleue.
Leur œil limpide.
Ton riche domaine.

Leur sage conseil.
Son fruit excellent.
Notre toit obscur.
Notre église romane*.
Votre cheval bai*.
Leur vache brune.
Son cheveu blond.
Votre haute tour.

Exercice 122.

Mettez au singulier. *Ecrivez* : *Mes jeunes agneaux, mon jeune agneau.*

Mes jeunes agneaux.
Leurs âmes compatissantes.
Ses intentions généreuses.
Nos animaux domestiques.
Nos oies criardes.
Nos chats fripons.
Tes jeunes serins.
Vos moineaux gourmands.

Tes armes défensives.
Leurs éventails noirs.
Ses aventures extraordinaires.
Vos chèvres blanches.
Tes projets insensés.
Leurs fragiles vaisseaux.
Ses inquiétudes perpétuelles.
Tes accusations injustes.

Exercice 123.

Règle 88. — Remplacez les points par *ces*, démonstratif, ou par *ses*, possessif.

A ... conquérants qui ravagent la terre, nous préférons ... laboureurs qui la fécondent.

L'homme modéré dans ... désirs est plus heureux que ... ambitieux qui ne sont jamais contents de ce qu'ils ont.

Le laboureur sur son lit de mort disait à ... enfants : ... biens que j'ai acquis, vous les augmenterez si vous faites régner la concorde parmi vous.

... mille produits nécessaires à notre nourriture et à notre habillement, affluent à Paris* de tous les points de la France : la Bourgogne* lui envoie ... vins, Bordeaux* ... liqueurs, le Périgord* ... truffes, Verdun ... dragées, Bar-le-Duc ... confitures, Clermont* ... pâtes d'abricots, Lyon ... soieries*, Rouen ...calicots et ... cotonnades, Sedan ... draps.

Corrigé 120.

Mon épée.	*Ma* hauteur*.	*Mon* oreille.	*Son* incivilité.
Ton honneur.	*Mon* hôtel.	*Ta* hallebarde*.	*Mon* usage.
Son habitude.	*Ton* histoire.	*Ta* harpe*.	*Son* usurpation.
Sa houlette.	*Ma* hotte*.	*Sa* herse*.	*Ton* enfance.
Son héroïsme.	*Mon* âme.	*Son* honnêteté.	*Ma* hache*.
Sa hardiesse*.	*Son* aile.	*Ta* honte*.	*Ton* arme.

Corrigé 121.

L'élève écrira tout au long : *Ma nouvelle propriété, mes nouvelles propriétés.*

— mes nouvelles propriétés.
— vos questions indiscrètes.
— nos vœux les plus chers.
— leurs grandes armoires.
— ses beaux appartements.
— vos robes bleues.
— leurs yeux limpides.
— tes riches domaines.
— leurs sages conseils.
— ses fruits excellents.
— nos toits obscurs.
— nos églises romanes *.
— vos chevaux bais*.
— leurs vaches brunes.
— ses cheveux blonds.
— vos hautes tours.

Corrigé 122.

L'élève écrira tout au long : *Mes jeunes agneaux, mon jeune agneau.*

— mon jeune agneau.
— leur âme compatissante.
— son intention généreuse.
— notre animal domestique.
— notre oie criarde.
— notre chat fripon.
— ton jeune serin.
— votre moineau gourmand.
— ton arme défensive.
— leur éventail noir.
— son aventure extraordinaire.
— votre chèvre blanche.
— ton projet insensé.
— leur fragile vaisseau.
— son inquiétude perpétuelle.
— ton accusation injuste.

Corrigé 123.

A *ces* conquérants qui ravagent la terre, nous préférons *ces* laboureurs qui la fécondent.

L'homme modéré dans *ses* désirs est plus heureux que *ces* ambitieux qui ne sont jamais contents de ce qu'ils ont.

Le laboureur sur son lit de mort disait à *ses* enfants : « *Ces* biens que j'ai acquis, vous les augmenterez si vous faites régner la concorde parmi vous. »

Ces mille produits, nécessaires à notre nourriture et à notre habillement, affluent à Paris* de tous les points de la France : la Bourgogne* lui envoie *ses* vins, Bordeaux *ses* liqueurs, le Périgord *ses* truffes, Verdun *ses* dragées, Bar-le-Duc *ses* confitures, Clermont *ses* pâtes d'abricots, Lyon *ses* soieries, Rouen *ses* calicots et *ses* cotonnades, Sedan *ses* draps.

Des adjectifs conjonctifs.

90. — On appelle *adjectifs conjonctifs* ceux qui servent à lier ensemble deux parties d'une même phrase. Ex. : Je reconnais vous devoir une somme de mille francs, *laquelle* somme je m'engage à vous rembourser l'année prochaine.

91. — Les adjectifs conjonctifs sont : *lequel, laquelle, lesquels, lesquelles.*

Des adjectifs numéraux.

92. — On appelle *adjectifs numéraux* ceux qui servent à compter.

93. — Il y a deux sortes d'*adjectifs numéraux* : les *adjectifs numéraux cardinaux* et les *adjectifs numéraux ordinaux.*

94. — Les *adjectifs cardinaux* servent à faire connaître le nombre des personnes ou des choses dont on parle.

Ex.: *Deux* hommes, *sept* chevaux, *quarante* francs.

95. — Les *adjectifs ordinaux* servent à faire connaître le rang ou l'ordre des personnes ou des choses dont on parle.

Ex. : Le *premier* homme, le *sixième* mois.

96. — Règle. En général, pour former un adjectif ordinal, on ajoute la terminaison *ième* à l'adjectif cardinal correspondant. Par exemple, de *vingt* on forme *vingt*ième, de cent, *cent*ième, etc.

97. — Les adjectifs cardinaux sont généralement invariables.

98. — Les adjectifs ordinaux s'accordent en genre et en nombre avec le nom qu'ils déterminent.

Ex.: Le *premier* chemin, la *première* rue, tous les *dixièmes* jours du mois.

---

90. Qu'appelle-t-on adjectifs conjonctifs ?

91. Quels sont les adjectifs conjonctifs ?

92. Qu'appelle-t-on adjectifs numéraux ?

93. Combien y a-t-il de sortes d'adjectifs numéraux ?

94. A quoi servent les adjectifs cardinaux ?

95. A quoi servent les adjectifs ordinaux ?

96. Comment forme-t-on un adjectif ordinal ?

97. Les adjectifs cardinaux sont-ils variables ou invariables ?

98. Comment s'accordent les adjectifs ordinaux ?

60e **Dictée.** (ADJECTIFS CONJONCTIFS.)

Rien de plus varié que l'aspect des côtes de France, *lesquelles* côtes présentent une longueur de deux mille cinq cent soixante kilomètres. — La planète Vénus est plus près du soleil que la terre, *laquelle* planète a ses phases comme la lune. — La choucroute se fait avec les choux cabus, *lesquels* pèsent quelquefois jusqu'à soixante-dix kilogrammes. — La pomme de terre dite patate est toute ronde, *laquelle* pomme de terre peut être blanche, jaune, rose ou violette. — Le blé appelé épeautre se bat difficilement, *lequel* blé convient surtout aux pays froids et montueux.

61e **Dictée.** (ORTHOGRAPHE USUELLE.)

Le *cyprès* est un arbre vert. — Le faisan est un *mets* exquis. — Le fermier a gagné son *procès*. — Une *haie* d'aubépine est bien jolie au printemps. — Un champ planté de cerisiers est une *cerisaie*. — Un bois de chênes est une *chênaie*. — Un bois d'aunes est une *aunaie*. — Le *genêt* des teinturiers fournit une belle couleur jaune. — Une grande *forêt* couvre la montagne. — Cet enfant connaît son *alphabet*. — L'*intérêt* de l'argent est à cinq pour cent.

62e **Dictée.** (ORTHOGRAPHE USUELLE.)

Ce *brochet* est énorme. — Le *baudet* est sobre. — Elle achètera un *rouet* pour filer. — Il fait claquer son *fouet*. — Ce *forfait* est épouvantable. — L'enfant s'amuse avec son *fouet*. — Voyez ce *balai* de bruyère. — On nous accorde un *délai*. — On débarque les marchandises sur le *quai*. — Le *minerai* de fer abonde en Franche-Comté. — Le *geai* commence à parler. — On porte le *dais* à la fête du Saint-Sacrement. — On vend cette denrée au *rabais*. — La vieille femme pliait sous le *faix*.

63e **Dictée.** (SUJET DE COMPOSITION.)

Expliquez comment on forme les adjectifs ordinaux, et donnez des exemples.

Dans quels cas emploie-t-on *mon*, *ton*, *son* au lieu de *ma*, *ta*, *sa*? donnez des exemples.

Donnez les définitions des cinq sortes d'adjectifs déterminatifs et un exemple de chacun d'eux.

99. — Tableau des principaux *adjectifs cardinaux* et *ordinaux.*

Chiffres.	Adjectifs cardinaux.	Adjectifs ordinaux.
1.	Un.	Unième ou premier.
2.	Deux.	Deuxième ou second.
3.	Trois.	Troisième.
4.	Quatre.	Quatrième.
5.	Cinq.	Cinquième.
6.	Six.	Sixième.
7.	Sept.	Septième.
8.	Huit.	Huitième.
9.	Neuf.	Neuvième.
10.	Dix.	Dixième.
11.	Onze.	Onzième.
12.	Douze.	Douzième.
13.	Treize.	Treizième.
14.	Quatorze.	Quatorzième.
15.	Quinze.	Quinzième.
16.	Seize.	Seizième.
17.	Dix-sept.	Dix-septième.
18.	Dix-huit.	Dix-huitième.
19.	Dix-neuf.	Dix-neuvième.
20.	Vingt.	Vingtième.
30.	Trente.	Trentième.
40.	Quarante.	Quarantième.
50.	Cinquante.	Cinquantième.
60.	Soixante.	Soixantième.
70.	Soixante-dix.	Soixante-dixième.
80.	Quatre-vingts.	Quatre-vingtième.
90.	Quatre-vingt-dix.	Quatre-vingt-dixième.
100.	Cent.	Centième.
200.	Deux cents.	Deux centième.
250.	Deux cent cinquante.	Deux cent cinquantième
500.	Cinq cents.	Cinq centième.
1000.	Mille.	Millième.
2000.	Deux mille.	Deux millième.
1000000.	Million.	Millionième.

Exercice 124.

L'élève copiera à plusieurs reprises le tableau qui précède.

Règle 99. — Ecrivez les adjectifs numéraux en toutes lettres. *Ecrivez :*
Il y a trois cent soixante-cinq jours par an.

Il y a 365 jours dans un an.

L'année se compose de 12 mois ; sur ces 12 mois il y en a 7 qui ont 31 jours, 4 qui ont 30 jours, et 1 qui a 28

99 Récitez le tableau des principaux adjectifs cardinaux et ordinaux.

DÉVELOPPEMENT.

Vingt et cent. — *Vingt* et *cent* prennent un *s* au pluriel, quand ils ne sont suivis d'aucun autre nombre. Ex. : quatre-*vingts* francs; trois *cents* chevaux; trois *cents* moutons.

Ils ne prennent pas d'*s* au pluriel quand ils sont suivis d'un autre nombre. Ex. : quatre-*vingt*-dix francs ; trois *cent* douze chevaux.

Mille. — *Mille* ne prend jamais d'*s*. Ex. Deux *mille*, quatre *mille*, trois *mille* huit cents.

Mille s'écrit *mil* dans la date des années. Ex. : L'an *mil* huit cent quinze.

Mille, substantif, mesure itinéraire dans certains pays, prend un *s* au pluriel. Ex. Les Anglais comptent par *milles* et nous par lieues.

64° **Dictée**. (ADJECTIFS NUMÉRAUX.)

Il y a *cent* ans, on était sous le règne de Louis XV ; il y a deux *cents* ans, sous celui de Louis XIV ; il y a trois *cents* ans, sous celui de Charles IX. — Il y a quatre *cent vingt* ans que les Turcs prirent Constantinople. — L'an *mil* quatre cent *quatre-vingt* douze, Christophe Colomb découvrit l'Amérique. — Saint Louis mourut devant Tunis l'an *mil* deux cent soixante-dix. — Un vieillard de six-*vingts* ans est un vieillard qui a cent *vingt* ans. — Quand un arbre a *quatre-vingts* ans; on peut compter *quatre-vingts* ronds sur son tronc scié en travers; quand il a *quatre vingt-dix* ans, alors on compte *quatre vingt-dix* ronds.

65ᵉ **Dictée**. (ADJECTIFS NUMÉRAUX.)

Le long des anciennes routes on avait placé des bornes qui indiquaient les demi-lieues comptées à partir de l'église Notre-Dame de Paris : Ainsi *quarante* de ces bornes mesuraient une distance de *vingt* lieues. S'il y en avait *quatre-vingts*, il fallait compter *quarante* lieues, et ainsi de suite. — Les Romains, le long des routes qu'ils construisaient, indiquaient les distances au moyen de colonnes milliaires; chaque colonne indiquait un *mille*. Par exemple, quarante colonnes échelonnées à la suite des autres mesuraient une distance de quarante *milles; cent-vingt* colonnes mesuraient une distance de *cent-vingt milles;* chacun des *milles* romains équivalait à *mille* pas d'un homme de taille moyenne.

Corrigé 124.

Il y a *trois cent soixante-cinq* jours dans un an.

L'année se compose de *douze* mois; sur ces *douze* mois, il y en a *sept* qui ont *trente et un* jours, *quatre* qui ont *trente* jours et *un* qui a *vingt-huit* jours ; ce dernier mois est février. Tous les *quatre* ans, au lieu de *vingt-huit* jours il en a *vingt-neuf.*

jours ; ce dernier mois est février. Tous les 4 ans, au lieu de 28 jours il en a 29.

1 jour se compose de 24 heures, 1 heure de 60 minutes, et une minute de 60 secondes.

Il y a en France 86 diocèses*, dont 69 sont des évêchés, et 17 des archevêchés*.

Le tabac* est cultivé dans 16 départements* français.

La France consomme 1 million et demi de tonnes* de fonte. Cette consommation est devenue 10 fois plus forte depuis 50 ans.

Il s'est écoulé 1872 ans depuis la naissance de Notre-Seigneur Jésus-Christ.

Au bout de 18 ans et 11 jours, les éclipses* de soleil et de lune reviennent aux mêmes intervalles et dans le même ordre.

Exercice 125.

Règle 99. — Ecrivez les adjectifs ordinaux en toutes lettres. *Ecrivez :* Clovis fut le *cinquième* roi de France.

Clovis fut le 5me roi de France ; Pépin le Bref, le 22me ; Charlemagne, le 23me ; Hugues Capet, le 35me ; Philippe Auguste, le 41me ; Saint Louis, le 43me ; Philippe VI de Valois, le 49me ; Charles V le sage, le 51me ; Louis XI, le 54me ; François Ier, le 57me ; Charles IX, le 60me ; Henri IV, le 62me ; Louis XIV, le 64me.

Ce fut surtout pendant le 4me siècle et le 5me que les barbares* envahirent la Gaule*.

Les croisades* commencèrent au 11me siècle.

La poudre à canon fut découverte au commencement du 14me siècle, l'imprimerie* au commencement du 15me, l'Amérique* à la fin de ce même siècle, le télégraphe aérien à la fin du 18me siècle ; les machines à vapeur, les chemins de fer et le télégraphe électrique pendant le 19me siècle.

Les 12 signes du Zodiaque* sont 12 groupes ou réunions d'étoiles que le soleil semble parcourir dans l'espace d'une année. Voici l'ordre dans lequel se succèdent ces 12 signes : Le 1er signe est le Bélier ; le 2me, le Taureau ; le 3me, les Gémeaux ; le 4me, l'Ecrevisse ou le Cancer ; le 5me, le Lion ; le 6me, la Vierge ; le 7me, la Balance ; le 8me, le Scorpion ; le 9me, le Sagittaire ; le 10me, le Capricorne ; le 11me, le Verseau ; et le 12me, les Poissons.

La Lune nous présente, dans l'espace d'un mois, divers changements de forme qui constituent ce que l'on appelle ses phases. La 1re phase est la pleine lune ; la 2me, qui survient vers le 7me jour après la pleine lune, s'appelle le dernier quartier ; la 3me, qui arrive tantôt le 14me jour et tantôt le 15me après la pleine lune est la nouvelle lune ; enfin la 4me phase, que l'on nomme le 1er quartier, a lieu vers le 22e jour, à partir de la pleine lune.

Un jour se compose de *vingt-quatre* heures, *une* heure de *soixante* minutes et *une* minute de *soixante* secondes.

Il y a en France *quatre-vingt-six* diocèses, dont *soixante-neuf* sont des évêchés, et *dix-sept* des archevêchés.

Le tabac est cultivé dans *seize* départements français.

La France consomme *un* million et demi de tonnes de fonte. Cette consommation est devenue *dix fois* plus forte depuis *cinquante* ans.

Il s'est écoulé *mille huit cent soixante-dix* ans depuis la naissance de Notre Seigneur Jésus-Christ.

Au bout de *dix-huit* ans et *onze* jours, les éclipses de soleil **et de** lune reviennent aux mêmes intervalles et dans le même ordre.

Corrigé 125.

Clovis fut le *cinquième* roi de France ; Pépin le Bref, le *vingt-deuxième* ; Charlemagne, le *vingt-troisième* ; Hugues Capet, le *trente-cinquième* ; Philippe-Auguste, le *quarante-unième* ; saint Louis, le *quarante-troisième* ; Philippe VI de Valois, le *quarante-neuvième* ; Charles V le Sage, le *cinquante-unième* ; Louis XI, le *cinquante-quatrième* ; François Ier, le *cinquante-septième* ; Charles IX, le *soixantième* ; Henri IV, le *soixante-deuxième* ; Louis XIV, le *soixante-quatrième*.

Ce fut surtout pendant le *quatrième* siècle et le *cinquième* que les barbares envahirent la Gaule.

Les Croisades commencèrent au *onzième* siècle.

La poudre à canon fut découverte au commencement du *quatorzième* siècle, l'imprimerie au commencement du *quinzième*, l'Amérique à la fin de ce même siècle, le télégraphe aérien à la fin du *dix-huitième* siècle ; les machines à vapeur, le chemin de fer et le télégraphe électrique pendant le *dix-neuvième* siècle.

Les *douze* signes du Zodiaque sont *douze* groupes ou réunions d'étoiles que le soleil semble parcourir dans l'espace d'une année. Voici l'ordre dans lequel se succèdent ces *douze* signes : Le *premier* signe est le Bélier ; le *deuxième*, le Taureau ; le *troisième*, les Gémeaux ; le *quatrième*, l'Écrevisse ou le Cancer ; le *cinquième*, le Lion ; le *sixième*, la Vierge ; le *septième*, la Balance ; le *huitième*, le Scorpion ; le *neuvième*, le Sagittaire ; le *dixième*, le Capricorne ; le *onzième*, le Verseau ; le *douzième*, les Poissons.

La lune nous présente, dans l'espace d'un mois, divers changements de forme qui constituent ce que l'on appelle ses phases. La *première* phase est la pleine lune ; la *deuxième*, qui survient vers le *septième* jour après la pleine lune, s'appelle le dernier quartier ; la *troisième*, qui arrive tantôt le *quatorzième* jour et tantôt le *quinzième* après la pleine lune, est la nouvelle lune ; enfin la *quatrième* phase, que l'on nomme le *premier* quartier, a lieu vers le *vingt-deuxième* jour à partir de la pleine lune.

Adjectifs indéfinis.

100. — On appelle adjectifs *indéfinis* ceux qu
désignont vaguement les personnes ou les choses.

Ex. : *Tout* homme est mortel ;
Certain renard vit des raisins ;
Chaque métier a ses disgrâces.

101. — Les adjectifs indéfinis sont :

Masculin.	*Féminin.*	*Des **deux** genres.*
Aucun.	Aucune.	Autre.
Certain.	Certaine.	Chaque.
Maint .	Mainte.	Même.
Nul.	Nulle.	Plusieurs.
Quel.	Quelle.	Quelque.
Tel.	Telle.	Quelconque.
Tout.	Toute.	
Un.	Une.	

102. — REMARQUE. *Tout* s'écrit *tous* au masculin pluriel. Les autres adjectifs indéfinis prennent **s** au pluriel.

103. — REMARQUE. **Quel** s'emploie souvent pour interroger. On dit alors qu'il est adjectif interrogatif. Ex. : *Quels* livres lisez-vous?

Exercice 126.

Régle 101. — Remplacez les points par l'adjectif au féminin. ***Ecrivez***
Aucun chemin, *aucune* route.

Aucun chemin, ... route. — Le *même* logis, la ... maison.
Nul pays, ... contrée. — L'*autre* jour, l'... nuit.
Certain puits, ... fontaine. — *Nul* arbre, ... herbe.
Tel homme, ... femme. — *Aucun* métal, ... pierre.
Quel entêtement,...obstination! — *Tel* individu, ... personne.
Chaque usage, ... coutume. — *Certain* loup, ... louve.
Un objet *quelconque*, ... chose... — *Tout* chien,... chienne.

Exercice 127.

Mettez au pluriel. ***Ecrivez*** : Quelque désagrément, *quelques* désagréments.

Quelque désagré- — Un végétal quelcon- — Quelque défaut.
Maint animal. [ment — Tel fumier. [que. — Quelle pomme ?
Quelle sottise ! — Quelque chose. — Certaine personne.
Toute la plante. — L'autre village. — Mainte plante.
La même parole. — Le même vêtement. — Telle rivière.
Certain champ. — Toute la province*. — Tout ruisseau.

---

100. Qu'appelle-t-on adjectifs indéfinis ?

101. Quels sont les adjectifs indéfinis ?

102. Comment forme-t-on le pluriel de *tout* ?

103. Quand *quel* est-il considéré comme adjectif interrogatif ?

66e **Dictée.** (ADJECTIFS INDÉFINIS.)

Aucune élévation de terre en Europe n'atteint cent mille mètres. — *Certaines* manufactures font venir de loin la matière première. — *Maint* espace sur la terre est couvert de joncs, de bruyères, de ronces, de broussailles improductives. — Réformez *maintes* habitudes vicieuses. — *Nulle* île n'est grande comme l'Europe. — *Quelle* fertilité dans les pays chauds ! — *Tout* homme est mortel. — *Tous* les animaux sont plus ou moins soumis à l'homme. — *Toute* la France renferme plus de trente millions d'habitants. — *Toutes* les plantes composant nos prairies artificielles appartiennent à la famille du pois. — Les vaisseaux des anciens n'avaient pas les *mêmes* dimensions que les nôtres.

67e **Dictée.** (ORTHOGRAPHE USUELLE.)

L'agriculture est l'*art* le plus utile. — Les trois couleurs de l'*étendard* tricolore sont le bleu, le blanc et le rouge. — Le *montagnard* est petit, mais robuste. — La *hart* est un lien d'osier. — Le *rempart* a plus de dix mètres de hauteur. — Le *boulevard* est planté de beaux arbres. — Le *renard* est un animal très-rusé. — L'*are* est un carré dont le côté a dix mètres. — On a construit à cette station une *gare* en bois. — Le *canard* barbote dans la *mare*. — Un *catarrhe* fait beaucoup souffrir. — Le *lézard* gris aime à se chauffer au soleil. — Le *liard* valait le quart du sou.

Corrigé 126.

L'élève écrira tout au long : *Aucun* chemin, *aucune* route.

— *aucune* route.	— la *même* maison.
— *nulle* contrée.	— l'*autre* nuit.
— *certaine* fontaine.	— *nulle* herbe.
— *telle* femme.	— *aucune* pierre.
— *quelle* obstination !	— *telle* personne.
— *chaque* coutume.	— *certaine* louve.
— une chose *quelconque*.	— *toute* chienne.

Corrigé 127.

L'élève écrira tout au long : Quelque désagrément, *quelques* désagréments.

— quelques désagréments.	— les autres villages.
— maints animaux.	— les mêmes vêtements.
— quelles sottises !	— toutes les provinces *.
— toutes les plantes.	— quelques défauts.
— les mêmes paroles.	— quelles pommes?
— certains champs.	— certaines personnes.
— des végétaux quelconques.	— maintes plantes.
— tels fumiers.	— telles rivières.
— quelques choses.	— tous ruisseaux.

3.

Analyse des adjectifs déterminatifs.

104. — Pour analyser un adjectif déterminatif on en indique l'espèce, le genre et le nombre en ajoutant quel nom il détermine.

Ex.: Ces *chevaux*.

Ces, adjectif démonstratif, masculin pluriel, détermine chevaux.

Chevaux, nom commun, masculin pluriel.

Huit hommes.

Huit, adjectif numéral cardinal, masculin pluriel, détermine *hommes*.

Hommes, nom commun, masculin pluriel.

Exercice 128.

Analysez :

Mes, — huit, — cet, —notre, — plusieurs, — quelques, — nos, — cette, — quarantième, — aucune, — ses, — leurs, — ton, — ces, — vos, —première, — mes, — lesquelles, — ces, — ce, — maintes, — chaque, — mon, — cent, — votre, — tous, — votre, — toutes, — quelconque, — laquelle.

Exercice 129.

Analysez (règle 104) :

Ce bateau. — Votre cheval. — Cette charrue. — Aucun homme. — Vos appartements. — Quatre soldats. — Cinquième rang. —Ces montagnes. — Leurs habits. — Ta maison. — Notre mère. — Trois chevaux. — La sixième rue. — Tous les animaux. — Chaque personne. — Plusieurs jours. — Vingtième année. — Ses propriétés.

Exercices lexicologiques. 130.

Répondez au moyen du dictionnaire aux questions suivantes.

1º. — Qu'est-ce que : Paris, Bordeaux, Bar-le-Duc, Clermont, Sedan, Mulhouse, le Périgord, la Bourgogne ?

2º. — Qu'est-ce que : une épitaphe, une houlette, une hallebarde, une harpe, une truffe, du tabac, une tonne, une éclipse, un département, un hêtre, une étoile, un astre ?

3º. — Qu'est-ce que : un diocèse, un évêché, un archevêché ?

Que signifient : pittoresque, gigantesque, inhospitalier ?

---

104. Comment analyse-t-on un adjectif déterminatif ?

68e **Dictée**. (ORTHOGRAPHE USUELLE.)

L'air est un gaz. — *L'éclair* précède le *tonnerre.* — La *chair* du poisson est plus délicate que nourrissante. — On achète les drogues chez l'*apothicaire.* — On a un nouveau *vicaire.* — Contez-moi votre affaire. — On ira chercher le *notaire.* — Je passerai chez le *libraire.* — On dégraisse les étoffes avec la *saponaire.* — Le *fer* de Suède est de très-bonne qualité. — J'ai vu l'incendie du haut du *belvédère.* — *L'éther* respiré rend insensible. — Nous voilà en pleine *mer.* — La larve du hanneton ressemble à un *ver* gros et court. —L'avocat a envoyé son *clerc.*

69e **Dictée**. (*Même sujet.*)

L'atmosphère est transparente aujourd'hui. — On a mis un *paratonnerre* sur le toit de la maison. — La *guerre* est le pire des maux. — On se sert d'une *équerre* pour dessiner. — Le sabre des Turcs s'appelle un *cimeterre.* — Dieu récompense celui qui donne au pauvre un *verre* d'eau. — La bouche d'un volcan s'appelle un *cratère.* — La *primevère* fleurit au commencement du printemps. — Voici l'*envers* de cette étoffe et voici l'endroit. — Il y a chez le plus grand poëte plus d'un *vers* défectueux. — L'*Univers* nous semble infini.

70e **Dictée**. (SUJET DE COMPOSITION.)

LES PIGEONS VOYAGEURS.

Les pigeons de passage de l'Amérique septentrionale ont de tout temps présenté un spectacle plus curieux encore que celui de nos hirondelles. Ces pigeons se montrent quelquefois en troupes si immenses, que leur nombre dépasse tout ce que l'on pourrait imaginer. On les a *vus* formant une colonne serrée dont la largueur était de plus d'un kilomètre, et dont la longueur dépassait dix ou douze kilomètres. Un naturaliste a évalué à plus de deux millions le nombre des individus dont était composée une bande qu'il a vue passer à Indiana.

71e **Dictée**. (*Suite.*)

Un autre a rapporté avoir aperçu de ces pigeons en nombre incommensurable, se dirigeant du nord-ouest au sud-est. L'atmosphère, dit-il, était tellement remplie de ces oiseaux, que la lumière du soleil de midi en était obscurcie et que la fiente tombait drue comme des flocons de neige. Avant le coucher du soleil, poursuit le narrateur, mes amis et moi, nous étions arrivés à Louisville, située à une distance de cinquante-cinq milles de notre point de départ, et les pigeons passaient toujours en rangs aussi serrés. Le défilé de cette immense colonne dura trois jours encore, et pendant ce temps toute la population du pays était en armes, occupée à en faire la chasse.

CHAPITRE IV

DU PRONOM.

105. -- On appelle pronom tout mot qui tient a place d'un nom.

Au lieu de dire : Etienne ne lit pas, Etienne ne travaille pas, Etienne joue toujours, -- on dit plutôt : Etienne ne lit pas, il ne travaille pas, il joue toujours. Le mot **il**, qui tient la place de *Etienne*, est un pronom.

106. -- Il y a six sortes de pronoms : les *pronoms personnels*, les *pronoms démonstratifs*, les *pronoms possessifs*, les *pronoms relatifs*, les *pronoms interrogatifs* et les *pronoms indéfinis*.

Pronoms personnels.

107. -- On appelle *pronoms personnels* ceux qui indiquent plus particulièrement les *trois personnes*.

108. -- La première personne est celle qui parle : *Je* pense, *nous* pensons ;

La deuxième personne est celle à qui l'on parle : *tu* penses, *vous* pensez ;

La troisième personne est celle de qui l'on parle : *il* pense, *elles* pensent.

109. Les pronoms personnels sont :

Première personne : Je, me, moi, nous.
Deuxième personne : Tu, te, toi, vous.
Troisième personne : Il, elle, ils, elles.
Le, la, les, lui, leur.
Se, soi (1).
En, y.

(1) *Se, soi* sont souvent appelés pronoms réfléchis.

---

105. Qu'appelle-t on pronom ?
106. Combien y a-t-il de sortes de pronoms ?
107. Qu'appelle-t-on pronom per-

sonnel ?
108. Combien y a-t-il de personnes ?
109. Quels sont les pronoms personnels ?

DÉVELOPPEMENT.

Le Maître s'attachera à bien faire comprendre aux élèves la signification du mot *personne*, employé comme terme de grammaire. Ce mot signifie proprement un *rôle* comme celui d'un acteur. *Personne* vient du mot latin *persona* qui veut dire *masque*. Du sens de *masque* ce mot est passé peu à peu à celui de *rôle*, parce qu'autrefois les acteurs avaient toujours un masque sur le visage en jouant leur rôle.

72ᵉ **Dictée**. (ORTHOGRAPHE USUELLE.)

Le malade a pris un *bain*. — Le chasseur a tué un *daim*. — Qui lève *la main*? — J'ai bien *faim*. — Avez-vous vu le petit *nain*? — C'est un *Européen*. — On a fait une bonne coupe de *regain*. — Il faudra construire cette *cloison* en *parpaing*. — Il faut serrer le *frein* de cette voiture. — Cet homme est un *paroissien*. — Je recueille un *essaim* d'abeilles. — Voilà une *cuiller* en *étain*. — Quel joli *dessin*. — Le *souverain* a revêtu cet acte de son *seing*. — On a fait du *boudin*. — La lune est sur son *déclin*. — Nous avons planté du *thym*. — Voilà un *sapin* magnifique. — J'aime l'odeur du *romarin*. — Le *serin* chante bien. — Le *plantain* était réputé bon pour les yeux. — On aperçoit de la fumée dans le *lointain*.

73ᵉ **Dictée**. (*Même sujet.*)

L'*ouragan* a été terrible. — Les soldats ont levé le *camp*. — Le *paon* étalait sa queue en éventail. — Le *paysan* est heureux dans sa chaumière. — On appelle *tan* l'écorce du chêne moulue. — On allume des feux de joie la veille de la Saint-*Jean*. — Le vieillard était assis sur le *banc*. — On a vidé l'*étang*. — Cet objet coûte un *franc*. — Dès le *temps* d'Homère, on se servait d'un *van* pour nettoyer le blé. — Je mangeai un *hareng* frais. — Le soldat ne doit pas quitter son *rang*. — Nous avons dans le corps du *sang* rouge et du *sang* noir. — L'*orang-outang* est un des plus grands singes qui existent.

74ᵉ **Dictée**. (*Ce* ET *se*.)

A qui appartient *ce* champ? — Paul *se* brûle. — Mon frère *se* trompe. — *Ce* blé est magnifique. — Il *se* donnera la peine de raccommoder *ce* violon. — *Ce* fermier *se* flatte de faire une récolte abondante. — L'écolier *se* promet de bien *se* promener les jours de congé. — Si tu me prêtes *ce* livre, tu me feras bien plaisir. — Racontez-moi *ce* que vous avez vu à la foire. — *Ce* sont les terres à blé qui produisent l'yèble *. — Mon fils *se* nuira beaucoup par son étourderie; c'est *ce* qui me chagrine.

110. — **Règle des pronoms personnels.** —
Les pronoms personnels *il, elle, ils, elles, le, la, les,
lui, eux, leur* doivent toujours être du même genre
et du même nombre que le nom dont ils tiennent la
place.

Ainsi, en parlant de *la tête,* dites : **elle** me fait
mal. **Elle,** parce que *tête* est du féminin singulier.

En parlant de plusieurs *jardins,* dites : **ils** sont
beaux. **Ils,** parce que *jardins* est du masculin pluriel.

111. — PREMIÈRE REMARQUE. *Le, la, les* sont
tantôt *articles* (voir § 43) et tantôt *pronoms.*

Le, la, les sont articles quand il sont placés devant un nom.

Ex. : *Le* soleil, *la* lune, *les* étoiles.

Le, la, les sont pronoms quand ils sont placés devant un verbe. Ils équivalent alors à *lui, elle, eux,
elles.*

Ex. : Je *le* connais, c'est-à-dire je connais *lui.*

Je *la* connais, c'est-à-dire je connais *elle.*

112. — DEUXIÈME REMARQUE. *Me, te, nous, vous,
se* ont deux significations différentes :-

Tantôt ils sont mis pour *moi, toi, nous, vous, lui*
ou *eux.*

Ex.: Le maître *me* regarde, c'est-à-dire regarde *moi.*

Le maître *te* regarde, c'est-à-dire regarde *toi.*

Tantôt ils sont mis pour *à moi, à toi, à nous, à
vous, à lui, à eux.*

Ex. : Le maître *me* donne, c'est-à-dire donne *à moi.*

Le maître *te* donne, c'est-à-dire donne *à toi.*

113. — TROISIÈME REMARQUE. *Lui, leur,* signifient *à lui, à elle, à eux, à elles.*

Ex. : Je *leur* dirai, c'est-à-dire je dirai *à eux, à
elles.*

---

110. Comment s'accordent les pronoms personnels?

111. Comment distinguez-vous *le, la, les,* pronoms, de *le, la, les,* articles ?

112. Quelles sont les deux significations de *me, te, nous, vous, se* ?

113. Quelle est la signification de *lui, leur* ?

75e **Dictée.** (LE, LA, LES.)

Le Maître dictera le devoir suivant; l'élève le recopiera en indiquant chaque fois si *le, la, les* est article ou pronom.

Les (*art.*) poissons nagent dans *les* (*art.*) eaux ; *le* (*art.*) pêcheur *es* (*pr.*) attrape. — *La* (*art.*) poule a pondu ; on ne *la* (*pr.*) tuera *pas.* — *Le* (*art.*) lierre s'attache à *l'*(*art.*) arbre ; il *l'*(*pr.*) enveloppe de toutes parts. — *L'*(*art.*) abeille visite *les* (*art.*) fleurs, elle *les* (*pr.*) dépouille de leur nectar. — En taillant *la* (*art.*) vigne, on *la* (*pr.*) rend plus féconde. — On a labouré *le* (*art.*) champ, puis on *l'*(*pr.*) ensemencé. — On reconstruira *la* (*art.*) maison et on *la* (*pr.*) couvrira en ardoise. — *La* (*art.*) mer entoure *l'*(*art.*) Angleterre ; elle *a* (*pr.*) préserve du froid.

76e **Dictée.** (*Même sujet.*)

L'(*art.*) île de Madère, quand on *l'*(*pr.*) a découverte, était remplie de forêts ; on *les* (*pr.*) incendia et *l'*(*art.*) incendie dura plus de sept ans. De *là* (*adv.*), assure-t-on, *la* (*art.*) qualité exceptionnelle du vin de Madère. — *Les* (*art.*) landes de Gascogne sont couvertes de pins qu'on planta il y a une quarantaine d'années pour arrêter *l'*(*art.*) invasion des sables.

77e **Dictée.** (PRONOMS PERSONNELS.)

Le Maître dictera le devoir suivant; l'élève le recopiera en indiquant chaque fois la signification de *me, te, nous, vous, se, lui, leur.*

Le voisin *me* conseille (*à moi*) de planter des asperges. — Je *te* remercie (*toi*) de ton cadeau. — Ma fille *m'*a écrit (*à moi*), je *lui* ai répondu (*à elle*) aussitôt. — On *nous* engage (*nous*) à bien travailler. — Les chevaux ont beaucoup travaillé ; on *leur* donnera (*à eux*) de l'avoine. — Les rats *se* glissent (*eux*) dans le grenier. — Les sauterelles *s'*abattent (*elles*) sur la prairie. — Il y avait des nègres esclaves aux Antilles ; on *leur* a donné (*à eux*) la liberté. — Je *vous* dirai (*à vous*) quand il y aura éclipse de lune. — Je *te* recommande (*à toi*) la promenade. — Quand on attaquera la patrie, vous *me* verrez (*moi*) la défendre.

78e **Dictée.** (ORTHOGRAPHE USUELLE.)

L'enfant tient un *bonbon.* — Le *plomb* est lourd. — Chaque homme a un *nom* et un *prénom.* — Le tigre s'élance d'un seul *bond* sur sa proie. — Le *bourgeon* du peuplier sert à faire un onguent. — L'*ajonc* est un bon fourrage pour les chevaux. — Voilà une belle natte en *jonc.* — C'est un excellent *fonds* de terre. — Il a tenu l'enfant sur les *fonts* baptismaux. — Un *gond* de la porte est descellé. — Beaucoup de sauvages ont le *front* fuyant. — Ce *tronc* d'arbre est pourri.

114. — QUATRIÈME REMARQUE. *En* signifie *de lui, d'elle, d'eux, d'elles, de cela.* Ainsi en parlant du vin on dira: j'*en* bois, c'est-à-dire je bois *de cela.*

115. — CINQUIÈME REMARQUE. *Y* signifie *à lui, à elle, à eux, à elles, à cela.*

Ex.: Je connais ces orphelines, je m'*y* intéresse, c'est-à-dire je m'intéresse *à elles.*

Exercice 131.

Règle 109. — Mettez au pluriel le second pronom de chaque phrase. *Écrivez* : Je l'aime, je *les* aime.

Je *l'*aime.	Je *lui* obéis.	Elle *le* craint.
Nous *la* connaissons.	Tu *la* grondes.	Vous *lui* montrez.
Tu *me* parles.	Elle *m'*annonce.	Nous *la* lisons.
Il *lui* dit.	Nous *lui* envoyons.	Il *la* frappe.
Nous *te* voyons.	Vous *lui* conseillez.	Tu *lui* défends.
Ils *le* regardent.	Ils *la* trouvent.	Je *te* commande.

Exercice 132.

Règle 109. — Mettez au singulier le second pronom de chaque phrase. *Écrivez* : Je vous aperçois, je *t'*aperçois.

Je *vous* aperçois.	Nous *les* cultivons.	Ils *nous* racontent.
Tu *les* cueilles.	Vous *les* mangez.	Je *vous* déclare.
Elle *nous* invite.	Ils *nous* croient.	Tu *les* blâmes.
Nous *vous* prions.	Vous *leur* persuadez	Vous *nous* instruirez
Vous *leur* promettez.	Tu *les* méprises.	Elles *vous* dirigeront
Il *les* frappait.	Je *vous* bénis.	Il *leur* pardonnera.

Exercice 133.

Règles 111-115. — Expliquez le sens du second pronom. *Écrivez* : Je *lui* donne du pain, c'est-à-dire je donne du pain *à lui.*

Je *lui* donne du pain.	Tu *leur* conseilleras.
Tu *les* connais.	As-tu des fruits ? J'*en* ai.
Il *la* réprimande.	J'*en* conviens.
Nous *lui* adressons la parole.	J'ai perdu ma mère : j'*y* pense toujours.
Vous *leur* répondez.	
Il *me* grondera.	Je *lui* écris et j'*en* reçois des nouvelles.
Tu *m'*obéiras.	
Il *leur* déplaisait.	Quand je *les* vis, je *leur* sautai
Vous *me* désespérez.	Je *vous* pardonne. [au cou.

---

114. Que signifie *en ?*　　　115. Que signifie *y* ?

79e Dictée. (SUJET DE COMPOSITION.)

Quelles sont les différentes manières d'écrire *mille*? donnez des exemples.

Quelles sont les différentes manières d'écrire *vingt et cent*? donnez des exemples.

Expliquez comment se forment les adjectifs ordinaux. Donnez des exemples.

Quelles sont les différentes significations de *le, la, les, me, te, nous, vous, se, lui, leur*? donnez des exemples.

Définissez le nom, l'article, l'adjectif qualificatif, l'adjectif déterminatif et le pronom.

Corrigé 131.

L'élève écrira tout au long : Je l'aime, je *les* aime.

— je *les* aime.
— nous *les* connaissons.
— tu *leur* parles.
— il *leur* dit.
— nous *vous* voyons.
— ils *les* regardent.
— je *leur* obéis.
— tu *les* grondes.
— elle *vous* annonce.

— nous *leur* envoyons.
— vous *leur* conseillez.
— ils *les* trouvent.
— elle *les* craint.
— vous *leur* montrez.
— nous *les* lisons.
— il *les* frappe.
— tu *leur* défends.
— je *vous* commande.

Corrigé 132.

L'élève écrira tout au long : Je vous aperçois, je *t'*aperçois.

Je *t'*aperçois.
Tu *le* cueilles.
Elle *m'*invite.
Nous *le* prions.
Vous *lui* promettez.
Il *le* frappait.

Nous *le* cultivons.
Vous *le* mangez.
Ils *me* croient.
Vous *lui* persuadez.
Tu *le* méprises.
Je *le* bénis.

Ils *me* racontent.
Je *te* déclare.
Tu *la* blâmes.
Vous *m'*instruirez.
Elles *te* dirigeront.
Il *lui* pardonnera.

Corrigé 133.

L'élève écrira tout au long : Je lui donne du pain, c'est-à-dire je donne du pain à *lui*.

— je donne du pain à *lui*.
— tu connais *eux*.
— il réprimande *elle*.
— nous adressons la parole à *lui*.
— vous répondez à *eux*.
— il grondera *moi*.
— tu obéiras à *moi*.
— il déplairait à *eux*.
— vous désespérez *moi*.
— tu conseilles *eux*.

— as-tu des fruits? J'ai *de cela*.
— je conviens *de cela*.
— j'ai perdu ma mère; je pense toujours à *elle*.
— j'écris à *lui* et je reçois des nouvelles *de lui*.
— quand je vis *eux*, je sautai au cou *d'eux*.
— je pardonne à *vous*.

Pronoms démonstratifs.

116. — On appelle pronoms *démonstratifs* ceux qui servent à montrer les personnes ou les choses.

117. — Les pronoms *démonstratifs* sont :

SINGULIER.		PLURIEL.	
Masculin.	*Féminin.*	*Masculin.*	*Féminin.*
Celui.	Celle.	Ceux.	Celles.
Celui-ci.	Celle-ci.	Ceux-ci.	Celles-ci.
Celui-là.	Celle-là.	Ceux-là.	Celles-là.
Ce.			
Ceci.			
Cela.			

118. — PREMIÈRE REMARQUE. *Celui-ci, celle-ci, ceci, ceux-ci, celles-ci,* désignent les personnes ou les choses les plus rapprochées.

Celui-là, celle-là, cela, ceux-là, celles-là, désignent les personnes ou les choses les plus éloignées.

119. — DEUXIÈME REMARQUE. Il ne faut pas confondre *ce* démonstratif avec *se* pronom personnel.

Ce démonstratif s'écrit avec un *c* et sert à montrer : Ex. : *Ce* moulin que vous apercevez ; voilà *ce* qui me chagrine.

Se pronom personnel s'écrit avec un *s* et signifie *soi, lui, elle, eux, elles, à soi, à lui, à elle, à eux, à elles.* Ex. :

Il *se* flatte, c'est-à-dire il flatte *soi* ;
Il *se* nuit, c'est-à-dire il nuit *à soi.*

Exercice 134.

Règle 119. — Choisissez entre *ce* et *se. Ecrivez : ce* moulin que vous apercevez est à moi.

(*Ce, se*) moulin que vous apercevez est à moi.
Regarde (*ce, se*) livre.
Les maladroits (*ce, se*) blessent souvent.
A la ville, on (*ce, se*) couche tard et on (*ce, se*) lève tard.
Les enfants (*ce, se*) plaignent souvent à tort.

---

116. Qu'appelle-t-on pronoms démonstratifs ?
117. Quels sont les pronoms démonstratifs ?

118. Que désignent *celui ci, celle-ci, celui-là, celle-là ?*
119. Que remarque-t-on sur *ce* démonstratif et *se* pronom personnel?

80e Dictée. (*Ce, se.*)

La dictée faite, l'élève indiquera si *ce, se* est démonstratif ou pronom personnel.

Ce chien *se* sauve quand on l'appelle. — Le Rhône *se* jette dans la mer Méditerranée ; le cours de *ce* fleuve est très-rapide. — *Se* douterait-on qu'à une certaine époque presque tout le sol de la France était sous l'eau ? *Ce* fait a été prouvé par les géologues. — *Ce* cultivateur nourrit beaucoup de bestiaux, grâce à ses prairies artificielles. — Le cresson *se* cueille avant qu'il soit en fleurs. — Le blé *se* sème en automne et au printemps. — *Ce* chêne gigantesque a commencé par n'être qu'un gland. — Le melon *se* cultive sur couche. — Le chou *se* repique quand il a acquis une certaine force. — *Ce* volcan ne vomit plus de flammes. — Le cultivateur *se* repose à midi pendant l'été. — Le garde *se* promène dans la forêt. — *Ce* lézard *se* loge dans *ce* trou.

81o Dictée. (ORTHOGRAPHE USUELLE.)

Je trouve délicieuse l'odeur du *sainfoin*. — Les enfants jouent dans un *coin* de l'appartement. — Il nous montre le *poing*. — Achète du vieux *oing*. — Voici le maire et son *adjoint*. — Cette affaire nous donnera du *tintouin*. — Le *pingouin* est un oiseau qui a l'air de marcher droit comme l'homme. — Voilà le dîner cuit à *point*. — On n'entend pas le *baragouin* de cet étranger. — On passera un clou dans le *groin* du porc. — Aimes-tu le *parfum* de la rose ?

82e Dictée. (ORTHOGRAPHE USUELLE.)

Il est à jouer depuis ce *matin*. — On emploie l'*alun* dans la teinture. — Il contracte un *emprunt*. — Tu vois le portrait du *défunt*. — Venez, vous me ferez *plaisir*. — Saint Étienne fut le premier *martyr* ; il subit le *martyre* à Jérusalem. — La *myrrhe* est une résine odorante. — Cette femme a un beau *cachemire*. — Une *lyre* est un instrument de musique. — Un *vampire* est une chauve-souris d'Amérique qui suce le sang des hommes endormis.

Corrigé 134.

L'élève indiquera si *ce, se* est démonstratif ou pronom personnel.

Ce (*dém.*) moulin que vous apercevez est à moi.
Regarde *ce* (*dém.*) livre.
Les maladroits *se* (*pr. pers.*) blessent souvent.
A la ville, on *se* (*pr. pers.*) couche tard et on *se* (*pr. pers.*) lève tard.
Les enfants *se* (*pr. pers.*) plaignent souvent à tort.

Les racines de garance (*ce*, *se*) récoltent tous les deux ans.

Le blé (*ce*, *se*) sème en automne ou au printemps.

Le travail et l'exercice voilà (*ce*, *se*) qui forme un bon tempérament.

Des murs élevés entourent (*ce*, *se*) jardin.

(*Ce*, *se*) cimetière est-il à une distance suffisante des habitations ?

Le frère et la sœur (*ce*, *se*) sont perdus dans la forêt.

Les jardiniers (*ce*, *se*) sont faussement persuadé que la lune rousse détruit les jeunes bourgeons.

L'enfant tomba d'un arbre et (*ce*, *se*) cassa la jambe.

Le coq réveille les gens de la ferme qui (*ce*, *se*) lèvent de bonne heure.

On (*ce*, *se*) repose avec délices quand on a bien travaillé.

Exercice 135.

Remplacez les points par le pronom démonstratif convenable. *Écrivez* : Ces champs sont *ceux* que j'ai achetés l'année dernière.

Ces champs sont ... que j'ai achetés l'année dernière.

Cette prairie est ... qui m'a rapporté tant de foin.

Ces pommes de terre sont ... que je crois les meilleures.

Les vins de Bourgogne sont ... que je préfère.

En France, les prairies de la Flandre* et de la Normandie* sont ... qui nourrissent le plus de bestiaux.

Le marbre et la craie sont de même nature, mais ... est beaucoup moins dure que ...

Je préfère le chien au chat, ... est bien plus fidèle que ...

L'Afrique est plus grande que l'Europe, mais ... est plus civilisée que ...

Si nous comparons les chevaux et les ânes, nous ne trouverons pas ... trop inférieurs à ...

De ces deux fermiers, ... qui fumera le mieux ses terres, sera ... qui récoltera davantage.

De toutes les régions agricoles de la France, la Limagne* est une de ... que l'on place au premier rang.

Les personnes les plus ennuyeuses sont souvent ... qui s'ennuient le plus des autres.

Ces raisins sont ... dont je vous ai parlé.

Les fers de Suède sont ... qu'on regarde comme les meilleurs.

Les petites huîtres vertes sont ... que je préfère.

La houille grasse est ... que préfèrent les maréchaux et les forgerons.

Les petits moutons de Présalé sont ... qui sont les plus estimés.

Les racines de garance *se* (*pr. pers.*) récoltent tous les deux ans.

Le blé *se* (*pr. pers.*) sème en automne ou au printemps.

Le travail et l'exercice, voilà *ce* (*dém.*) qui forme un bon tempérament.

Des murs élevés entourent *ce* (*dém.*) jardin.

Ce (*dém.*) cimetière est-il à une distance suffisante des habitations ?

Le frère et la sœur *se* (*pr. pers.*) sont perdus dans la forêt.

Les jardiniers *se* (*pr. pers.*) sont faussement persuadés que la lune rousse détruit les jeunes bourgeons.

L'enfant tomba d'un arbre et *se* (*pr. pers.*) cassa la jambe.

Le coq réveille les gens de la ferme qui *se* (*pr. pers.*) lèvent de bonne heure.

On *se* (*pr. pers.*) repose avec délices quand on a bien travaillé.

Corrigé 135.

Ces champs sont *ceux* que j'ai achetés l'année dernière.

Cette prairie est *celle* qui m'a rapporté tant de foin.

Ces pommes de terre sont *celles* que je crois les meilleures.

Les vins de Bourgogne sont *ceux* que je préfère.

En France, les prairies de la Flandre* et de la Normandie* sont *celles* qui nourrissent le plus de bestiaux.

Le marbre et la craie sont de même nature, mais *celle-ci* est beaucoup moins dure que *celui-là*.

Je préfère le chien au chat, *celui-là* est bien plus fidèle que *celui-ci*.

L'Afrique est plus grande que l'Europe, mais *celle-ci* est plus civilisée que *celle-là*.

Si nous comparons les chevaux et les ânes, nous ne trouverons pas *ceux-ci* trop inférieurs à *ceux-là*.

De ces deux fermiers, *celui* qui fumera le mieux ses terres sera *celui* qui récoltera davantage.

De toutes les régions agricoles de la France, la Limagne* est une de *celles* que l'on place au premier rang.

Les personnes les plus ennuyeuses sont souvent *celles* qui s'ennuient le plus des autres.

Ces raisins sont *ceux* dont je vous ai parlé.

Les fers de Suède sont *ceux* qu'on regarde comme les meilleurs.

Les petites huîtres vertes sont *celles* que je préfère.

La houille grasse est *celle* que préfèrent les maréchaux et les forgerons.

Les petits moutons de pré-salé sont *ceux* qui sont les plus estimés.

Pronoms possessifs.

120. — On appelle *pronoms possessifs* ceux qui marquent la possession. Ex. : Ce champ est *le mien ;* cette maison est *la tienne.*

121. — Les pronoms possessifs sont :

SINGULIER.		PLURIEL.	
Masculin.	*Féminin.*	*Masculin.*	*Féminin.*
Le mien.	La mienne.	Les miens.	Les miennes.
Le tien.	La tienne.	Les tiens.	Les tiennes.
Le sien.	La sienne.	Les siens.	Les siennes.
Le nôtre.	La nôtre.	Les nôtres.	Les nôtres.
Le vôtre.	La vôtre.	Les vôtres.	Les vôtres.
Le leur.	La leur.	Les leurs.	Les leurs.

122. — PREMIÈRE REMARQUE. Les pronoms possessifs sont toujours précédés de l'article; c'est ce qui les distingue des adjectifs possessifs.

123. — DEUXIÈME REMARQUE. Les pronoms possessifs *le nôtre, le vôtre,* s'écrivent avec un accent circonflexe sur l'*ô.* Ce jardin est *le nôtre,* cette maison est *la vôtre.* Les adjectifs possessifs *notre, votre* ne prennent pas d'accent circonflexe. *Notre* jardin, *votre* maison.

Exercice 136.

Mettez au pluriel en remplaçant *est* par *sont* et *c'est* par *ce sont.* Ecrivez : *Ces jardins sont les miens.*

Ce jardin est le mien.
Cette maison est la tienne.
Ce cheval est le sien.
Ce cabriolet est le nôtre.
Cette écurie est la nôtre.
Ce champ est le leur.
Ce chapeau est-il le tien ?
Cette citerne est-elle la leur ?

Ce puits, c'est le vôtre.
Cette place, c'est la vôtre.
Cette robe, c'est la tienne.
Cet encrier, c'est le mien.
Cet appartement, est le leur.
Cette cave, c'est la sienne.
Ce domestique, c'est le vôtre.
Cette plume, c'est la mienne.

---

120. Qu'appelle-t-on pronoms possessifs ?

121 Quels sont les pronoms possessifs ?

122. Comment distingue-t-on les pronoms possessifs des adjectifs possessifs ?

123. Que remarque-t-on sur *le nôtre, le vôtre ?*

83ᵉ **Dictée.** (*Notre, nôtre, votre, vôtre.*)

Voici *notre* jardin; où est *le vôtre?* — *Votre* cheval est plus alerte que *le nôtre.* — Vos fruits sont plus beaux que *les nôtres.* — *Votre* maison est plus riante que *la nôtre.* — *Notre* basse-cour est moins bien peuplée que *la vôtre.* — Vos terres sont plus argileuses que *les nôtres.* — Les fers suédois sont de meilleure qualité que *les nôtres.* — *Notre* pays était autrefois tout couvert de forêts. — *Notre* marine, puissante sous Louis XIV, fut anéantie sous Louis XV. — Vos maux n'égalent pas *les nôtres.*

84ᵉ **Dictée.** (*Leur,* ADJECTIF OU PRONOM.)

L'élève indiquera par les mots *adj.* ou *pr.* si *leur* est adjectif ou pronom.

Ces cultivateurs sont contents; ils ont bien vendu toutes *leurs* (*adj.*) pommes de terre et on les *leur* (*pr.*) paye comptant. — Si je pouvais être entendu de tous les hommes, je *leur* (*pr.*) conseillerais de bien élever *leurs* (*adj.*) enfants. — Quand les matelots sont en mer, on *leur* (*pr.*) donne du vin tous les jours. — Les lapins ne sont pas toujours en sûreté dans *leurs* (*adj.*) terriers, quelque profonds que soient ceux-ci. — Rien de plus intéressant chez les insectes que *leurs* (*adj.*) instincts, *leurs* (*adj.*) mœurs, *leurs* (*adj.*) ruses, *leurs* (*adj.*) industries variées.

85ᵉ **Dictée.** (*Suite.*)

Ces enfants sont assez grands pour qu'on *leur* (*pr.*) apprenne la géographie. — Si je vois vos parents, je *leur* (*pr.*) donnerai de vos nouvelles. — J'ai montré mes gravures à mes cousins et ils m'ont montré les *leurs* (*pr.*). — Nous avons fait visiter nos chambres à nos voisins; ils les trouvent plus belles que les *leurs* (*pr.*). — Chaque âge a ses défauts, les enfants ont aussi les *leurs* (*pr.*).

Corrigé 136.

L'élève écrira tout au long : Ce jardin est le mien, *ces jardins sont les miens.*

— ces jardins sont les miens.
— ces maisons sont les tiennes.
— ces chevaux sont les siens.
— ces cabriolets sont les nôtres.
— ces écuries sont les nôtres.
— ces champs sont les leurs.
— ces chapeaux sont-ils les tiens?
— ces citernes sont-elles les leurs?
— ces puits, ce sont les vôtres.
— ces places, ce sont les vôtres.
— ces robes, ce sont les tiennes.
— ces encriers, ce sont les miens.
— ces appartements, ce sont les leurs.
— ces caves, ce sont les siennes.
— ces domestiques, ce sont les vôtres.
— ces plumes, ce sont les miennes.

Exercice 137.

Remplacez les points par le pronom possessif féminin convenable. **Ex.**
Cet abricot, c'est *le mien*, cette pêche, c'est *la mienne*.

Cet abricot c'est le mien, — cette pêche c'est ...
Ce chat c'est le tien , — cette chatte c'est ...
Ces moutons ce sont les siens, — ces brebis ce sont ...
Ces bœufs ce sont les miens, — ces vaches ce sont ...
Ce pigeon c'est le sien, — cette colombe c'est ...
Ces coqs ce sont les nôtres, — ces poules, ce sont ...
Ce grenier c'est le leur, — cette grange c'est ...
Ce cellier c'est le tien, —cette cave c'est ...
Cet appartement c'est le nôtre, — cette chambre c'est ...
Ce sac c'est le vôtre, — cette gibecière c'est ...
Ce cordeau c'est le nôtre,— cette corde c'est ...
Ce cousin c'est le mien, — cette cousine c'est ...
Ce préau c'est le leur, —cette cour c'est ...
Ce champ c'est le nôtre, — cette terre c'est ...
Ce foin c'est le mien, — cette luzerne c'est ...
Ce chapeau c'est le sien, —cette casquette c'est ...

Exercice 138.

Règle 123.— Employez *notre, votre* ou *le nôtre, le vôtre*.— Ecrivez : Le
vin d'Amérique a moins de qualité que *le nôtre*.

1. Le vin d'Amérique a moins de qualité que *le n...;* aussi
n... vin est-il exporté en grande quantité aux Etats-Unis*.
2. Le chanvre de la Nouvelle-Zélande* n'est pas du tout
comparable au *n..;* car *n.* . chanvre est de la famille des orties* et celui de la Nouvelle-Zélande est de la famille des lis.
3. *V...* bibliothèque est plus considérable que *la n...*
4. *N...* jardin rapporte moins de fruits que *le v...*
5. Les asperges d'Italie sont, dit-on, d'un goût plus délicat
que *les n...*
6. Nous avouons à *n...* honte que *n...* succès n'a pas égalé
le v...
7. Le sol de l'Angleterre* et celui de la Belgique* sont
plus riches en mines de houille que *le n...;* mais *n...* sol en
revanche permet une culture infiniment plus variée que le
leur.
8. *V...* aïeule est-elle plus âgée que *la n...* ?
9. En fait de coutumes et de mœurs, *n..* amour-propre nous
fait préférer *les n...* à celles de nos voisins.
10. *V...* église est beaucoup plus ancienne que *la n...*
11. O Dieu, au jour du jugement, vous ferez entrer dans
une gloire éternelle ceux qui seront *v...*

Corrigé 137.

L'élève écrira tout au long : Cet abricot, c'est *le mien* ; cette pêche, c'est *la mienne.*

— cette pêche, c'est *la mienne.*
— cette chatte, c'est *la tienne.*
— ces brebis, ce sont *les siennes.*
— ces vaches, ce sont *les miennes.*
— cette colombe, c'est la *tienne.*
— ces poules, ce sont *les nôtres.*
— cette grange, c'est *la leur.*
— cette cave, c'est *la tienne.*
— cette chambre, c'est *la nôtre.*
— cette gibecière, c'est *la vôtre.*
— cette corde, c'est la *nôtre.*
— cette cousine, c'est *la mienne.*
— cette cour, c'est *la leur.*
— cette terre, c'est *la nôtre.*
— cette luzerne, c'est *la mienne.*
— cette casquette, c'est *la sienne.*

Corrigé 138.

1. Le vin d'Amérique a moins de qualité que le *nôtre* ; aussi *notre* vin est-il exporté en grande quantité aux États-Unis*.

2. Le chanvre de la Nouvelle-Zélande* n'est pas du tout comparable au *nôtre* ; car *notre* chanvre est de la famille des orties* et celui de la Nouvelle-Zélande est de la famille des lis.

3. *Votre* bibliothèque est plus considérable que *la nôtre.*

4. *Notre* jardin rapporte moins de fruits que *le vôtre.*

5. Les asperges d'Italie sont, dit-on, d'un goût plus délicat que *les nôtres.*

6. Nous avouons à *notre* honte que *notre* succès n'a pas égalé *le vôtre*

7. Le sol de l'Angleterre* et celui de la Belgique* sont plus riches en mines de houille que *le nôtre* ; mais *notre* sol, en revanche, permet une culture infiniment plus variée que le leur.

8 *Votre* aïeule est-elle plus âgée que *la nôtre ?*

9. En fait de coutumes et de mœurs, *notre* amour-propre nous fait préférer *les nôtres* à celles de nos voisins.

10. *Votre* église est beaucoup plus ancienne que *la nôtre.*

11. O Dieu, au jour du jugement, vous ferez entrer dans une gloire éternelle ceux qui seront *vôtres.*

Pronoms relatifs ou conjonctifs.

124. — On appelle *pronoms relatifs* ou *conjonctifs* ceux qui servent à lier la partie de phrase qui suit au nom qui les précède, et que l'on nomme *antécédent*.

Ex. : Dieu *qui* a créé le monde ;
Les livres *que* j'étudie.

125. — *Dieu* est l'*antécédent* de *qui* ; *livres* est l'*antécédent* de *que*.

126. — Il y a deux sortes de pronoms relatifs :

1º Les pronoms relatifs simples : **qui, que, quoi, dont**, des deux genres et des deux nombres.

2º Les pronoms relatifs composés. Ce sont :

SINGULIER.		PLURIEL.	
Masculin.	*Féminin.*	*Masculin.*	*Féminin.*
Lequel.	Laquelle.	Lesquels.	Lesquelles.
Duquel.	De laquelle.	Desquels.	Desquelles.
Auquel.	A laquelle.	Auxquels.	Auxquelles.

127. — **Règle des pronoms relatifs.** Tout pronom relatif s'accorde en genre, en nombre et en personne avec son antécédent

Dans : moi *qui* parle, *qui* est au singulier et à la première personne, parce que son antécédent *moi* est du singulier et de la première personne.

Dans : Vous *qui* écoutez, *qui* est au pluriel et à la deuxième personne, parce que son antécédent *vous* est du pluriel et de la seconde personne.

128. — Remarque. Un certain nombre de pronoms relatifs servent pour interroger ; on les appelle alors *pronoms interrogatifs*.

Ex. : *Qui* cherchez-vous ? — *Duquel* de ces deux hommes parlez-vous ?

---

125. Qu'appelle-t-on pronoms relatifs ou conjonctifs !
126 Combien y a-t-il de sortes de pronoms relatifs et quels sont-ils ?

127. Comment s'accorde tout pronom relatif ?
128. Que remarque-t-on sur un certain nombre de pronoms relatifs !

86ᵉ **Dictée.** (PRONOM RELATIF.

Le Maître dictera le devoir suivant; l'élève le recopiera en indiquant l'antécédent de chaque pronom.

L'homme *qui* (ant. *homme*) écoute fait souvent mieux que celui *qui* (ant. *celui*) parle. — Voilà la farine *que* (ant. *farine*) l'on nous rapporte du moulin. — As-tu vu les champignons *que* (ant. *champignons*) j'ai rapportés de la forêt? — Tu me diras ce *que* (ant. *ce*) tu gagnes par an. — On hait souvent ceux *que* (ant. *ceux*) l'on craint. — J'aperçois la ferme vers *laquelle* (ant. *ferme*) nous nous dirigeons. — Est-ce là le jeune homme *dont* (ant. *jeune homme*) vous m'avez parlé? — L'avocat *auquel* (ant. *avocat*) j'ai écrit ne m'a pas encore répondu. — Vous voyez la carrière de *laquelle* (ant. *carrière*) on a extrait ces ardoises. — O vous qui (ant. *vous*) passez, secourez-moi. — Toi *qui* (ant. *toi*) es si habile, dis-moi ce *qui* (ant. *ce*) fait que les jours sont plus longs en été qu'en hiver?

87ᵉ **Dictée.** (ORTHOGRAPHE USUELLE.)

L'*or* est un métal précieux. — J'ai un *cor* au pied qui m'empêche de marcher. — Le *castor*, qui habitait autrefois la France, ne se trouve plus que dans les pays froids. — L'arc-en-ciel est un beau *météore*. — Le *chlore* est un gaz de couleur verte. — Un *centaure* est un être imaginaire moitié homme et moitié cheval. — Il y a souvent des dunes sur le *bord* de la mer. — Ces oiseaux prennent leur *essor*. — Le *porc* sera bientôt gras. — Un *lord* est souvent plusieurs fois millionnaire. — La *mort* ne surprend point le sage; il sait se résigner à son *sort*. — Il courait sur le vaisseau de *tribord* à *bâbord*. — Un vaisseau entre dans le *port*. — Le sauvage lui logea une flèche dans le *corps*. — On n'est pas maître du cheval quand il n'a pas de *mors*.

88ᵒ **Dictée.** (ORTHOGRAPHE USUELLE.)

Le *loir* dort tout l'hiver. — On remplit l'*étouffoir* de braise. — On retire le lard du *saloir*. — Je visitai le vieux *manoir*. — Je parcourus la ville et un *faubourg*. — C'est un bon cheval de *labour*. — L'orang-outang a une forte *mâchoire*. — Prenez l'*écumoire*. — Quelle bonne *purée!* — Vous vous reposerez au *carrefour*. — Le fermier est dans la basse-*cour*. — Voilà un bon *calembour*. — La *bourre* du fusil a allumé un incendie. — Nous avons entendu un beau *discours*. — Quel est le *cours* du blé?

6.

Exercice 139.

Règle 124. — Copiez et indiquez l'antécédent de chaque pronom relatif. Ecrivez : Les poulets que nous avons vendus. *Poulets,* antécédent de *que.*

Les poulets *que* nous avons vendus.
Voilà, mon cher ami, la maison *dont* vous m'aviez parlé.
L'arbre *qui* a été abattu était le plus gros.
C'est moi *qui* vous en prie.
Sully, *dont* je vous ai raconté l'histoire, a été un grand ministre.
Parmentier, *auquel* nous devons la culture de la pomme de terre, était né à Amiens.
C'est mon père et mon oncle *qui* ont bâti cette maison.
C'est lui et moi *qui* vous en prions.
La route *que* nous avons parcourue était toute droite.

Exercice 140.

Règle 126. — Mettez au féminin. Ecrivez : La *chatte de laquelle* vous entendez les miaulements.

Le chat duquel vous entendez les miaulements.
Les cousins desquels vous avez reçu des nouvelles.
Le maître de qui dépend notre sort.
Les bienfaiteurs par lesquels j'ai été élevé.
Le fermier chez lequel il a été placé.
L'âne avec lequel nous nous sommes mis en route.
Le jardinier dont les melons sont si bons.
Auquel, de mon père ou *de mon cousin,* ferez-vous ce cadeau !
Le villageois auprès *duquel* je me suis renseigné.
L'écolier dont nous avons lu la composition.
Le musicien duquel on nous a vanté le talent.

Exercice 141.

Règle 126. — Mettez au pluriel. Ecrivez : *La maison* que je vous vends, *les maisons* que je vous vends.

Le rat duquel nous craignons les dégâts.
La muraille à laquelle nous avons suspendu nos tableaux.
L'entreprise pour *laquelle* nous avons dépensé tant d'argent.
Le village vers *lequel* nous nous dirigeons.
Le champ autour *duquel* j'ai creusé un fossé.
Le pressoir auquel nous avons porté notre vendange.
La haie à laquelle nous avons attaché nos chevaux.
La rivière à travers *laquelle* il nous faut passer.
Le bois dans *lequel* il y a des brigands.
La malle dans *laquelle* tu as serré tes effets.
Le vin duquel nous avons extrait ces eaux-de-vie
La betterave avec *laquelle* on peut faire du sucre.
L'atelier dans *lequel* mon père travaille.

Corrigé 139.

L'élève écrira tout au long : Les poulets que nous avons vendus (*poulets*, antécédent de *que*).

— *poulets*, antécédent de *que*.
—· *maison*, antécédent de *dont*.
— *arbre*, antécédent de *qui*.
— *moi*, antécédent de *qui*.
— *Sully*, antécédent de *dont*.
— *Parmentier*, antécédent de *auquel*.
— *père et oncle*, antécédents de *qui*.
— *lui et moi*, antécédents de *qui*.
— *route*, antécédent de *que*.

Corrigé 140.

L'élève écrira tout au long : Le chat duquel vous entendez les miaulements, *la chatte de laquelle* vous entendez les miaulements.

— *la chatte de laquelle* vous entendez les miaulements.
— *la cousine de laquelle* vous avez reçu des nouvelles.
— *la maîtresse de qui* dépend notre sort.
— *les bienfaitrices par lesquelles* j'ai été élevé.
— *la fermière chez laquelle* il a été placé.
— *l'ânesse avec laquelle* nous nous sommes mis en route.
— *la jardinière dont* les melons sont si bons.
— à *laquelle*, de ma mère ou de ma cousine, ferez-vous ce cadeau?
— *la villageoise* auprès de *laquelle* je me suis renseigné.
— *l'écolière dont* nous avons lu la composition.
— *la musicienne de laquelle* on nous a vanté le talent.

Corrigé 141.

L'élève écrira tout au long : Le rat duquel nous craignons les dégâts, *les rats desquels* nous craignons les dégâts.

— *les rats desquels* nous craignons les dégâts.
— *les murailles auxquelles* nous avons suspendu nos tableaux.
— *les entreprises* pour *lesquelles* nous avons dépensé tant d'argent.
— *les villages* vers *lesquels* nous nous dirigeons.
— *les champs* autour *desquels* j'ai creusé un fossé.
— *les pressoirs auxquels* nous avons porté notre vendange.
— *les haies auxquelles* nous avons attaché nos chevaux.
— *les rivières* à travers *lesquelles* il nous faut passer.
— *les bois* dans *lesquels* il y a des brigands.
— *les malles* dans *lesquelles* tu as serré tes effets.
— *les vins desquels* nous avons extrait ces eaux-de-vie.
— *les betteraves* avec *lesquelles* on peut faire du sucre.
— *les ateliers* dans *lesquels* mon père travaille.

Pronoms indéfinis.

129. — On appelle pronoms *indéfinis* ceux qui ne représentent que vaguement les personnes et les choses.

Ex. : *On* frappe à la porte ; *quelqu'un* vous appelle.

130. — Il y a des pronoms indéfinis qu'on écrit toujours de la même manière. Ce sont :

Autrui, *on*, *personne*, *plusieurs*, *quiconque*, *rien*.

131. — Il y a des pronoms indéfinis qui **varient** avec le nom qu'ils représentent. Ce sont :

MASCULIN.		FÉMININ.	
Singulier.	*Pluriel.*	*Singulier.*	*Pluriel.*
Aucun.	Aucuns.	Aucune.	Aucunes.
Certain.	Certains.	Certaine.	Certaines.
Chacun.	. . .	Chacune.	. . .
L'un.	Les uns.	L'une.	Les unes.
L'autre.	Les autres.	L'autre.	Les autres.
L'un l'autre.	Les uns les au-	L'une l'autre.	Les unes les au-
Nul.	. . . [tres.	Nulle.	. . . [autres.
Quelqu'un.	Quelques-uns.	Quelqu'une.	Quelques-unes.
Tel.	Tels.	Telle.	Telles.
Tout.	Tous.	Toute.	Toutes.

132. — REMARQUE. *Aucun*, *certain*, *nul*, *plusieurs*, *tel*, *tout* sont tantôt adjectifs indéfinis, tantôt pronoms indéfinis.

Ils sont adjectifs indéfinis quand ils accompagnent un nom. Ex. : *Aucun* homme ; *toute* la terre.

Ils sont pronoms indéfinis quand ils n'accompagnent pas un nom. Ex.. : *Tout* ce qui brille n'est pas or.

Exercice 142.

Règle 130. Remplacez les points par un pronom indéfini choisi convenablement parmi ceux qui s'écrivent toujours de la même manière.

Il ne faut ni prendre ni retenir le bien d'a...

Pl... prétendent que les Danois* ont découvert l'Amérique avant Christophe-Colomb*.

Q... a beaucoup vu, peut avoir beaucoup retenu.

---

129. Qu'appelle-t-on pronoms indéfinis ?
130. Quels sont les pronoms indéfinis qu'on écrit toujours de la même manière ?

131. Quels sont les pronoms indéfinis variant avec le nom qu'ils représentent ?
132. Que remarque-t-on sur *aucun*, *certain*, etc. ?

89e Dictée. (RÉCAPITULATION SUR LES PRONOMS.)

Quand les élèves savent toutes *leurs* leçons et qu'ils font tous *leurs* devoirs, le maître *leur* donne une récompense. — Le renard *se* faufile la nuit dans les basses-cours. — *Ce* bœuf va bien à la charrue. — *Notre* chien est de bonne garde; *le vôtre* l'est-il également? — Il ne reste *aucun* espoir de sauver le malade. — Voici la vallée dans *laquelle* je demeurai longtemps. — J'allai voir mes amis et je *leur* annonçai mon départ. — *Ce* vin devient amer, parce qu'il se fait vieux. — J'ai vendu mes betteraves; avez-vous vendu les *vôtres?* — Vos pommes de terre sont-elles plantées? *les miennes* ne le sont pas. — Les fripons *se* dupent *les uns les autres.* — Plusieurs personnes *se* cotisent pour acheter des vêtements à *ce* malheureux. — *Votre* champ ne doit jamais être infesté par les mauvaises herbes.

90e Dictée. (*Même sujet.*)

Ce qui nous chagrine, c'est que la récolte est insuffisante. — Nous battons nos meules de blé; battrez-vous bientôt les *vôtres?* — Le maître a soin de *ses* ouvriers; il *leur* donne du vin et du bouillon quand ils sont malades, et il *se* fait un devoir de *leur* venir en aide quand ils sont vieux. — La vipère *se* mord quelquefois *elle-même,* ce qui fait qu'elle empoisonne son sang comme elle empoisonnerait *le nôtre.* — *Ce* que l'on conçoit bien s'énonce clairement. — Si vous avons nos défauts, vous avez aussi *les vôtres.* — Dites-moi ce que c'est que la mer. — *Notre* voyage sera long; mais il sera encore plus tôt achevé que *le vôtre.* — Dans *certains* pays les habitants perdent *leurs* cheveux de bonne heure.

91e Dictée. (SUJET DE COMPOSITION.)

Donnez un exemple de l'emploi de chacun des pronoms relatifs.
Dressez la liste des pronoms personnels.
Dressez la liste des pronoms indéfinis qu'on écrit toujours de la même manière.
Dressez la liste des pronoms indéfinis qui varient avec le nom qu'ils représentent.

Corrigé 142.

Règle 130. — Remplacez les points par un pronom indéfini choisi convenablement parmi ceux qui s'écrivent toujours de la même manière.

Il ne faut ni prendre ni retenir le bien d'*autrui.*
Plusieurs prétendent que les Danois [a] ont découvert l'Amérique avant Christophe Colomb *.
Quiconque a beaucoup vu peut avoir beaucoup retenu.

R... ne sert de courir, il faut partir à temps.
R... n'est perdu.
Pe... ne viendra.
On rencontre sa destinée souvent par des chemins qu'o..
prend pour l'éviter.
Pe... n'est content des autres ni mécontent de soi.
L'avis de *pl...* est souvent préférable à l'avis d'un seul.
Q... est homme de bien aime sa patrie.

Exercice 143.

Règle 131. **Mettez au féminin. *Écrivez : Chacune* de ces *dames* disa**
son opinion.

Chacun de ces *Messieurs* disait son opinion.
L'un de *mes fils* étudiera la musique.
Ces hommes se trompent *l'un l'autre.*
Nul bienfaiteur ne doit compter sur la reconnaissance.
Ils ont gagné cinq francs *chacun.*
Quelques-uns des *écoliers* auront négligé leurs leçons.
Tel qui rit vendredi, dimanche pleurera.
Certains d'entre *eux* préféraient la mort à ʼa captivité.
Vos *frères* vous cherchent ; si j'en vois *quelqu'un*, je lu
dirai que je vous ai vu.
Mes *oncles* et mes *cousins* partiront demain : *les uns* et *le*
autres auraient désiré rester.
Parmi les *religieux, les uns* ont des habits blancs, *les autre*
des habits noirs.

Exercice 144.

Copiez en mettant *adjectif indéfini* ou *pronom indéfini* après chaqu
mot en italiques.
Ex. *Aucun* (*adj. ind.*) art n'est au-dessus de l'agriculture.

Aucun art n'est au-dessus de l'agriculture.
Certain renard laissa *certain* bouc au fond d'un puits.
Aucuns disent que les Danois allèrent en Amérique avan
Christophe-Colomb.
Nul n'est prophète en son pays.
Quoique les renards soient rusés, *certains* d'entre eux
tombent dans les piéges qu'on leur tend.
Tel qui rit vendredi, dimanche pleurera.
Il eut une *telle* peur qu'il faillit en mourir.
Tous les hommes sont mortels.
Retenez bien *tout* ce que l'on vous enseignera.
Nul homme n'est sans défaut.
Plusieurs voleurs furent arrêtés et punis.
Parmi les agriculteurs on en cite *plusieurs* qui ont fai
des découvertes importantes.

Rien ne sert de courir, il faut partir à temps.

Rien n'est perdu.

Personne ne viendra.

On rencontre sa destinée souvent par des chemins qu'*on* prend pour l'éviter.

Personne n'est content des autres ni mécontent de soi.

L'avis de *plusieurs* est souvent préférable à l'avis d'un seul.

Qui est homme de bien aime sa patrie.

Corrigé 143.

Règle 131. — Mettez au féminin. *Écrivez* : *Chacune* de ces *dames* disait son opinion.

Chacune de ces *dames* disait son opinion.

L'une de *mes filles* étudiera la musique.

Ces femmes se trompent *l'une l'autre.*

Nulle bienfaitrice ne doit compter sur la reconnaissance.

Elles ont gagné cinq francs *chacune.*

Quelques-unes des *écolières* auront négligé leurs leçons.

Telle qui rit vendredi, dimanche pleurera.

Certaines d'entre *elles* préféraient la mort à la captivité.

Vos *sœurs* vous cherchent; si j'en vois *quelqu'une*, je lui dirai que je vous ai vu.

Mes *tantes* et mes *cousines* partiront demain : *les unes* et *les autres* auraient désiré rester.

Parmi les *religieuses, les unes* ont des habits blancs, *les autres* des habits noirs.

Corrigé 144.

Copiez en mettant *adjectif indéfini* ou *pronom indéfini* après chaque mot en italiques.

Ex. : *Aucun (adj. ind.)* art n'est au-dessus de l'agriculture.

Aucun (adj. ind.) art n'est au-dessus de l'agriculture.

Certain (adj. ind.) renard laissa *certain (adj. ind.)* bouc au fond d'un puits.

Aucuns (pr. ind.) disent que les Danois allèrent en Amérique avant Christophe Colomb.

Nul (pr. ind.) n'est prophète en son pays.

Quoique les renards soient rusés, *certains (pr. ind.)* d'entre eux tombent dans les piéges qu'on leur tend.

Tel (pr. ind.) qui rit vendredi, dimanche pleurera.

Il eut une *telle (adj. ind.)* peur qu'il faillit en mourir.

Tous (adj. ind.) les hommes sont mortels.

Retenez bien *tout (pr. ind.)* ce que l'on vous enseignera.

Nul (adj. ind.) homme n'est sans défaut.

Plusieurs (adj. ind.) voleurs furent arrêtés et punis.

Parmi les agriculteurs on en cite *plusieurs (pr. ind.)* qui ont fait des découvertes importantes.

Analyse des pronoms.

133. — Pour analyser un pronom, on en indique le genre, le nombre et la personne, s'il y a lieu.

Exemples :

Je, pronom personnel, première personne du singulier.

La, pronom personnel, troisième personne du féminin singulier.

Auquel, pronom relatif, masculin singulier.

La mienne, pronom possessif, féminin singulier.

Celles-là, pronom démonstratif, féminin pluriel.

Chacun, pronom indéfini, masculin singulier.

Exercice 145.

Analysez les pronoms suivants.

Nous. — Moi. — Les leurs. — Ceux-là. — Celui-ci. — Les nôtres. — Dont. — Aucun. — Plusieurs. — On. — Lui. — Les. — Soi. — Te. — La. — Le sien. — Ce. — Quoi. — Desquels. — Qui. — Que. — Auxquels. — Quelqu'un. — Quelques. — Certain. — Nul. — Le leur. — Tu. — Vous. — La mienne. — Elles. — Il. — Y. — En. — Duquel.

Exercices lexicologiques. 146.

Répondez au moyen du dictionnaire aux questions suivantes :

1º. — Qu'est ce que : l'Afrique, la Nouvelle-Calédonie, la Flandre, la Normandie, la Corse, les Etats-Unis, la Nouvelle-Zélande, les Danois, les Irlandais, Vercingétorix, Christophe-Colomb, Fénelon, le Paradis terrestre?

2º. — Qu'est-ce que : l'ivraie, un écureuil, la faîne, la cuscute, l'orobanche, les orties, une bibliothèque, un héron?

3º. — Que signifient les mots : parasite, sablonneux, argileux, nègre?

Exercices de récapitulation générale sur le nom, le pronom et l'adjectif.

Exercice 147.

Ecrivez d'une manière convenable les mots entre parenthèses. — Chaque alinéa pourra faire l'objet d'un devoir.

LES ANES.

Les (*âne*) ne sont point des (*cheval*) dégénérés ; (*il*) ont comme (*tout*) les (*autre*) (*animal*) (*son*) famille, (*son*) espèce et (*son*) rang. (*Il*) sont d'une noblesse aussi (*bon*), aussi

---

133. Comment analysez-vous un pronom ?

92ᵉ **Dictée.** (SUJET DE COMPOSITION.)

LES ARBRES DES FORÊTS.

De *quelle* utilité les *arbres* des *forêts* ne sont-ils pas pour nous!
Les *chênes* nous fournissent *leurs glands*, avec *lesquels* on engraisse
les *porcs; leur* écorce, avec *laquelle* on fabrique du *tan; leurs
troncs énormes* et élancés, d'où nous tirons nos *poutres*, nos *solives*,
nos *chevrons. Ces* hêtres *majestueux* sont aussi une richesse pour
nous : *leurs* fruits nous donnent une *bonne* huile. On débite *leurs*
troncs pour faire des tables de cuisine et des *étaux.* On *se* chauffe
bien l'hiver avec *leurs branches.*

93ᵉ **Dictée.** (*Suite.*)

Les *bouleaux* à la *blanche* écorce, à la cime composée de *feuilles
délicates* et *tremblantes*, constituent un bois excellent pour la saboterie
et la boissellerie; *leur* séve, recueillie au printemps et fermentée, *se*
change en un vin *agréable.* Les autres *arbres* des *forêts* ne sont pas
non plus sans valeur : les *pins*, les *sapins*, les *châtaigniers*, les *aunes*,
les *charmes*, les *ormes*, les *frênes* servent à mille *usages* divers.

94ᵉ **Dictée.** (SUJET DE COMPOSITION.)

LES MONTAGNES INTÉRIEURES DE LA FRANCE.

Les plus *hauts sommets* de nos *montagnes intérieures* sont dans le
plateau central. Là le Plomb du Cantal atteint *mille huit cent cin-
quante-huit mètres*, le Puy-de-Sancy *mille huit cent quatre-vingt-dix-
sept mètres*, et la *belle* montagne du Puy-de-Dôme *mille quatre cent
soixante-cinq mètres.* La Garonne est séparée de la Loire par une
chaîne de *six cent cinquante* kilomètres; la Loire l'est de la Seine
par une autre de *six cents* kilomètres. Celle-ci, épaisse et boisée
dans le Morvan, y atteint près de *huit cents* mètres, mais dans le
plateau d'Orléans elle n'en a plus que *cent quarante.* Enfin, entre la
Seine et le Rhin une chaîne de *quatre cent cinquante* kilomètres va
du plateau de Langres au cap Griz-Nez. La hauteur de ces plateaux
boisés ne dépasse pas *quatre cents* mètres.

Corrigé 147.

LES ANES.

Les *ânes* ne sont point des *chevaux* dégénérés; *ils* ont, comme
tous les *autres animaux, leur* famille, *leur* espèce et *leur* rang. *Ils*
sont d'une noblesse aussi *bonne*, aussi *ancienne* que *celle* des *chevaux.* Pourquoi donc tant de mépris pour *ces animaux* si *bons*, si
patients, si *sobres*, si *utiles?* On donne *aux chevaux* de l'éducation,
on *les* soigne, on *les* instruit, on *les* exerce, tandis qu'on abandonne
les *ânes* à la grossièreté des *valets* ou à la malice des *enfants;* on ne

(*ancien*) que (*celui*) des (*cheval*). Pourquoi donc tant de mépris pour (*ces* ou *ses*) (*animal*) si (*bon*), si (*patient*), si (*sobre*), si (*utile*)? On donne (*à les*) (*cheval*) de l'éducation, on (*le*) soigne, on (*le*) instruit, on (*le*) exerce, tandis qu'on abandonne les (*âne*) à la grossièreté des (*valet*) ou à la malice des (*enfant*) ; on ne fait pas attention que les (*âne*) seraient les plus distingués des (*animal*) s'il n'y avait point de (*cheval*). C'est la comparaison qui les dégrade, on les juge non pas en (*lui-même*), mais relativement aux (*cheval*).

Les (*âne*), (*humble*), (*tranquille*), souffrent avec courage les (*châtiment*) et les (*coup*) ; (*il*) se contentent des (*herbe*) les plus (*dur*), les plus (*désagréable*) que les (*cheval*) et les (*autre*) (*animal*) dédaignent. Fort (*délicat*) sur l'eau, (*il*) ne veulent boire que de la plus (*clair*). (*Il*) boivent aussi sobrement qu'(*il*) mangent.

Exercice 148.

LE BON PÈRE.

Un bon père était retenu dans la capitale par des (*affaire*) (*importante*), tandis que sa femme et (*ces, ses*) (*enfant*) vivaient à la campagne. Un jour le père envoya aux (*enfant*) une (*grand*) caisse tout (*plein*) de (*bon*) et (*beau*) choses avec (*un*) lettre dans (*lequel*) il disait : « (*Mon*) (*cher*) enfants, montrez-vous (*pieux*), (*sage*) et (*docile*), et je vous permettrai de venir me rejoindre. Réjouissez-vous, car dans la (*beau*) demeure que je vous ai préparée auprès de moi, je vous réserve des (*cadeau*) plus (*riche*) et plus (*splendide*) encore. »

Les (*enfant*) transportés de la plus (*vif*) joie, s'écriaient : « Est-il un père meilleur que (*le mien*)? Avec (*quel*) tendresse il nous envoie tout (*ce, se*) qui peut nous faire plaisir ! Aussi l'aimons-nous de tout (*mon*) cœur, quoique nous n'habitions pas avec lui et que nous ne puissions pas le voir. »

Mes (*cher*) (*enfant*), dit la mère, le bon Dieu agit envers les (*homme*) sur (*ce*) terre comme (*ton*) père vient d'agir à (*ton*) égard. Le bon Dieu non plus nous ne pouvons pas encore le voir ; mais sa (*bienfaisant*) providence nous envoie aussi mille (*don*) (*magnifique*) et (*précieux*). Le (*saint*) Évangile est, en quelque sorte, (*un*) lettre de Dieu, dans (*lequel*) il nous a révélé (*son*) volonté en nous promettant le ciel si nous suivons (*ces, ses*) (*commandement*). (*Ce, se*) est là que nous attendent des (*don*) plus (*important*), des (*récompense*) plus (*précieux*), des (*joie*) et des (*bien*) (*supérieur*) aux (*joie*) et aux (*bien*) de la terre.

Exercice 149.

UNE MAITRESSE DE MAISON DOIT VEILLER A TOUT.

Une maîtresse de maison, qui ne surveillait pas suffisamment ses (*domestique*), voyait (*son, sa*) aisance diminuer fait pas attention que les *ânes* seraient les plus distingués des *ani-maux* s'il n'y avait point de *chevaux*. C'est la comparaison qui les dégrade, on les juge non pas en *eux-mêmes*, mais relativement aux *chevaux*.

Les *ânes, humbles, tranquilles*, souffrent avec courage les *châti-ments* et les *coups*; *ils* se contentent des *herbes* les plus *dures*, les plus *désagréables*, que les *chevaux* et les *autres animaux* dédaignent. *Fort délicats* sur l'eau, *ils* ne veulent boire que de la plus *claire*. *Ils* boivent aussi sobrement qu'*ils* mangent.

Corrigé 148.

LE BON PÈRE.

Un bon père était retenu dans la capitale par des *affaires impor-tantes*, tandis que sa femme et *ses enfants* vivaient à la campagne. Un jour le père envoya aux *enfants* une *grande* caisse toute *pleine* de *bonnes* et *belles* choses avec *une* lettre dans *laquelle* il disait : « *Mes chers* enfants, montrez-vous *pieux, sages* et *dociles*, et je vous permettrai de venir me rejoindre. Réjouissez-vous, car dans la *belle* demeure que je vous ai préparée auprès de moi, je vous réserve des *cadeaux* plus *riches* et plus *splendides* encore. »

Les *enfants*, transportés de la plus *vive* joie, s'écriaient : « Est-il un père meilleur que *le nôtre?* Avec *quelle* tendresse il nous envoie tout *ce* qui peut nous faire plaisir ! Aussi l'aimons-nous de tout *no-tre* cœur, quoique nous n'habitions pas avec lui et que nous ne puissions pas le voir. »

« Mes *chers enfants*, dit la mère, le bon Dieu agit envers les *hommes* sur *cette* terre comme *votre* père vient d'agir à *votre* égard. Le bon Dieu non plus nous ne pouvons pas encore le voir ; mais sa *bienfai-sante* providence nous envoie aussi mille *dons magnifiques* et *pré-cieux*. Le *saint* Evangile est, en quelque sorte, *une* lettre de Dieu, dans *laquelle* il nous a révélé *sa* volonté en nous promettant le ciel si nous suivons *ses commandements. C'est* là que nous attendent des *dons* plus *importants*, des *récompenses* plus *précieuses*, des *joies* et des *biens supérieurs* aux *joies* et aux *biens* de la terre. »

Corrigé 149.

UNE MAITRESSE DE MAISON DOIT VEILLER A TOUT.

Une maîtresse de maison, qui ne surveillait pas suffisamment ses *domestiques*, voyait *son* aisance diminuer chaque année. Elle résolut d'aller consulter un ermite qui demeurait au fond d'une *épaisse* et *profonde* forêt. « Mon père, lui dit-elle, mon ménage ne va pas bien, mes *affaires* sont dans une très-*mauvaise* situation. Indiquez-moi un remède à *tous mes maux*. »

Le *vieil* ermite, qui était d'une humeur *joviale*, lui présenta *une petite* cassette bien fermée, en disant : « Pendant toute *une* année, vous porterez cette cassette à la cuisine, à la cave, dans les *écuries*,

chaque année. Elle résolut d'aller consulter un ermite qui demeurait au fond d'une (*épais*) et (*profond*) forêt. « Mon père, lui dit-elle, mon ménage ne va pas bien, mes (*affaire*) sont dans une très-(*mauvais*) situation. Indiquez-moi un remède à (*tout*) mes (*mal*). »

Le (*vieux*) ermite, qui était d'une humeur (*jovial*), lui présenta (*un*) (*petit*) cassette bien fermée en disant : « Pendant toute (*un*) année, vous porterez cette cassette à la cuisine, à la cave, dans les (*écurie*), dans les (*grange*), dans les (*bergerie*), enfin dans (*tout*) les (*coin*) et (*recoin*) de votre maison, trois (*fois*) par jour et trois (*fois*) par nuit, et je vous promets que l'aisance reviendra dans votre maison. Au bout de l'année n'oubliez pas de me rapporter la cassette. »

La (*bon*) dame, qui avait (*un*) (*entier*) confiance dans l'efficacité de la cassette (*mystérieux*), suivit les (*recommandation*) du vieillard. Elle promena régulièrement (*ce, se*) coffret dans (*tout*) les (*partie*) de (*son, sa*) maison. La (*premier*) fois qu'elle descendit à la cave, elle y surprit le garçon d'écurie au moment où il dérobait plusieurs (*bouteille*) de vin. Visitant la cuisine à (*un*) heure très-avancée de la nuit, elle y trouva les (*servante*) (*ce, se*) chauffant autour d'un bon feu et (*se, ce*) régalant de (*friandise*). En entrant dans (*un*) des (*grange*), elle s'aperçut que la porte en avait été laissée ouverte, que les (*poule*), les (*dindon*), les (*oie*), y avaient pénétré et y commettaient des (*dégât*). En parcourant les (*écurie*), elle y vit les (*vache*) presque enterrées dans une litière (*infect*), les (*cheval*) à jeun et mal soignés. C'est ainsi qu'à (*tout*) heure elle avait à réprimer de (*nouveau*) abus. — La prospérité revint bientôt à la ferme, et la fermière, très- (*superstitieux*), attribuait ce bienfait aux (*vertu*) de la cassette.

Exercice 150.

Au bout de l'année, l' (*excellent*) fermière reporta la cassette au (*vieux*) ermite, et l'abordant avec une mine (*joyeux*) et (*reconnaissant*) : « Tout va beaucoup mieux chez moi maintenant, lui dit-elle ; mais j'ai (*un*) prière à vous adresser : il faut que vous me laissiez encore la cassette pendant (*tout*) la (*nouveau*) année. »

L'ermite lui répliqua : Vous céder de nouveau (*ma, mon*) (*précieux*) cassette ! non, je ne le ferai point ; mais je vous ferai présent du remède qu'elle contient. Ce disant, le bon solitaire ouvrit la (*mystérieux*) cassette. Qui fut bien surprise ? (*ce, se*) fut la (*bon*) fermière ; car elle n'y vit qu'une (*petit*) bande de papier sur (*laq...*) on lisait (*ces, ses*) (*parole*) : « Il n'est pour voir, que l'œil du maître, c'est lui l'homme aux cent (*œil*), qui ne laissant rien échapper, veille à (*ce, se*) que tout s'exécute bien dans la maison. »

ans les *granges,* dans les *bergeries,* enfin dans *tous* les *coins* et
coins de votre maison, trois *fois* par jour et trois *fois* par nuit, et
`vous promets que l'aisance reviendra dans votre maison. Au bout
e l'année n'oubliez pas de me rapporter la cassette. »
La *bonne* dame, qui avait *une entière* confiance dans l'efficacité de
ı cassette *mystérieuse,* suivit les *recommandations* du vieillard. Elle
romena régulièrement *ce* coffret dans *toutes* les *parties* de *sa* mai-
ın. La *première* fois qu'elle descendit à la cave, elle y surprit le
arçou d'écurie au moment où il dérobait plusieurs *bouteilles* de vin.
isitant la cuisine à *une* heure très-avancée de la nuit, elle y trouva
ıs *servantes se* chauffant autour d'un bon feu et *se* régalant de
`iandises. En entrant dans *une* des *granges,* elle s'aperçut que la
orte en avait été laissée ouverte, que les *poules,* les *dindons,* les
ies y avaient pénétré et y commettaient des *dégâts.* En parcourant
ıs *écuries,* elle y vit les *vaches* presque enterrées dans une litière
ıfecte, les *chevaux* à jeun et mal soignés. C'est ainsi qu'à *toute*
eure elle avait à réprimer de *nouveaux* abus. — La prospérité re-
int bientôt à la ferme, et la fermière, très-*superstitieuse,* attribuait
e bienfait aux *vertus* de la cassette.

Corrigé 150.

Au bout de l'année, l'*excellente* fermière reporta la cassette au
ieil ermite, et l'abordant avec une mine *joyeuse* et *reconnaissante :*
Tout va beaucoup mieux chez moi maintenant, lui dit-elle ; mais
'ai *une* prière à vous adresser : il faut que vous me laissiez encore
a cassette pendant *toute* la *nouvelle* année. »
L'ermite lui répliqua : « Vous céder de nouveau *ma précieuse* cas-
ette ! non, je ne le ferai point ; mais je vous ferai présent du re-
nède qu'elle contient. » Ce disant, le bon solitaire ouvrit la *mysté-*
ieuse cassette. Qui fut bien surprise ? *ce* fut la *bonne* fermière ;
ar elle n'y vit qu'une *petite* bande de papier sur *laquelle* on lisait
es *paroles :* « Il n'est, pour voir, que l'œil du maître, c'est lui
'homme aux cent *yeux* qui, ne laissant rien échapper, veille à *ce*
[ue tout s'exécute bien dans la maison. »

95ᵉ Dictée.

GÉOGRAPHIE DES PLANTES.

Les plantes spontanées ne poussent pas au hasard sur la terre :
chacune a son habitat. Celles-ci aiment les sols crayeux, celles-là
es terres argileuses, les autres ne se plaisent que dans les sables
ırides. Il en est qui ne prospèrent que sur les bords de la mer,
andis que d'autres couronnent la cime des plus hautes montagnes.
Chaque altitude a ses végétaux particuliers. Telle plante vit dans
une aire très-circonscrite, telle autre s'étend considérablement en
longitude et en latitude. Il y a des plantes cosmopolites, c'est-à-dire
que l'on trouve partout. Le mouron est de ce nombre. L'ortie est
l'amie de l'homme, elle le suit partout où il va s'établir.

CHAPITRE V

DU VERBE.

134. — Le verbe est un mot dont on se sert pour exprimer l'*existence*, l'*état* ou l'*action*.

Ex. : Je *suis*, tu *cultives*.

135. — **Manière de reconnaître un verbe.** — On reconnaît qu'un mot est un verbe quand on peut mettre devant ce mot : *je, tu, il, nous, vous, ils*.

Chanter est un verbe, parce qu'on peut dire : *je* chante, *tu* chantes, *il* chante, *nous* chantons, *vous* chantez, *ils* chantent.

Du sujet.

136. — On appelle *sujet* d'un verbe la personne ou la chose qui fait l'action exprimée par ce verbe.

Ex. : Le *poisson* nage; *poisson* est le sujet du verbe *nage*, parce que c'est le *poisson* qui fait l'action de *nager*.

137. — **Manière de reconnaître le sujet d'un verbe.** — Pour reconnaître le sujet d'un verbe il faut faire devant ce verbe la question :

Qui est-ce qui ? pour les personnes.

Qu'est-ce qui ? pour les choses.

Ex. : L'enfant joue.

L'étoile brille.

Qui est-ce qui joue ? l'enfant.

Qu'est-ce qui brille ? l'étoile.

L'*enfant* est le sujet du verbe *joue*.

L'*étoile* est le sujet du verbe *brille*.

---

134. Qu'est-ce que le verbe ?
135. Comment reconnait-on qu'un mot est un verbe ?
136. Qu'appelle-t-on sujet d'un verbe
137. Comment reconnaît-on le sujet d'un verbe?

DÉVELOPPEMENT.

Le verbe *être* est surtout employé pour marquer l'*existence*. On l'appelle souvent verbe substantif. C'est le seul verbe de la langue qui porte ce nom. Tous les autres verbes sont dits *verbes attributifs*, parce qu'on admet qu'ils sont composés du verbe *être* et d'un attribut.

Je cours est un verbe attributif, qui équivaut à *je suis courant* ; *nous dormions* est un verbe attributif, qui équivaut à *nous étions dormant* ; *ils cueilleront* est un verbe attributif, qui équivaut à *ils seront cueillant*.

96° **Dictée**. (SUJET DE COMPOSITION.)

LES NUAGES.

Les *nuages* sont des brouillards qui occupent les *hautes* régions de l'atmosphère. On en compte quatre *espèces principales* : les *cirrus* ou *boucles*, les *cumulus*, les *stratus* et les *nimbus*. Les *cirrus* sont de petits nuages *blanchâtres* offrant l'aspect de *filaments* deliés *semblables* à de la laine cardée. Ce sont les *nuages* les plus élevés. Ils sont formés de *particules* glacées ou de *flocons* de neige. Ils annoncent un changement de temps. Les *cumulus* sont des nuages *ronds*, *pareils* à des montagnes entassées les unes sur les autres. Ils sont plus *fréquents* en été qu'en hiver. S'*ils* deviennent très-nombreux vers le soir, il faut s'attendre à de la *pluie* ou à des *orages*.

97° **Dictée**. (*Suite.*)

Les *stratus* sont des *couches* nuageuses *horizontales*, très-*larges* et *continues*, qui *se* forment au coucher du soleil et disparaissent à son lever. *Ce* sont donc des *nuages nocturnes*. Ils sont *fréquents* en automne et *rares* au printemps. Ils sont plus bas que les *précédents*. Enfin les *nimbus* ou *nuages* de *pluie* sont des nuages qui n'ont aucune forme *caractéristique*. Ils offrent une teinte *grise* uniforme et des bords *frangés*. Les nuages sont hauts de *douze cents* à quatorze *cents* mètres en hiver, et de *trois mille* à *quatre mille* mètres en été.

98ᵉ **Dictée**. (SUJET DE COMPOSITION.)

STATISTIQUE.

On a calculé que le genre humain comprend aujourd'hui un *milliard* d'individus parlant *cinq mille soixante-quatre* langues connues. La durée de leur vie moyenne peut être évaluée à *trente-trois* ans *six* mois. Le *quart* des enfants meurt avant la *septième* année et la *moitié* avant la *dix-septième*. Sur *cent* individus, *six* atteignent l'âge de *soixante* ans et au-dessus ; un sur *cinq cents* arrive à *quatre-vingts* ans, et un sur *mille* seulement parvient jusqu'à *cent* ans. *Trois cent trente millions* d'individus meurent chaque année ; mais ces décès sont plus que balancés par *quatre cent douze millions et demi* de naissances.

Compléments du Verbe.

138. — On appelle *complément* d'un verbe tout mot qui sert à faire connaître d'une manière *plus complète* l'action exprimée par ce verbe.

139. — Il y a deux sortes de compléments : le *complément direct* et le *complément indirect.*

Exercice 151.

Règle 135. — Distinguez les noms, les adjectifs et les verbes. *Écrivez :* fleur (nom). — Jouer (verbe). — Agréable (adjectif).

Fleur.	Guérir.	Encrier.	Sommeiller.
Jouer.	Lire.	Charrue.	Voiture.
Agréable.	Etage.	Vif.	Clocher.
Magnifique.	Gazon.	Labourer.	Danser.
Entier.	Doux.	Moissonner.	Porte.
Appartement.	Promettre.	Laborieux.	Eau.
Semer.	Avertir.	Allumer.	Boire.
Rouge.	Ecrire.	Rire.	Manger.

Exercice 152.

Règle 137. — Cherchez le sujet. *Écrivez : Qui est-ce qui moissonne ?* le villageois.

Le villageois *moissonne.* — Le ménétrier* *joue* du violon. — La jeune fille *fait* une couronne. — La lune *éclaire* la terre. — L'arbre *donne* son ombre. — Le mouton *broute* l'herbe. — La rivière *déborde.* — La poule *pond.* — Le coq *chante.* — Le jardinier *arrache* des carottes. — Dieu *existe.* — L'âme *est* immortelle. — Le serpent *rampe.* — Le singe *grimpe.* — Le vigneron *cueille* le raisin. — Il *a dormi* longtemps.

Même exercice. 153.

Julie *était* paresseuse. — L'écolier *mentait.* — La neige *tombait.* — Le soleil *luira* demain. — Le maçon *bâtira* la maison. — L'âne *charrie* le plâtre. — La perdrix *appelle* ses petits. — Le bœuf *mugissait.* — L'agneau *bêlera.* — Il *épluche* les légumes. — Le soldat *attaquait* l'ennemi. — Elle *dînait.* — La cloche *sonnerait.* — Le bœuf *foule* le grain. — Le menuisier *rabote* les planches.

---

138. Qu'appelle-t-on complément d'un verbe ? | 139. Combien y a-t-il de sortes de compléments ?

99e **Dictée**. (SUJET DE COMPOSITION.)

Qu'appelle-t-on adjectifs numéraux?

Combien y en a-t-il de sortes? définissez-les, donnez-en des exemples.

Quand remplace-t-on *ma, ta, sa* par *mon, ton, son*? donnez trois exemples pour chacun de ces remplacements.

Quelle est la seconde forme de *beau, nouveau, fou, mou* au masculin? quel est le féminin de ces adjectifs? donnez des exemples.

Donnez trois exemples d'un verbe avec son sujet; dites comment on s'y prend pour reconnaître le sujet.

Corrigé 151.

L'élève écrira : Fleur (nom). — Jouer (verbe.) — Agréable (adjectif).

Fleur. *n.*	Guérir. *v.*	Encrier. *n.*	Sommeiller. *v.*
Jouer. *v.*	Lire. *v.*	Charrue. *n.*	Voiture. *n.*
Agréable. *adj.*	Etage. *n.*	Vif. *adj.*	Clocher. *n.*
Magnifique. *adj.*	Gazon. *n.*	Labourer. *v.*	Danser. *v.*
Entier. *adj.*	Doux. *adj.*	Moissonner. *v.*	Porte. *n.*
Appartement *n.*	Promettre. *v.*	Laborieux. *adj.*	Eau. *n.*
Semer. *v.*	Avertir. *v.*	Allumer. *v.*	Boire. *v.*
Rouge. *adj.*	Ecrire. *v.*	Rire. *v.*	Manger. *v.*

100e **Dictée**. (SUJET DE COMPOSITION.)

LES DÉSERTS.

Il y a des déserts de plusieurs sortes et de différents aspects. Les déserts de la France se nomment *landes* : ce sont des plaines couvertes de petits monticules de sable près des bords de l'Océan. La Russie, ainsi que l'Asie, nous présente des steppes, vastes plaines garnies de hautes herbes. Les rivages de l'Océan glacial sont bordés d'immenses marécages, dits toundras, dans lesquels on ne saurait pénétrer sans enfoncer jusqu'aux genoux. En Afrique, le caractère des déserts change : ce sont des flots d'un sable mouvant que balaie le brûlant simoun. Enfin l'Amérique du Nord a ses savanes, beaux pâturages où errent des troupeaux de bisons et de buffles. L'Amérique du Sud a ses pampas, vastes plaines hérissées de broussailles, entrecoupées de forêts, peuplées de bœufs et de chevaux sauvages. Elle a encore ses llanos, immenses étendues de terrains, arides dans la saison sèche, et totalement inondées pendant la saison des pluies.

Du complément direct.

140.—**Manière de reconnaître le complément direct.**—Pour reconnaître le complément direct d'un verbe on fait après ce verbe la question :

Qui ? pour les personnes;

Quoi ? pour les choses.

Ex : *J'*attends Paul.

Tu écris une lettre.

J'attends *qui ?* Paul; *Tu* écris *quoi ?* une lettre. *Paul* est le complément direct de *j'attends; lettre* est le complément direct de *j'écris.*

Du complément indirect.

141. — Le complément indirect est joint au verbe au moyen de l'un des mots *à, de, pour, par, en, dans, avec,* etc., qu'on appelle des *prépositions.*

Ex. : J'écris *à* mon ami.

Elle répond *avec* modestie.

142 —**Manière de reconnaître le complément indirect.** — Pour reconnaître le complément indirect on fait avec le verbe l'une des questions :

A qui ? — de qui *?* — Pour qui *?* — Par qui *?* — En qui *?* — Avec qui *?* — Dans qui *?* pour les personnes ;

A quoi ? — de quoi. — Pour quoi *?* — Par quoi*?* — En quoi *?* — Avec quoi*?* — Dans quoi *?* pour les choses.

Comment ? — Quand *?* — Où. — D'où *?* — Pourquoi *?*

Ex. : J'écris *à* mon ami.

Elle répond *avec* modestie.

Je viens *de* la campagne.

J'écris *à qui ?* A mon ami. — Elle répond *avec quoi?* Avec modestie. — Je viens d'*où?* de la campagne. — *Ami, modestie, campagne,* sont les compléments indirects de *j'écris, elle répond, je viens.*

DÉVELOPPEMENT.

On appelle *complément direct* d'un verbe la *personne* ou la *chose* qui reçoit directement l'action exprimée par le verbe.

Ex. Pierre frappe *Paul*.

Paul est le complément direct de *frappe*, parce qu'il reçoit directement l'action faite par *Pierre*.

On peut encore dire que le complément direct est l'*être* en vue duquel est faite l'action exprimée par le verbe.

On appelle *complément indirect* d'un verbe tout mot qui, indépendamment du complément direct, sert à faire connaître d'une manière plus précise les circonstances de l'action exprimée par ce verbe.

Le complément indirect peut marquer :

1º l'*attribution*. Ex. *Le maître* donne une leçon *à l'élève*.

2º *le but*. Ex. Je vais *à Rome*.

3º *le point de départ*. Ex. Le Rhône descend *des Alpes*.

4º *le lieu*. Ex. Le bœuf paît *dans la prairie*.

5º *le temps*. Ex. Les naufrages sont fréquents *pendant les équinoxes*.

6º *l'instrument*. Ex. Il frappe *avec un marteau*.

7º *la cause*. Ex. Ce champ a été ravagé *par la grêle*.

8º *le motif*. Ex. Il étudie *pour s'instruire*.

9º *la manière*. Ex. *Combattre avec courage*.

101ᵉ **Dictée.** (ORTHOGRAPHE USUELLE.)

Il est souverainement ridicule de parler avec *affectation*. — On *appose* de grandes affiches. — Le sucre a beaucoup d'*affinité* pour l'eau. — On appelle *affluent* un cours d'eau qui se jette dans un autre. — Les chasseurs se mettent à l'*affût* du lapin. — Les grandes *agglomérations* d'hommes s'établissent surtout dans les vallées. — Certaines matières *agglutinantes* servent à raccommoder la faïence.

102ᵉ **Dictée.**

GÉOGRAPHIE DES ANIMAUX.

Chaque continent, chaque grande île a ses animaux particuliers : la Nouvelle-Zélande possédait naguère un oiseau gigantesque, l'aptéryx, dont la race paraît maintenant anéantie ; la grande île de Madagascar nourrissait aussi autrefois des oiseaux plus gigantesques encore, les æpiornis, dont un seul œuf était l'équivalent de cent-quatre-vingt-neuf œufs de poule ; l'Australie est la patrie des marsupiaux, c'est-à-dire des animaux à poche, parmi lesquels on cite le kanguroo. L'Amérique Méridionale nourrit la singulière tribu des paresseux, dont tous les individus sont si remarquables par la surprenante lenteur de leurs mouvements.

Exercice 154.

Règle 140. — Cherchez le complément direct. *Ecrivez : Le chien poursuit quoi ?* le lièvre.

Le chien *poursuit* le lièvre. — Le maçon *construit* une maison. — La perdrix *fait* son nid. — Le cultivateur *fauche* le blé. — Le jardinier *arrache* les mauvaises herbes. — Le soc de la charrue *ouvre* la terre. — Le vaisseau *fend* les mers. — Le bûcheron *abat* les arbres. — La sœur de charité *soigne* les malades. — L'enfant *mange* les cerises. — L'instituteur *réprimande* l'élève. — Le charron *fabrique* une voiture. — La flèche *blesse* l'oiseau.

Même Exercice. 155.

Règle 140. — La clef *que* tu perdis, je te *la* rends. *Ecrivez : Je perdis* quoi? *que* mis pour la clef. — Je te rends quoi ? *la* mis pour *elle*.

Le chien mord le chat. — Le cheval mange l'avoine. — La ménagère remplit son armoire. — La voisine file la laine. — Un grand danger *te* menace. — Dieu récompense la vertu. — La loi punit les voleurs, elle *les* emprisonne. — Je trouvai la clef que tu perdis, je te *la* rends. — As-tu vu mes oncles ? nous ne *les* connaissons pas. — La lune éclairait le vallon. — La petite fille berce l'enfant. — La blanchisseuse repasse le linge.

Exercice 156.

Règle 142. — Cherchez le complément indirect. *Ecrivez : il prie pour qui?* pour les voyageurs.

Il prie *pour* les voyageurs. — Je réponds *à* l'enfant. — Paul a écrit *à* son père. — Il s'assied *dans* le chemin. — Mon frère travaille *avec* ma sœur. — J'expédierai *par* le messager. — Charles revient *de* la campagne. — L'âne tombait *dans* le fossé. — Il regardait *par* la fenêtre. — L'instituteur parle *à* l'élève. — La jeune fille accourt *vers* sa mère. — Le soldat écrit *à* ses parents. — Notre Seigneur Jésus-Christ parlait *à* ses disciples.

Même exercice. 157.

Règle 142. — De l'eau, j'*en* bois. *Ecrivez : Je bois de quoi! en*, mis pour eau. — Je *vous* parle. *Ecrivez : je parle à qui ! à vous.*

Nous jouissons *du* repos. — Tu t'acquittes *de* ton devoir. — Je vais *à* la fontaine. — De l'eau, j'*en* bois. — Tu *lui* diras cela. — Je *vous* parle. — Il *nous* parle. — Tu *me* parles. — Le vaisseau cingle *vers* le port. — La maison *dont* tu me parles. — Nous *lui* devons notre tranquillité. — Mon pays, j'*y* pense. — Vos objections, j'*y* répondrai. — Le bélier s'embarrassa *par* les cornes *dans* un buisson. — La vérité triomphe *du* mensonge. — Les moutons paissent* *dans* les champs.

103ᵉ **Dictée.** (SUJET DE COMPOSITION.)

PROVENANCE DES ANIMAUX.

L'élève soulignera tous les substantifs.

Souvent nous sommes allés chercher fort loin les *animaux* qui peuplent aujourd'hui nos *basses-cours* et nos *volières*. Les *dindons* nous viennent des *forêts* et des *bruyères* de l'*Amérique* septentrionale ; les *faisans*, des *montagnes* qui longent les *bords* du *Phase*. Les *paons* sont originaires de *l'île* de *Java* ; nos *coqs* et nos *poules* paraissent avoir peuplé primitivement toutes les *îles* qui composent l'*archipel* de la *Sonde*. Quant aux *pintades*, assez récemment réduites en *domesticité*, on leur assigne l'*Afrique* pour patrie. On s'accorde généralement à regarder les *pigeons* comme indigènes. Toutes les *races* d'*oies* de nos *basses-cours* descendent des *oies* cendrées qui habitent encore les *mers*, les *plages* et les *marais* des *contrées* orientales de l'*Europe*.

104ᵉ **Dictée.** (*Suite.*)

Quoique les *canards* soient des *oiseaux* essentiellement voyageurs, les *régions* septentrionales des deux grands *continents* semblent être leur véritable *patrie*.

La *Corse*, la *Sardaigne* et quelques autres *îles* de la *Méditerranée* sont les *lieux* où l'on trouve l'*espèce* de *moutons* la plus anciennement connue, c'est-à-dire celle que l'on regarde comme la *souche* primitive de nos *moutons* domestiques. Les *cochons* d'*Inde* sont originaires de l'*Amérique* du Sud ; les *lapins*, de la *Barbarie* et de *l'Espagne*. Les *chevaux* et les *ânes*, acclimatés maintenant dans presque toutes les *parties* du *monde*, paraissent être sortis des grandes *plaines* que forme le haut *plateau* central de l'*Asie*.

105ᵉ **Dictée.** (*Ce*, DÉMONSTRATIF.)

La dictée faite, l'élève indiquera si *ce* est adjectif démonstratif ou pronom démonstratif.

Il faut ferrer *ce* cheval. — La douceur, voilà *ce* que j'aime. — Dites-moi *ce* que vous feriez si vous étiez riche. — Aimons Dieu et notre prochain ; *ce* commandement est le premier de tous. — *Ce* sont les vertus des peuples qui font fleurir les nations. — *Ce* que l'on conçoit bien s'énonce clairement. — *Ce* puits est très-profond. — *Ce* sera la première fois que j'irai à Paris. — Je ne puis vous accorder *ce* que vous me demandez. — *Ce* dont vous me parlez est impossible. — Il ne faut pas laisser *ce* fumier pourrir dans la cour. — Ce poéle fume ; voilà *ce* qui nous fait mal aux yeux. — *Ce* à quoi vous ne pensez pas, c'est que vous mourrez un jour. — *Ce* marchand est très-honnête ; *ce* qu'on lui reproche, c'est d'être un peu brusque.

Des modifications du Verbe.

143. — Le verbe peut subir quatre modifications : la *personne*, le *nombre*, le *temps* et le *mode*.

144. — **Personnes et nombres.** Il y a dans les verbes trois personnes, comme dans les pronoms ; et deux nombres, comme dans les noms.

145. — **Temps.** Il y a dans les verbes trois temps principaux : le *présent*, le *passé*, et le *futur*.

Un verbe est au *présent* quand il exprime une action qui a lieu au moment où l'on parle. Ex. : je lis, tu marches.

Un verbe est au *passé* quand il exprime une action déjà faite. Ex. : Je lisais, ils ont marché.

Le *passé* est souvent désigné sous le nom de *parfait*.

Un verbe est au *futur* quand il exprime qu'une action se fera. Ex. : Je lirai, ils marcheront.

146. — Il n'y a qu'un seul *présent :* je lis.

147. — On distingue cinq sortes de *passés :* l'*imparfait*, je lisais ; le *passé défini*, je lus ; le *passé indéfini*, j'ai lu ; le *passé antérieur*, j'eus lu ; le *plus-que-parfait*, j'avais lu.

148. — On distingue deux sortes de *futurs :* le *futur absolu*, je lirai ; le *futur antérieur*, j'aurai lu.

149. — **Modes.** Il y a dans les verbes six modes : l'*indicatif*, le *conditionnel*, l'*impératif*, le *subjonctif*, l'*infinitif*, et le *participe*.

150. — L'*indicatif* exprime une action certaine. Ex. : Je chante, vous marcherez.

---

143. Quelles modifications le verbe peut-il subir ?

144. Combien y a-t-il de personnes et de nombres dans les verbes ?

145. Combien y a-t-il de temps principaux ; quand un verbe est-il au présent, au passé ou au futur ?

146. Combien y a-t-il de présents ?

147. Combien distingue-t-on de sortes de passés ?

148. Combien distingue-t-on de sortes de futurs ?

149. Combien y a-t-il de modes ?

150. Qu'exprime l'indicatif ?

DÉVELOPPEMENT.

Les cinq Passés.

On emploie l'*imparfait* : 1° pour indiquer une action passée qui a eu lieu en même temps qu'une autre également passée.

Ex. : Pendant que je lisais, il *écoutait*.

2° Pour indiquer une action habituelle.

Ex. Il se *levait* toujours de grand matin.

On emploie surtout le *passé défini* pour indiquer une date précise ou un événement très-ancien.

Ex. : Charlemagne *mourut* en 814.

On ne peut employer le passé défini pour une chose qui a eu lieu dans un temps non entièrement écoulé. On ne dit pas : je ne *fis* rien cette semaine, mais je n'*ai* rien *fait* cette semaine.

On emploie le *passé indéfini* pour indiquer un événement récent et dont les effets durent encore.

Ex. : Le printemps *a commencé* le 21 mars.

Le passé indéfini peut indiquer une action accomplie dans un temps non entièrement écoulé.

Ex. : J'*ai reçu* ce mois-ci une lettre d'Amérique.

On emploie le *passé antérieur* pour indiquer un fait passé qui a précédé un autre fait également passé. Le passé antérieur s'emploie conjointement avec le passé défini.

Ex. : Quand la pluie *eut cessé*, je *partis*.

On emploie le *plus-que-parfait* dans la même circonstance que le passé antérieur, c'est-à-dire pour indiquer un fait passé qui a précédé un autre fait également passé ; mais le plus-que-parfait s'emploie conjointement avec l'imparfait, le passé défini ou le passé indéfini.

Ex. : Après que j'*avais travaillé, je me promenais*.

L'orateur n'*avait* pas *fini* de parler, que des cris *éclatèrent* dans l'assemblée.

J'*avais achevé* mon travail quand vous *avez sonné*.

Les deux Futurs.

On emploie le *futur absolu* pour indiquer une action à venir.

Ex. : Je *partirai* dans trois jours.

On emploie le *futur antérieur*, pour indiquer une action à venir qui doit en précéder une autre également à venir.

Ex. : Quand vous *aurez fini* votre tâche, vous recevrez votre salaire.

106ᵉ Dictée.

A recopier en indiquant le temps de chaque verbe.

Le soleil *luit* pour tout le monde. — Une grenouille *vit* un bœuf qui lui *sembla* de belle taille. — Une comète *apparut* dans le ciel. — Un aérolithe *est tombé* ici cette semaine. — La grêle *a ravagé* nos vignobles. — Si le vent *continue* à *souffler* du nord-ouest, il *pleuvra* demain.

151. — Le *conditionnel* exprime une action dépendant d'une condition. Ex. : Je marcherais.

152. — L'*impératif* exprime le commandement. Ex. : Chante, marchons.

153. — Le *subjonctif* exprime une action douteuse et dépendant d'une autre action. Ex. : Il se peut *que je chante* ; je désirerais que *vous parlassiez*.

154. — L'*infinitif* est le verbe changé en nom. Ex. : Manger, boire, c'est-à-dire *l'action de manger*, *l'action de boire*.

155. — Le *participe* est le verbe changé en adjectif. Ex. : Parlant, aimé, lu, fini.

Radical et terminaison.

156. — On distingue dans le verbe deux parties : le *radical* et la *terminaison*.

Le *radical* est au commencement du verbe et la *terminaison* à la fin.

Par exemple, dans *aim er*, *aim* est le radical, *er* est la terminaison ; — dans *nous labour ons*, *labour* est le radical, *ons* est la terminaison.

Des Conjugaisons.

157. — *Conjuguer* un verbe c'est réciter de suite toutes les formes que ce verbe peut prendre.

158. — Les verbes se conjuguent d'après quatre modèles différents qu'on appelle *conjugaisons*.

159. — Les quatre conjugaisons se distinguent les unes des autres par la terminaison de l'infinitif.

160. — La première conjugaison a l'infinitif terminé par *er*. Ex. : aim*er*, chant*er*.

161. — La deuxième a l'infinitif terminé par *ir*. Ex. : fin*ir*, part*ir*.

---

151. Qu'exprime le conditionnel ?
152. Qu'exprime l'impératif ?
153. Qu'exprime le subjonctif ?
154. Qu'est-ce que l'infinitif ?
155. Qu'est-ce que le participe ?
156. Quelles sont les deux parties qu'on distingue dans le verbe et comment sont-elles placées ?
157. Qu'est-ce que conjuguer un verbe ?

158. D'après combien de modèles les verbes se conjuguent-ils ?
159. Comment s'appelle chaque modèle et comment les conjugaisons se distinguent-elles les unes des autres ?
160. Comment se termine l'infinitif de la première conjugaison ?
161. Comment se termine l'infinitif de la deuxième conjugaison ?

DÉVELOPPEMENT. (*Suite.*)

Il est si vrai que l'infinitif est le verbe *changé en nom*, que beaucoup de verbes sont devenus de véritables noms. Tels sont : le *lever*, le *coucher*, le *déjeuner*, le *dîner*, le *souper*, le *boire*, le *manger*, etc.

Radical et terminaison.

Le *radical* est la partie du verbe indiquant la nature de l'action que le verbe exprime. Dans nous *frapp* -ons, le radical *frapp* indique la nature de l'action que le sujet accomplit.

Il y a des verbes qui ont plusieurs radicaux ; tel est le verbe *aller* qui a trois radicaux : *all, va, i* :

Nous *all -ons*, tu *va -s*, vous *i -rez*.

Le radical n'est pas toujours invariable comme on le croit communément. Il peut prendre différentes formes et s'écrire de différentes manières, selon la nature de la terminaison dont il est suivi.

Lev -er, je *lèv -e* ; tu *crain -s*, nous *craign -ons*. J'*absou -s*, vous *absolv -ez* ; que je *meur -e*, que nous *mour -ions*, etc.

La terminaison indique le *nombre* et la *personne* du sujet ainsi que le *temps*.

107ᵉ Dictée (COMPLÉMENTS.)

Le Maitre dictera le devoir suivant ; l'élève le recopiera en indiquant chaque complément direct (*c. d.*) et chaque complément indirect (*c. ind.*).

Je *me* (*c. d.*) promène sur la *route* (*c. ind.*). — Le chasseur a tué deux *corbeaux* (*c. d.*). — On bat le *blé* (*c. d.*) dans la *grange* (*c. ind.*). Je travaillai sans *relâche* (*c. ind.*) pendant toute la semaine dernière (*c. ind.*). — On apporte le *coton* (*c. d.*) des *pays* chauds (*c. ind.*). en *Europe* (*c. ind*). — L'alouette *s'* (*c. d.*) élève dans les *airs* (*c. ind*). — Les poissons nagent dans l'*eau* (*c. ind.*). — La grenouille coasse sur le *bord* (*c. ind.*) des étangs. — Il *se* (*c. d.*) repose à l'*ombre* (*c. ind.*) d'un chêne. — Le vent a déraciné les *arbres* (*c. d.*) de la route. — Le soldat a blessé son *ennemi* (*c. d.*) à l'*épaule* (*c. ind.*).

108ᵉ Dictée. (*Le, la, les.*)

Le, la, les sont pronoms quand ils signifient *lui, elle, eux, elles*. — L'élève indiquera si *le, la, les* sont articles ou pronoms.

Les (*art.*) fraises, je *les* (*pr.*) aime. — Ce livre, je *le* (*pr.*) lirai. — Nous visiterons *la* (*art.*) maison, et si nous *la* (*pr.*) trouvons à notre convenance, nous *l'* (*pr.*) achèterons. — On a creusé *le* (*art.*) puits. — Comme *le* (*art.*) four ne vaut plus rien, on *le* (*pr.*) démolira. — J'ai écrit à mes amis pour *les* (*pr.*) inviter à dîner. — Je détruirai *le* (*art.*) temple et je *le* (*pr.*) reconstruirai en trois jours. — Nous labourerons ces champs, puis nous *les* (*pr.*) ensemencerons.

162. — La troisième a l'infinitif terminé par *oir*. Ex. : rece*voir*.

163. — La quatrième a l'infinitif terminé par *re*. Ex. : romp*re*.

Verbes auxiliaires.

164. — On appelle verbes *auxiliaires* ceux qui aident à conjuguer les autres.

Il y a en français deux verbes auxiliaires : le verbe auxiliaire a**voir** et le verbe auxiliaire **être**.

Temps simples, temps composés.

165. — On appelle temps *simples* ceux qui sont formés d'un seul mot. Ex. : Nous *parlons;* vous *marchiez*.

On appelle temps *composés* ceux qui sont formés d'un auxiliaire et d'un participe passé. Ex. : Nous *avons parlé ;* vous *aviez marché*.

Exercice 158.

Règles 160-163. — Indiquer la conjugaison. *Ecrivez* : Aimer (1re conjugaison). — Avertir (2e conjugaison).

Aimer.	Oser.	Dépenser.	Joindre.
Avertir.	Marcher.	Asseoir.	Répandre.
Apercevoir.	Voir.	Mourir.	Répondre.
Labourer.	Fleurir.	Naître.	Ecouter.
Courir.	Entendre.	Taire.	Danser.
Interrompre.	Boire.	Filer.	Bénir.
Promettre.	Lire.	Traverser.	Mouvoir.

Exercice 159.

Règle 165. — Distinguer les temps simples des temps composés. *Ecrivez :* Je marche (temps simple). J'ai marché (temps composé).

Je marche.	Je pars.	Je cueille.
J'ai marché.	Il part.	Tu auras cueilli.
Nous marchons.	Il est parti.	Que j'eusse cueilli.
Tu marcheras.	Ils sont partis.	Qu'il cueille.
Tu auras marché.	Il partira.	Il cueillerait.
Il marchait.	Qu'il parte.	Tu eusses cueilli.
Il avait marché.	Qu'il soit parti.	Il cueillait.

---

162. Comment se termine l'infinitif de la troisième conjugaison ?

163. Comment se termine l'infinitif de la quatrième conjugaison ?

164. Qu'appelle-t-on verbes auxiliaires, combien y en a-t-il en français et quels sont-ils ?

165. Qu'appelle-t-on temps simples, et temps composés ?

DÉVELOPPEMENT.

Avoir et *être* sont les deux verbes auxiliaires, mais quelques autres verbes servent accidentellement d'auxiliaires. Tels sont *aller, venir, devoir, pouvoir* et *faire.*

Ex : Je *vais* écrire ; ils *vont* sortir ; je *dois* partir prochainement ; il *vient* d'arriver ; le temps *peut* se gâter ; *faire* rire, *faire* pleurer, etc.

Dans ces exemples, *aller* et *devoir* marquent le *futur* ; *venir*, le *passé* ; *pouvoir* une action dubitative et *faire* est un *causatif.*

109ᵉ **Dictée.** (ORTHOGRAPHE USUELLE.)

Ces *habits* sont en drap. — Ces *abîmes* sont profonds. — Les *aboiements* du chien s'entendent de loin la nuit. — Corrigeons-nous de nos mauvaises *habitudes.* — Les *haricots* sont très-nourrissants. — Il a planté des *herbes* potagères dans ces plates-bandes. — Il y a un *ermitage* au sommet de cette colline. — La *herse* est un instrument agricole très-employé. — Les *hiboux* ne sont pas beaux, mais ils sont utiles. — Les *ibis* sont des oiseaux qu'adoraient les Egyptiens. — L'*hiver* commence le vingt-un décembre. — L'*ivoire* est la matière qui compose les défenses de l'*éléphant.* — L'*horizon* était teint d'une belle couleur pourpre. — J'aime l'*omelette* aux fines *herbes.* — Les *orties* sont cultivées en Suède. — On a bâti deux *hospices* dans cette ville.

Corrigé 158.

L'élève écrira tout au long : 1ʳᵉ *conjugaison.*

Aimer. 1ʳᵉ *c.*	Fleurir. 2ᵉ *c.*	Traverser. 1ʳᵉ *c.*
Avertir. 2ᵉ *c.*	Entendre. 4ᵉ *c.*	Joindre. 4ᵉ *c.*
Apercevoir. 3ᵉ *c.*	Boire. 4ᵉ *c.*	Répandre. 4ᵉ *c.*
Labourer. 1ʳᵉ *c.*	Lire. 4ᵉ *c.*	Répondre. 4ᵉ *c.*
Courir. 2ᵉ *c.*	Dépenser. 1ʳᵉ *c.*	Ecouter. 1ʳᵉ *c.*
Interrompre. 4ᵉ *c.*	Asseoir. 3ᵉ *c.*	Danser. 1ʳᵉ *c.*
Promettre. 4ᵉ *c.*	Mourir. 2ᵉ *c.*	Bénir. 2ᵉ *c.*
Oser. 1ʳᵉ *c.*	Naître. 4ᵉ *c.*	Mouvoir. 3ᵉ *c.*
Marcher. 1ʳᵉ *c.*	Taire. 4ᵉ *c.*	
Voir. 3ᵉ *c.*	Filer. 1ʳᵉ *c.*	

Corrigé 159.

L'élève écrira tout au long : *Temps simple, temps composé.*

Je marche. *t. s.*	Je pars. *t. s.*	Je cueille. *t. s.*
J'ai marché. *t. c.*	Il part. *t. s.*	Tu auras cueilli. *t. c.*
Nous marchons. *t. s.*	Il est parti. *t. c.*	Que j'eusse cueilli. *t. c.*
Tu marcheras. *t. s.*	Ils sont partis. *t. c.*	Qu'il cueille. *t. s.*
Tu auras marché. *t. s.*	Il partira. *t. s.*	Il cueillerait. *t. s.*
Il marchait. *t. s.*	Qu'il parte. *t. s.*	Tu eusses cueilli. *t. c.*
Il avait marché. *t. c.*	Qu'il soit parti. *t. c.*	Il cueillait. *t. s.*

166. — *Verbe auxiliaire* AVOIR.

Mode indicatif.

PRÉSENT.

J'	ai.
Tu	as.
Il *ou* elle	a.
Nous	avons.
Vous	avez.
Ils *ou* elles	ont.

IMPARFAIT.

J'	avais.
Tu	avais.
Il *ou* elle	avait.
Nous	avions.
Vous	aviez.
Ils *ou* elles	avaient.

PASSÉ DÉFINI

J'	eus.
Tu	eus.
Il *ou* elle	eut.
Nous	eûmes.
Vous	eûtes.
Ils *ou* elles	eurent.

PASSÉ INDÉFINI.

J'ai	eu.
Tu as	eu.
Il *ou* elle a	eu.
Nous avons	eu.
Vous avez	eu.
Ils *ou* elles ont eu.	

PASS ANTÉRIEUR.

J'eus	eu.
Tu eus	eu.
Il *ou* elle eut	eu.
Nous eûmes	eu.
Vous eûtes	eu.
Ils *ou* elles eurent eu.	

PLUS-QUE-PARFAIT.

J'avais	eu.
Tu avais	eu.
Il *ou* elle avait	eu.
Nous avions	eu.
Vous aviez	eu.
Ils *ou* elles avaient eu.	

FUTUR.

J'	aurai.
Tu	auras.
Il *ou* elle	aura.
Nous	aurons.
Vous	aurez.
Ils *ou* elles auront.	

FUTUR ANTÉRIEUR.

J'aurai	eu.
Tu auras	eu.
Il *ou* elle aura	eu.
Nous aurons	eu.
Vous aurez	eu.
Ils *ou* elles auront eu.	

Mode Conditionnel

PRÉSENT.

J'	aurais.
Tu	aurais.
Il *ou* elle	aurait.
Nous	aurions.
Vous	auriez.
Ils *ou* elles auraient.	

PASSÉ (1re forme)

J'aurais	eu.
Tu aurais	eu.
Il *ou* elle aurait	eu.
Nous aurions	eu.
Vous auriez	eu.
Ils *ou* elles auraient eu.	

PASSÉ (2e forme).

J'eusse	eu
Tu eusses	eu.
Il *ou* elle eût	eu.
Nous eussions	eu.
Vous eussiez	eu.
Ils *ou* elles eussent eu.	

Mode Impératif.

PRÉSENT.

Sing. 2e *pers*, Aie.
Plur. 1re *pers*, Ayons.
— 2e *pers*, Ayez.

Mode Subjonctif.

PRÉSENT.

Que j'	aie.
Que tu	aies.
Qu'il *ou* qu'elle	ait.
Que nous	ayons.
Que vous	ayez.
Qu'ils *ou* qu'elles aient.	

IMPARFAIT.

Que j'	eusse.
Que tu	eusses.
Qu'il *ou* qu'elle eût.	
Que nous	eussions
Que vous	eussiez.
Qu'ils *ou* qu'elles eussent.	

PASSÉ.

Que j'aie	eu.
Que tu aies	eu.
Qu'il *ou* qu'elle ait	eu.
Que nous ayons	eu.
Que vous ayez	eu.
Qu'ils *ou* qu'elles aient eu.	

PLUS-QUE-PARFAIT.

Que j'eusse	eu
Que tu eusses	eu.
Qu'il *ou* qu'elle eût	eu
Que nous eussions	eu
Que vous eussiez	eu.
Qu'ils *ou* qu'elles eussent e	

Mode Infinitif.

PRÉSENT.

Avoir.

PASSÉ.

Avoir eu.

Mode Participe

PRÉSENT.

Ayant.

PASSÉ.

Eu, eue, ayant eu.

Conjuguez de même: Avoir raison, — Avoir tort. — Avoir faim, — Avoir soif, — Avoir chaud, — Avoir froid, — Avoir du courage, — Avoir mal à la tête, — Avoir de la bonne volonté, — Avoir de la prudence.

166. Conjuguez le verbe *Avoir*.

▸ 110ᵉ **Dictée**. (AUXILIAIRE *Avoir*.)

Nous *avons* faim. — J'*ai* soif. — Les Anglais *ont* de la houille en abondance. — La reine Marguerite de Provence *eut* peur de tomber vivante entre les mains des Sarrasins. — Il fallait que Bayard *eût* une rare intrépidité pour défendre seul la tête d'un pont. — Sans cet incident nous *aurions eu* achevé notre besogne. — J'*aurai* froid avec ce léger vêtement. — Vous *aurez* mal à la tête quand vous serez sur le sommet du mont Blanc. — Nous *eûmes* maille à partir avec nos adversaires. — Vous *eûtes* beaucoup de bonne volonté dans cette circonstance.

111ᵉ **Dictée**. (*Même sujet.*)

J'*ai* raison de soutenir que le travail triomphe des plus grands obstacles. — Il faut que j'*aie* raison de cet outrage. — Je crains que nous n'*ayons* une tempête cette nuit. — Il faut qu'un professeur *ait* une bonne dose de patience pour maîtriser la légèreté des écoliers. — Il faut que les jeunes filles *aient* soin d'apprendre à coudre et à tricoter. — Il fallait que Jeanne d'Arc *eût* un ardent amour de sa patrie pour se dévouer comme elle le fit. — *Ayant* mal à la tête, nous cesserons de travailler. — Nous *eûmes* bien de la peine à atteindre la rive à la nage. — Jeunes gens, il faut que vous *ayez* le plus profond respect pour les vieillards.

112ᵉ **Dictée**. (ORTHOGRAPHE USUELLE.)

Il tient ferme les *rênes* du cheval. — La *rhétorique* est l'art de bien dire. — Nous avons mangé un bon *râble* de lièvre. — On procède au *rhabillage* des meules du moulin. — On appelle *ratafia* une liqueur faite d'eau-de-vie, de sucre et de fruits. — Le *rhinocéros* est un énorme animal ayant une corne sur le nez. — Le *ricin* est une plante d'où l'on tire une huile purgative. — On appelle *rhombe* ou losange une figure terminée par quatre côtés égaux. — Les hommes meurent à tour de *rôle*. — Le *rôti* est plus nourrissant que le bœuf. — Le *rubis* est une pierre précieuse d'un *rouge* vif. — La *racine* de *rhubarbe* est purgative.

113ᵉ **Dictée**. (*Le, la, les.*)

Le (*art.*) beurre de Normandie est le (*art.*) meilleur qu'il y ait au monde ; je le (*pr.*) préfère à tous les (*art.*) autres. — Vous éplucherez ces haricots, vous mettrez les (*art.*) bons d'un côté et les (*art.*) mauvais de l' (*art.*) autre. — Pour débarrasser le (*art.*) blé des charançons, vous le (*pr.*) jetterez dans un tonneau avec du sulfure de carbone. — Avec ses canaux qui servent de rues, Venise est la (*art.*) ville la (*art.*) plus extraordinaire du monde. — La (*art.*) plus haute des pyramides d'Égypte a cent quarante-deux mètres.

Exercice 160.

Dites si les formes suivantes du verbe *avoir* sont au singulier ou pluriel. *Ecrivez* : Il a (3° personne du singulier).

Il a.	Vous eûtes.	Nous avons eu.
Nous avons.	Il eut.	J'aurai.
Vous aviez.	Nous eûmes.	Le père aura.
Ils ont.	J'eusse.	Les mères auront.
Tu as.	L'enfant eut.	Il aurait.
Il avait.	Les enfants eurent.	Nous aurions.

Exercice 161.

Remplacez par la deuxième personne du singulier. *Ecrivez* : J'aurai, *tu auras.* — J'ai, *tu as.*

J'aurai	J'aurai eu.	Que j'aie eu.
J'ai.	J'avais eu.	Que j'eusse eu.
J'ai eu.	J'eus.	Il aurait.
J'aurais.	J'eus eu.	Qu'il eût.
Que j'aie.	J'eusse eu.	Qu'il ait.
J'aurais eu.	Que j'eusse.	Il aura.

Exercice 162.

Remplacez par la deuxième personne du pluriel. *Ecrivez* : Nous aurions, *vous auriez.*

Nous aurions.	Nous aurions eu.	Que nous ayons.
Que nous eussions.	Que nous eussions eu.	Ils ont.
Nous avons.	Nous avions.	Ils auront.
Nous eûmes eu.	Ayons.	Qu'ils aient.
Nous avions eu.	Nous avons eu.	Ils eurent.
Nous aurons.	Nous aurons eu.	Ils auraient.

Exercice 163.

Indiquer le nombre, la personne, le temps et le mode. *Ecrivez* : Il avait eu (3° personne du singulier du plus-que-parfait de l'indicatif).

Il avait eu.	Qu'il eût eu.	J'aurais.
Aie.	Qu'il ait eu.	Qu tu aies eu.
Tu eusses eu.	Tu aurais.	Il a.
J'eus eu.	J'eus.	Tu auras.
J'ai eu.	Il avait.	Que j'aie.
Tu aurais eu.	Tu auras eu.	J'ai.

Même exercice. 164.

Ils auront.	Nous eûmes.	Nous eûmes eu.
Vous avez.	Vous auriez.	Vous eussiez eu.
Que nous ayons.	Qu'ils aient eu.	Ayez.
Que nous eussions.	Qu'ils eussent eu.	Nous avions eu.
Vous aurez eu.	Vous auriez eu.	Nous aurions.
Ils avaient.	Nous avons eu.	Ils auraient.

Corrigé 160.

— 3e pers. du sing. — 2e pers. du plur. — 1re pers. du plur.
— 1re pers. du plur. — 3e pers. du sing. — 1re pers. du sing.
— 2e pers. du plur. — 1re pers. du plur. — 3e pers. du sing.
— 3e pers. du plur. — 1re pers. du sing. — 3e pers. du plur.
— 2e pers. du sing. — 3e pers. du sing. — 3e pers. du sing.
— 3e pers. du sing. — 3e pers. du plur. — 1re pers. du plur.

Corrigé 161.

— tu auras. — tu auras eu. — que tu aies eu.
— tu as. — tu avais eu. — que tu eusses eu.
— tu as eu. — tu eus. — tu aurais.
— tu aurais. — tu eus eu. — que tu eusses.
— que tu aies. — tu eusses eu. — que tu aies.
— tu aurais eu. — que tu eusses. — tu auras.

Corrigé 162.

— vous auriez. — vous auriez eu. — que vous ayez.
— que vous eussiez. — que vous eussiez eu. — vous avez.
— vous avez. — vous aviez. — vous aurez.
— vous eûtes eu. — ayez. — que vous ayez.
— vous aviez eu. — vous avez eu. — vous eûtes.
— vous aurez. — vous aurez eu. — vous auriez.

Corrigé 163.

— 3e pers. s. pl.-q.-p. de l'ind. — 1re pers. sing. pass. déf.
— 2e pers. s. prés. de l'impér. — 3e pers. sing. imp. de l'ind.
— 2e pers. s. pl.-q.-p. du subj. — 2e pers. sing. fut. antér.
— 1re pers. sing. pass. antér. — 1re pers. sing. cond. prés.
— 1re pers. sing. pass. indéf. — 2e pers. sing. pass. du subj.
— 2e p. s. pas. du cond. 1re forme. — 3e pers. sing. ind. prés.
— 3e pers. s. pl.-q.-p. du subj. — 2e pers. sing. fut.
— 3e pers. sing. pass. du subj. — 1re pers. du prés. du subj.
— 2e pers. sing. du cond. prés. — 1re pers. de l'ind. prés.

Corrigé 164.

— 3e pers. plur. fut. — 3e pers. pl. pl.-q.-p. du subj.
— 2e pers. plur. prés. de l'ind. — 2e p. pl. pas. du cond. 1re fme.
— 1re pers. plur. subj. prés. — 1re pers. plur. pass. indéf.
— 1re pers. plur. imp. du subj. — 1re pers. pl. pas. ant. 2e forme.
— 3e pers. plur. fut. antér. — 2e pers. plur. pass. du cond.
— 3e pers. pl. imp. de l'ind. — 2e pers. plur. impér.
— 1re pers. plur. pas. déf. — 1re pers. pl. pl.-q.-p. de l'ind.
— 2e pers. plur. prés. du cond. — 1re pers. plur. cond. prés.
— 3e pers. plur. pass. du subj. — 3e pers. plur. cond. prés.

4.

167. — *Verbe auxiliaire* ÊTRE.

Mode Indicatif.

PRÉSENT.

Je	suis
Tu	es.
Il *ou* elle	est.
Nous	sommes.
Vous	êtes.
Ils *ou* elles	sont.

IMPARFAIT.

J'	étais.
Tu	étais.
Il *ou* elle	était.
Nous	étions.
Vous	étiez.
Ils *ou* elles	étaient.

PASSÉ DÉFINI.

Je	fus.
Tu	fus.
Il *ou* elle	fut.
Nous	fûmes.
Vous	fûtes.
Ils *ou* elles	furent.

PASSÉ INDÉFINI.

J'ai	été.
Tu as	été.
Il *ou* elle a	été.
Nous avons.	été.
Vous avez	été.
Ils *ou* elles ont été.	

PASSÉ ANTÉRIEUR.

J'eus	été.
Tu eus	été.
Il *ou* elle eut	été.
Nous eûmes	été.
Vous eûtes	été.
Ils *ou* elles eurent été.	

PLUS-QUE-PARFAIT.

J'avais	été.
Tu avais	été.
Il *ou* elle avait	été.
Nous avions	été.
Vous aviez	été.
Ils *ou* elles avaient été.	

FUTUR.

Je	serai.
Tu	seras.
Il *ou* elle	sera.
Nous	serons.
Vous	serez.
Ils *ou* elles	seront.

FUTUR ANTÉRIEUR.

J'aurai	été.
Tu auras	été.
Il *ou* elle aura	été.
Nous aurons.	été.
Vous aurez	été.
Ils *ou* elles auront été.	

Mode Conditionnel.

PRÉSENT.

Je	serais.
Tu	serais.
Il *ou* elle	serait.
Nous	serions.
Vous	seriez.
Ils *ou* elles	seraient.

PASSÉ (1re *forme*).

J'aurais	été.
Tu aurais	été.
Il *ou* elle aurait	été.
Nous aurions	été.
Vous auriez	été.
Ils *ou* elles auraient été.	

PASSÉ (2e *forme*).

J'eusse	été.
Tu eusses	été.
Il *ou* elle eût	été.
Nous eussions	été.
Vous eussiez	été.
Ils *ou* elles eussent été.	

Mode Impératif.

Sing. 2e *pers.*	Sois.
Plur. 1re *pers.*	Soyons.
— 2e *pers.*	Soyez.

Mode Subjonctif.

PRÉSENT.

Que je	sois.
Que tu	sois.
Qu'il *ou* qu'elle	soit.
Que nous	soyons
Que vous	soyez.
Qu'ils *ou* qu'elles	soient.

IMPARFAIT.

Que je	fusse.
Que tu	fusses.
Qu'il *ou* qu'elle	fût.
Que nous	fussions
Que vous	fussiez.
Qu'ils *ou* qu'elles	fussent

PASSÉ.

Que j'aie	été.
Que tu aies	été.
Qu'il *ou* qu'elle ait	été.
Que nous ayons	été.
Que vous ayez	été.
Qu'ils *ou* qu'elles aient été	

PLUS-QUE-PARFAIT.

Que j'eusse	été.
Que tu eusses	été.
Qu'il *ou* qu'elle eût	été.
Que nous eussions	été.
Que vous eussiez	été.
Qu'ils *ou* qu'elles eussent été	

Mode Infinitif.

PRÉSENT.

Etre.

PASSÉ.

Avoir été.

Mode Participe.

PRÉSENT.

Etant.

PASSÉ.

Été, ayant été.

167. Conjuguez le verbe auxiliaire *Être.*

114ᵉ **Dictée.** (SUJET DE COMPOSITION.)

LE VER LUISANT.

Pendant une nuit assez sombre, un jeune ver luisant se pavanait sur une feuille, tout fier de son éclat. « Je suis le roi des insectes, se disait-il, l'abeille, la fourmi, la chenille ne sont rien auprès de moi. » Comme il parlait ainsi, un merle, perché sur un arbre voisin, apercevant le ver à la faveur de son éclat, vole vers l'orgueilleux et le gobe. — Pour vivre heureux, vivons cachés.

115ᵉ **Dictée.** (AUXILIAIRE *être*.)

Si tu *es* paresseux, tu *seras* toujours pauvre. — Je *suis* ahuri du bruit que l'on fait autour de moi. — Puisque Louis est malade, il faut qu'il *ait* le courage d'endurer ses souffrances. — Nous *fûmes* sensibles aux politesses de nos hôtes. — L'Amérique *fut* longtemps inconnue aux Européens, quoique sa partie septentrionale ne *fût* pas à une grande distance de l'Islande. — Je ne *serai* jamais négligent. — Vous *serez* bien bon, monsieur, de me rendre ce service, et je vous en *serai* reconnaissant. — Il faut que je *sois* à Bordeaux la semaine prochaine. — *Sois* honnête, et tu prospéreras. — Il convient que vous *soyez* poli avec tout le monde, aussi bien envers vos inférieurs qu'envers vos supérieurs.

116ᵉ **Dictée.** (*Même sujet.*)

Mes enfants, *êtes*-vous attentifs à la leçon? — Quand nous *fûmes* sur le bord du cratère de ce volcan, nous *eûmes* peur. — Il faudrait que cette chambre *fût* plus grande. — Dès que vous *fûtes* de retour, on vous annonça les événements survenus pendant votre absence. — Mesdames, *est*-ce que vous *êtes* indisposées? — Il faudrait donner de chauds vêtements aux pauvres, ne *fût*-ce même que des vêtements très-grossiers. — Mes neveux *étaient* doux et obéissants. — Nous *serions* contents de vous voir près de nous. — Si tu *es* vertueux, tu *seras* heureux. — Ces souvenirs *sont* bien douloureux.

117ᵉ **Dictée.** (ORTHOGRAPHE USUELLE.)

L'*ambre* est une sorte de résine transparente que l'on trouve sur les rivages de la mer Baltique. — L'*embouchure* d'un fleuve s'appelle encore un estuaire. — Les Égyptiens savaient *embaumer* les corps. — L'*ambition* perd les hommes. — Cette brûlure a occasionné des *ampoules*. — Le coq est l'*emblème* de la vigilance. — Un animal *amphibie* est un animal qui vit sur terre et dans l'eau. — L'*embarcadère* du chemin de fer était *encombré* de voyageurs. — Le vaisseau jette l'*ancre*. — J'aime à écrire avec de très-bonne *encre*. — Les *andouilles* sont des boyaux de porc pleins de chair hachée.

Exercice 165.

Remplacez par la deuxième personne du singulier. *Écrivez* : Il est, *tu es*.

Il est.
Il sera.
Qu'il soit.
Il était.
Il aura été.
Qu'il fût.

Il fut.
Il serait.
Qu'il ait été.
Il a été.
Il aurait été.
Qu'il eût été.

Il eût été.
Il eût été.
Il avait été.
Je serai.
Je serais.
Je fus.

Exercice 166.

Dites si les temps suivants sont au présent, au passé ou au futur. *Écrivez* : Je suis (présent), je serai (futur).

Je suis.
Je serai.
Je fus.
Nous sommes.
Nous serons.
Ils seront.

Tu es.
Ils sont.
Tu seras.
J'ai été.
Vous serez.
Nous avons été.

Il sera.
Il est.
Ils sont.
Ils seront.
Tu es.
Tu as été.

Exercice 167.

Dites si les temps suivants sont au passé indéfini, au passé antérieur ou au plus-que-parfait. *Écrivez* : J'ai été (passé indéfini).

J'ai été.
J'eus été.
J'avais été.
Ils avaient été.
Nous avons été.
Tu eus été.

Il eut été.
Tu avais été.
Tu as été.
Ils eurent été.
Nous avions été.
Vous avez été.

Il a été.
Nous eûmes été.
Il avait été.
Vous aviez été.
Vous eûtes été.
Ils ont été.

Exercice 168.

Indiquez la personne, le nombre, le temps et le mode. *Écrivez* : Il avait été (3ᵉ personne du singulier du plus-que-parfait de l'indicatif.

Il avait été.
Sois.
Tu eusses été.
J'eus été.
J'ai été.
Tu aurais été.

Qu'il eût été.
Qu'il ait été.
Tu serais.
Je fus.
Il était.
Tu auras été.

Je serais.
Que tu aies été.
Il est.
Tu seras.
Que je sois.
Je suis.

Même Exercice. 169.

Ils seront.
Vous êtes.
Que nous soyons.
Que nous fussions.
Vous aurez été.
Ils étaient.

Nous fûmes.
Vous seriez.
Qu'ils aient été.
Qu'ils eussent été.
Vous auriez été.
Nous avons été.

Nous eûmes été.
Vous eussiez été.
Soyez.
Nous serions.
Nous avions été.
Ils seraient.

Corrigé 165.

— tu es, — tu seras, — que tu sois, — tu étais, — tu auras été, — que tu fusses, — tu fus, — tu serais, — que tu aies été, — tu as été, — tu aurais été, — que tu eusses été, — tu eus été, — tu eusses été, — tu avais été, — tu seras, — tu serais, — tu fus.

Corrigé 166.

Dites si les temps suivants sont au présent, au passé ou au futur. *Ecrivez :* Je suis (présent), je serai (futur).

Je suis. *prés.*	Tu es. *prés.*	Il sera. *fut.*
Je serai. *fut.*	Ils sont. *prés.*	Il est. *prés.*
Je fus. *pas.*	Tu seras. *fut.*	Ils sont. *prés.*
Nous sommes. *prés.*	J'ai été. *pas.*	Ils seront. *fut.*
Nous serons. *fut.*	Vous serez. *fut.*	Tu es. *prés.*
Ils seront. *fut.*	Nous avons été. *pas.*	Tu as été. *pas.*

Corrigé 167.

Dites si les temps suivants sont au passé indéfini, au passé antérieur ou au plus-que-parfait. *Ecrivez :* J'ai été (passé indéfini).

J'ai été. *p. ind.*	Ils eurent été. *p. ant.*
J'eus été. *p. ant.*	Nous avions été. *pl.-q.-p.*
J'avais été. *pl.-q.-p.*	Vous avez été. *p. ind.*
Ils avaient été. *pl.-q.-p.*	Il a été. *p. ind.*
Nous avons été. *p. ind.*	Nous eûmes été. *p. ant.*
Tu eus été. *p. ant.*	Il avait été. *pl.-q.-p.*
Il eut été. *p. ant.*	Vous aviez été. *pl.-q.-p.*
Tu avais été. *pl.-q.-p.*	Vous eûtes été. *p. ant.*
Tu as été. *p. ind.*	Ils ont été. *p. ind.*

Corrigé 168.

— 3e pers. s. pl.-q.-p. de l'ind.	— 1re pers. s. pas. déf.
— 2e pers. s. impér.	— 3e pers. s. imp. de l'ind.
— 2e p. s. pas. du cond. 2e forme.	— 2e pers. s. fut. ant.
— 1re pers. s. pas. ant.	— 1re pers. s. cond. prés.
— 1re pers. sing. pas. ind.	— 2e pers. s. pas. du subj.
— 2e p. s. pas. du cond. 1re forme.	— 3e pers. s. ind. prés.
— 3e pers. s. pl.-q.-p. du subj.	— 2e pers. s. fut.
— 3e pers. s. pas. du subj.	— 1re pers. s. prés. du subj.
— 2e pers. cond. prés.	— 1re pers. s. ind. prés.

Corrigé 169.

— 3e pers. plur. fut.	— 3e pers. plur. pl.-q.-p. du subj.
— 2e pers. plur. prés. de l'ind.	— 2e p. pl. pas. du cond. 1re forme.
— 1re pers. plur. subj. prés.	— 1re pers. plur. pas. indéf.
— 1re pers. plur. imp. du subj.	— 1re pers. plur. pas. ant.
— 2e pers. plur. fut. ant.	— 2e p. pl. pas. du cond. 2e forme.
— 3e pers. plur. imp. de l'ind.	— 2e pers. plur. impér.
— 1re pers. plur. pas. déf.	— 1re pers. plur. cond. prés.
— 2e pers. plur. cond. prés.	— 1re pers. plur. pl.-q.-p. de l'ind.
— 3e pers. plur. pas. du subj.	— 3e pers. plur. du cond. prés.

Accord du Verbe ÊTRE avec son sujet.

168. — **Règles d'accord du verbe être.** Le verbe *être* s'accorde en personne et en nombre avec son sujet.

Ex. : *Vous êtes,*

êtes est à la seconde personne et au pluriel, parce que son sujet *vous* est de la seconde personne et du pluriel.

169. — Quand le verbe *être* a pour sujets deux noms au singulier, il se met à la troisième personne du pluriel.

Ex. : Pierre et Paul *sont* malades.

Accord de l'attribut avec le sujet.

170. — On appelle **attribut** l'adjectif qui accompagne le verbe *être*.

Ex. : L'air est *pur* ;
　　　L'eau est *fraîche* ;
pur est l'attribut de *air* ; *fraîche* est l'attribut de *eau*.

171. — **Règles d'accord de l'attribut.** 1° L'*attribut* se met au même genre et au même nombre que le sujet du verbe *être*.

Ex. : Le fruit est *mûr* ;
　　　Les poires sont *bonnes*.

2° Quand il y a deux sujets au singulier, l'attribut se met au pluriel.

Ex. : Cet abricot et ce raisin sont *excellents*.
　　　Cette pêche et cette poire sont *excellentes*.
　　　Cet abricot et cette pêche sont *excellents*.

---

168. Comment s'accorde le verbe *être* ?

169. Comment écrit-on le verbe *être* quand il a pour sujets deux noms au singulier ?

170. Qu'appelle-t-on attribut ?

171. Quelles sont les deux règles d'accord de l'attribut ?

118ᵉ **Dictée.** (SUJET DE COMPOSITION.)

LE MOUTON.

« Allons, allons! qu'on me laisse faire, disait un tout jeune mouton. Que fait là ce berger qui me gêne? Qu'a-t-il de plus que moi? Et ce maudit chien, de quoi se mêle-t-il? Cette manière de vivre ne me plaît guère, je veux la changer. » Ainsi dit, ainsi fait, le jeune mouton s'esquive. Le voilà parti, broutant de tous côtés, gambadant, courant et trottant. Mais voilà qu'au détour d'un bois, survient un loup qui l'étrangle. — Soumettons-nous à la règle.

119ᵉ **Dictée.** (ACCORD DU VERBE ET DE L'ATTRIBUT.)

L'âne *est sobre.* — Les ânes *sont sobres.* — L'ânesse *est sobre.* — Les ânesses *sont sobres.* — Le coq *est hardi.* — Les coqs *sont hardis.* — La poule *est hardie.* — Les poules *sont hardies.* — Le fruit *est mûr.* — Les fruits *sont mûrs.* — La fraise *est mûre.* — Les fraises *sont mûres.* — Le mur *était épais.* — Les murs *étaient épais.* — La cloison *était épaisse.* — Les cloisons *étaient épaisses.* — Le cheval *serait brun.* — Les chevaux *seraient bruns.* — La jument *serait brune.* — Les juments *seraient brunes.* — Que l'écolier *soit attentif.* — Que les écoliers *soient attentifs.*

120ᵉ **Dictée.** (*Même sujet.*)

Moi, Nicolas, je *serai loyal.* — Toi, Catherine, tu *seras loyale.* — Il *est frileux.* — Elle *est frileuse.* — Nous autres, enfants, nous *sommes légers.* — Vous autres, jeunes filles, vous *fûtes imprudentes.* — Ils seront *brutaux.* — Elles *seraient impartiales.* — Les champignons *étaient comestibles.* — Les planchers *sont horizontaux.* — Les prairies *étaient vastes.* — Les violettes *seraient odorantes.* — Le père et l'oncle *sont robustes.* — La mère et la tante *étaient jolies.* — La cave et le cellier *auront été humides.* — Ces graines *sont dures, grises* et *luisantes.* — La grange et le grenier sont *pleins* de fourrage.

121ᵉ **Dictée.** (*Même sujet.*)

La moisson et la vendange *furent abondantes.* — Le peuplier et le sapin *sont gigantesques.* — L'aubépine et le prunellier *sont épineux.* — La crème et le lait *sont blancs.* — Cette mousse et ce lichen *sont verdâtres.* — Ce champignon et cette morille *sont bons* à manger. — Ce navet et cette carotte *sont* extrêmement *lourds.* — Ce hache-paille et cette baratte *sont* fort *ingénieux.* — La laitue et la chicorée *sont* également *bonnes.* — Le pissenlit et la barbe de capucin *sont amers.* — Le cresson et la moutarde *sont piquants.* — Cette bière et ce vin *étaient nouveaux.* — Le raisin et la poire *seront* bientôt *mûrs.*

Exercice 170.

Conjuguez les verbes suivants :

1º Etre attentif.   4º Etre heureux.
2º Etre respectueux.   5º Etre menteur.
3º Etre pieux.   6º Etre étourdi.

Exercice 171.

Règle 171. — Remplacez les points par le verbe *être* et l'attribut. Écrivez : Le lion est *vieux*, les lions sont *vieux* ; la lionne est vieille, les lionnes *sont vieilles*.

Le lion *est vieux*, les lions..., la lionne..., les lionnes...

Ce monument *était spacieux*, ces monuments..., cette église..., ces églises...

Le pré *sera vert*, les prés..., la prairie.... les prairies...

Le ruisseau *est clair*, les ruisseaux..., la rivière..., les rivières...

Le puits *serait profond*..., les puits..., la fontaine..., les fontaines...

Le chemin *fut court*, les chemins..., la route..., les routes...

L'abricot *avait été hâtif**, les abricots..., la prune..., les prunes...

Exercice 172.

Remplacez les points par le verbe *être* et l'attribut. *Écrivez* : Je suis malade, Pierre et Paul *sont malades*.

Je suis *malade*, Pierre et Paul...
Il est *vert*, la forêt et la prairie...
Il serait *neuf*, l'armoire et la commode...
Il fut *mûr*, l'abricot et la pêche...
Il était *rusé*, le singe et le renard...
Il sera *acide*, la cerise et la groseille...
Il est *étroit*, les chemins...
Il est *hardi*, les lionnes...
Ils seraient *courageux*, le lion et la lionne...
Que je sois *adroit*, que la mère et la fille...

Même exercice. 173.

J'avais été *laborieux*, le charpentier et le menuisier...
Il serait *utile*, la paix et la concorde...
Je suis *poli*, le jardinier et la jardinière...
Il est *robuste*, le cheval et l'âne...
Il était *glouton*, le coq et la poule...
Je suis *gai*, le fermier et la fermière...
Il a été *tendre*, les carottes...
Il est *sucré*, les navets et les betteraves...
Il aura été *acerbe**, le coing et la nèfle...
Il est *hypocrite**, le renard et la hyène...

Corrigé 171.

— Les lions *sont vieux*, la lionne *est vieille*, les lionnes *sont vieilles.*

— Ces monuments *étaient spacieux*, cette église *était spacieuse*, ces églises *étaient spacieuses.*

— Les prés *seront verts*, la prairie *sera verte*, les prairies *seront vertes.*

— Les ruisseaux *seront clairs*, la rivière *sera claire*, les rivières *seront claires.*

— Les puits *seraient profonds*, la fontaine *serait profonde*, les fontaines *seraient profondes.*

— Les chemins *furent courts*, la route *fut courte*, les routes *furent courtes.*

— Les abricots *avaient été hâtifs*, la prune *avait été hâtive*, les prunes *avaient été hâtives.*

Corrigé 172.

— Pierre et Paul *sont malades.*

— La forêt et la prairie *sont vertes.*

— L'armoire et la commode *seraient neuves.*

— L'abricot et la pêche *furent mûrs.*

— Le singe et le renard *étaient rusés.*

— La cerise et la groseille *seront acides.*

— Les chemins *sont étroits.*

— Les lionnes *sont hardies.*

— Le lion et la lionne *seraient courageux.*

— Que la mère et la fille *soient adroites.*

Corrigé 173.

— Le charpentier et le menuisier *avaient été laborieux.*

— La paix et la concorde *seraient utiles.*

— Le jardinier et la jardinière *sont polis.*

— Le cheval et l'âne *sont robustes.*

— Le coq et la poule *étaient gloutons.*

— Le fermier et la fermière *sont gais.*

— Les carottes *ont été tendres.*

— Les navets et les betteraves *sont sucrés.*

— Le coing et la nèfle *auront été acerbes.*

— Le renard et la hyène *sont hypocrites.*

122ᵉ Dictée.

L'Espagne est arrosée par des fleuves qui parcourent des vallées profondément encaissées. — De beaux arbres verts ont été plantés dans ce parc. — La laine de ces mérinos était blanche, abondante et fine. — Les enfants seront attentifs à la leçon, car ils l'ont bien promis. — Les fleurs dont nos prairies sont émaillées sont plus variées que celles dont la nature a orné les pelouses des régions tropicales. — Les abeilles sont avides des fleurs du thym, de la sauge, du sarrasin, des bruyères et d'une infinité d'autres plantes.

Première Conjugaison.

172. — *Verbe* AIM ER. — *Radical Aim.*

Mode Indicatif.

PRÉSENT.

J' aim e.
Tu aim es.
Il aim e.
Nous aim ons.
Vous aim ez.
Ils aim ent.

IMPARFAIT.

J' aim ais.
Tu aim ais.
Il aim ait.
Nous aim ions.
Vous aim iez.
Ils aim aient.

PASSÉ DÉFINI.

J' aim ai.
Tu aim as.
Il aim a.
Nous aim âmes.
Vous aim âtes.
Ils aim èrent.

PASSÉ INDÉFINI.

J'ai aim é.
Tu as aim é.
Il a aim é.
Nous avons aim é.
Vous avez aim é.
Ils ont aim é.

PASSÉ ANTÉRIEUR.

J'eus aim é.
Tu eus aim é.
Il eut aim é.
Nous eûmes aim é.
Vous eûtes aim é.
Ils eurent aim é.

PLUS-QUE-PARFAIT.

J'avais aim é.
Tu avais aim é.
Il avait aim é.
Nous avions aim é.
Vous aviez aim é.
Ils avaient aim é.

FUTUR.

J' aimer ai.
Tu aimer as.
Il aimer a.
Nous aimer ons.
Vous aimer ez.
Ils aimer ont.

FUTUR ANTÉRIEUR.

J'aurai aim é.
Tu auras aim é.
Il aura aim é.
Nous aurons aim é.
Vous aurez aim é.
Ils auront aim é.

Mode Conditionnel.

PRÉSENT.

J' aimer ais.
Tu aimer ais.
Il aimer ait.
Nous aimer ions.
Vous aimer iez.
Ils aimer aient.

PASSÉ (1re *forme*).

J'aurais aim é.
Tu aurais aim é.
Il aurait aim é.
Nous aurions aim é.
Vous auriez aim é.
Ils auraient aim é.

PASSÉ (2e *forme*).

J'eusse aim é.
Tu eusses aim é.
Il eût aim é.
Nous eussions aim é.
Vous eussiez aim é.
Ils eussent aim é.

Mode Impératif.

PRÉSENT.

Sing. 2e *pers.* Aim e.
Plur. 1re *pers.* Aim ons.
— 2e *pers.* Aim ez.

Mode Subjonctif.

PRÉSENT.

Que j' aim e.
Que tu aim es.
Qu'il aim e.
Que nous aim ions.
Que vous aim iez.
Qu'ils aim ent.

IMPARFAIT.

Que j' aim asse.
Que tu aim asses.
Qu'il aim ât.
Que nous aim assions.
Que vous aim assiez.
Qu'ils aim assent.

PASSÉ.

Que j'aie aim é.
Que tu aies aim é.
Qu'il ait aim é.
Que nous ayous aim é.
Que vous ayez aim é.
Qu'ils aient aim é.

PLUS-QUE-PARFAIT.

Que j'eusse aim é
Que tu eusses aim é
Qu'il eût aim é
Que nous eussions aim é
Que vous eussiez aim é
Qu'ils eussent aim é

Mode Infinitif.

PRÉSENT.

Aim er.

PASSÉ

Avoir aim é.

Mode Participe.

PRÉSENT.

Aim ant.

PASSÉ.

Aim é, aim ée, ayant aim é

Conjuguez de même : chanter, parler, labourer, planter, semer, herser, adorer, trouver, habiter, travailler, donner, penser, imaginer, estimer, visiter, clouer, commander, louer, enseigner, achever, réclamer, épuiser, former, souhaiter.

172. Conjuguez le verbe *Aimer.*

123e Dictée. (SUJET DE COMPOSITION.)

LE MENSONGE.

Un berger, nommé Guillot, cria un jour pour s'amuser : au loup! au loup! Tous les bergers accoururent à son secours. Quand ils virent que Guillot se moquaient d'eux, ils s'en retournèrent mécontents. Deux jours après, un loup, cette fois, se rua sur le troupeau. Guillot eut beau crier au loup! au loup! personne ne bougea. — Il est mauvais de mentir, même en riant.

124e Dictée. (1re CONJUGAISON.)

Nous *louerons* le Seigneur. — Je vous *prierai* de me rendre un service. — Vous *prierez* vos parents de nous *accompagner*. — Nous *plantâmes* ces arbres l'année dernière. — Ils *défricheront* cette luzerne le mois prochain. — Nous *abordâmes* enfin au rivage et nous nous *installâmes* dans l'île. — Vous *édifiâtes* tout le monde par votre recueillement. — Il faudrait que l'on *reboisât* les montagnes. — Vous *parlez* beaucoup trop. — Je vous *parlai* l'autre jour d'une affaire importante. — Vous *plierez* cette feuille en quatre. — *Aime* ton prochain comme toi-même. — Il faudrait qu'il *eût labouré* ce champ avant midi. — Ils *ont navigué* dans la mer Rouge.

125e Dictée. (*Même sujet.*)

Les pêcheurs *jettent* leurs filets. — Louis et Paul *marchent* au pas. — La fouine et le renard *aiment* la volaille. — Les pigeons *s'envolent* du colombier. — Nous *escaladâmes* la montagne. — *Traversâtes*-vous le Sahara? — Si je commettais une faute, je *supplierais* le Seigneur de me la *pardonner*. — Je vous *avouerai* que je n'*ai* pas *travaillé* aujourd'hui. — Ces femmes *ont filé* toute la journée. — Les voisines *ont acheté* du beurre. — Les grains *ont germé* vite. — Je *planterai* des pommes de terre. — Je *planterais* des haricots s'il n'était pas trop tard. — Si les soldats *désertaient* devant l'ennemi, on les *fusillerait*.

126e Dictée. (ORTHOGRAPHE USUELLE.)

L'*embonpoint* de cette femme est énorme. — Un *amphithéâtre* de montagnes s'offrait à nos yeux. — L'*anse* de ce panier ne tient plus. — On a contracté un *emprunt*. — Le forgeron frappe sur l'*enclume*. — Cet enfant a une *ankylose* au genou. — Le goître est une maladie *endémique*. — On a accueilli le libérateur avec *enthousiasme*. — Vous me chantez là une singulière *antienne*. — Les ailes du condor ont huit mètres d'*envergure*. — Nous craignons de pénétrer dans cet *antre* obscur. — Les *anthropophages* sont des hommes qui mangent de la chair humaine. — Un *entrepôt* est un lieu où l'on met des marchandises en dépôt.

Exercice 174.

Indiquez la personne, le nombre, le temps, le mode, la conjugaison.
Écrivez : Je cultive, 1re personne du singulier du présent de l'Indicatif du verbe cultiver, 1re conjugaison.

Je cultive.	Je plierai.	Nous avons mesuré.
Je donnai.	J'envoie.	Je travaillerai.
Je chanterai.	Nous envoyons.	Ils ont voyagé.
Tu as labouré.	Je solliciterai.	Il a traversé.
J'ai amassé.	Nous informerons.	Nous lavons.
J'eus parlé.	Je donnais.	Vous évitâtes.

Exercice 175.

Mettez le verbe au présent de l'indicatif. *Écrivez* : tu *fauches* le blé.

Tu (*faucher*) le blé. — Tu (*éplucher*) les légumes. — Nous (*habiter*) la campagne. — Je (*raconter*) une histoire. — Nous (*passer*) notre temps. — Vous (*nettoyer*) votre fusil. — Il (*curer*) le puits. — Elle (*planter*) des haricots. — L'étoile (*briller*) au firmament. — Les herbes (*pousser*) dans le champ. — Les enfants (*crier*) à tue-tête. — La poule (*couver*) ses œufs. — Le bedeau (*sonner*) les cloches. — Les fermières (*invoquer*) la Sainte Vierge. — Tu (*prier*) Dieu. — Nous (*honorer*) nos parents. — Vous (*mépriser*) les méchants.

Exercice 176.

Mettez le verbe à l'imparfait de l'indicatif. *Écrivez* : Nous *approchions* de la ville.

Nous (*approcher*) de la ville. — Les chevaux (*broncher*). — Vous (*traverser*) la rivière. — Les canards (*jouer*) dans la mare. — Le vent (*enfler*) les voiles du vaisseau. — Tu (*prier*) pour son âme. — Je (*penser*) à vous. — Vous (*travailler*) courageusement. — Nous (*éveiller*) les enfants. — Tu (*visiter*) la ville. — Elle (*broder*) des mouchoirs. — Il (*parler*) plusieurs langues. — Nous (*sommeiller*) depuis longtemps. — Les petites filles (*habiller*) leurs poupées. — Je (*travailler*) de bon cœur. — Nous (*accorder**) notre violon. — Vous (*tromper*) tout le monde.

Exercice 177.

Mettez le verbe au passé défini. *Écrivez* : Je *visitai* l'église.

Je (*visiter*) l'église. — Nous (*entrer*) dans la maison. — Vous (*semer*) de l'orge. — Elle s'(*humilier*) devant Dieu. — Ils (*pratiquer*) la vertu. — Moïse* (*adorer*) le Seigneur. — David* (*remporter*) de grandes victoires. — Nous (*souligner*) les passages intéressants. — Vous (*décider*) de venir nous voir. — Je (*contempler*) le lever du soleil. — J'(*admirer*) l'heureuse situation de la ville. — Tu (*voler*) à son secours. — Ils (*résister*) à l'ennemi. — Vous (*cesser*) le feu*.

127e **Dictée**. (SUJET DE COMPOSITION.)

BONNES RÉSOLUTIONS.

Je ne *mangerai* pas jusqu'à être appesanti ; je ne *boirai* pas jusqu'à m'étourdir. J'*éviterai* les conversations oiseuses. Je *mettrai* chaque chose à sa place et je *traiterai* chaque affaire en son temps. Je ne *dissiperai* jamais rien, c'est-à-dire que je ne *dépenserai* que pour le bien des autres et pour le mien. Je ne *perdrai* pas de temps ; je m'*occuperai* toujours à quelque chose d'utile. Je m'*abstiendrai* de toute action qui ne *sera* pas nécessaire.

Je n'*userai* d'aucun méchant détour : je *penserai* avec innocence et justice. Je ne *nuirai* à personne. J'*éviterai* les extrêmes. Je me *garderai* de ressentir les torts aussi vivement qu'ils me *sembleront* le *mériter*. Je ne *souffrirai* aucune malpropreté, ni sur mon corps, ni sur mes vêtements, ni dans ma maison. Je ne me *laisserai* pas troubler par des bagatelles, ni par des accidents ordinaires ou inévitables.

Corrigé 175.

Tu *fauches* le blé. — Tu *épluches* les légumes. — Nous *habitons* la campagne. — Je *raconte* une histoire. — Nous *passons* notre temps. — Vous *nettoyez* votre fusil. — Il *cure* le puits. — Elle *plante* des haricots. — L'étoile *brille* au firmament. — Les herbes *poussent* dans le champ. — Les enfants *crient* à tue-tête. — La poule *couve* ses œufs. — Le bedeau *sonne* les cloches. — Les fermières *invoquent* la Sainte Vierge. — Tu *pries* Dieu. — Nous *honorons* nos parents. — Vous *méprisez* les méchants.

Corrigé 176.

Nous *approchions* de la ville. — Les chevaux *bronchaient*. — Vous *traversiez* la rivière. — Les canards *jouaient* dans la mare. — Le vent *enflait* les voiles du vaisseau. — Tu *priais* pour son âme. — Je *pensais* à vous. — Vous *travailliez* courageusement. — Nous *éveillions* les enfants. — Tu *visitais* la ville. — Elle *brodait* des mouchoirs. — Il *parlait* plusieurs langues. — Nous *sommeillions* depuis longtemps. — Les petites filles *habillaient* leurs poupées. — Je *travaillais* de bon cœur. — Nous *accordions* notre violon. — Vous *trompiez* tout le monde.

Corrigé 177.

Je *visitai* l'église. — Nous *entrâmes* dans la maison. — Vous *semâtes* de l'orge. — Elle s'*humilia* devant Dieu. — Ils *pratiquèrent* la vertu. — Moïse *adora* le Seigneur. — David *remporta* de grandes victoires. — Nous *soulignâmes* les passages intéressants. — Vous *décidâtes* de venir nous voir. — Je *contemplai* le lever du soleil. — J'*admirai* l'heureuse situation de la ville. — Tu *volas* à son secours. — Ils *résistèrent* à l'ennemi. — Vous *cessâtes* le feu.

Remarques sur quelques verbes de la première conjugaison.

173. — **Verbes en cer.** Les verbes terminés par cer à l'infinitif, comme *percer*, *menacer*, s'écrivent avec une *cédille* sous le ç devant les voyelles a, o.

Exemple : **Percer.**

INDICATIF PRÉSENT. Nous perçons.

IMPARFAIT.   Je perçais, tu perçais, il perçait, ils perçaient.

PASSÉ DÉFINI.   Je perçai, tu perças, etc.

IMP. DU SUBJONCTIF. Que je perçasse, que tu perçasses, etc.

Conjuguez de même : Avanc er. — Berc er, — Commenc er, — Enfonc er, — Dépec er, — Effac er, — Grinc er, — Lanc er, — Pinc er, — Plac er, — Rinc er, — Sauc er.

Exercice 178.

Règle 173. — Copiez et mettez les verbes suivants au participe présent. *Ecrivez :* Tu as percé, *perçant.*

Tu as percé.	Tu fronceras.	J'ai dépecé.
Nous avons bercé.	Nous avons renforcé	Il a défoncé.
Remplacer.	Tu exauces.	Il sauce.
Ils menaceront.	J'ai ensemencé.	Tu effacerais.
Ils grimacèrent.	Il lance.	Je pincerais.
Il a glacé.	J'écorce.	Lancer.

Exercice 179.

Mettez chaque verbe au temps indiqué. *Ecrivez :* Nous *devançâmes* nos compagnons.

Nous (*devancer*, passé déf.) nos compagnons.

La mère (*bercer*, imp. de l'ind.) son enfant.

Tu (*prononcer*, ind. pr.) des paroles déplacées.

Nous (*ensemencer*, ind. pr.) nos terres avec plus de soin que nous ne les (*ensemencer*,) imp. de l'ind.) autrefois.

Nous (*forcer*, passé déf.) nos amis à renoncer à leur téméraire entreprise.

La crainte (*glacer*, imp. de l'ind.) tous les cœurs.

Nous (*avancer*, passé déf.) de quelques pas.

Ils (*commencer*, passé déf.) à se plaindre.

Je leur (*retracer*, passé déf.) le récit de mes malheurs.

Dieu (*exaucer*, passé déf.) nos vœux.

---

173. Comment écrit-on les verbes en *cer* devant les voyelles *a, o* ?

128ᵉ Dictée. (THÉORIE.)

Énoncez les règles d'accord de l'attribut avec le sujet ; donnez des exemples à l'appui.

Définissez les six modes du verbe.

Énoncez les cinq sortes de passés ; donnez des exemples appartenant à la première conjugaison.

Quelle est la terminaison de l'infinitif dans les quatre conjugaisons ?

129° Dictée. (VERBES EN *cer*.)

Nous *fronçons* le sourcil quand nous ne sommes pas contents. — Nous *perçâmes* la foule pour pénétrer jusqu'à lui. — Il *amorça* le poisson avant de jeter ses filets. — L'acidité des groseilles nous *agaçait* les dents. — Tu *dépeças* très-bien cette volaille. — Je *traçai* la route que nous devions suivre. — *Plaçâtes*-vous la vaisselle sur le buffet? — Nous *ensemençons* nos champs de bonne heure. — Les miliciens *s'exerçaient* au maniement du fusil. — Il ne faudrait pas que vos mains se *gerçassent* cet hiver. — La porte *grinça* en tournant sur ses gonds. — Il faudrait que nous *nuançassions* bien ces couleurs. — Il ne faudrait point qu'il *déplaçât* cet objet.

Corrigé 178.

L'élève écrira : *Tu as percé, perçant.*

— perçant.	— fronçant.	— dépeçant.
— berçant.	— renforçant.	— défonçant.
— remplaçant.	— exauçant.	— sauçant.
— menaçant.	— ensemençant.	— effaçant.
— grimaçant.	— lançant.	— pinçant.
— glaçant.	— écorçant.	— lançant.

Corrigé 179.

Nous *devançâmes* nos compagnons.

La mère *berçait* son enfant.

Tu *prononces* des paroles déplacées.

Nous *ensemençons* nos terres avec plus de soin que nous ne les *ensemencions* autrefois.

Nous *forçâmes* nos amis à renoncer à leur téméraire entreprise.

La crainte *glaçait* tous les cœurs.

Nous *avançâmes* de quelques pas.

Ils *commencèrent* à se plaindre.

Je leur *retraçai* le récit de mes malheurs.

Dieu *exauça* nos vœux.

174. — **Verbes en ger.** Les verbes terminés par ger à l'infinitif s'écrivent avec un e muet après le g devant les voyelles a, o.

Ex. : Juger.

INDICATIF PRÉSENT. Nous jugeons.

IMPARFAIT. Je jugeais, tu jugeais, il jugeait, ils jugeaient.

PASSÉ DÉFINI. Je jugeai, tu jugeas, etc.

IMP. DU SUBJONCTIF. Que je jugeasse, que tu jugeasses.

Conjuguez de même : Interrog er, — Afflig er, — Boug er, — Chang er, — Charg er, — Décourag er, — Dirig er, — Forg er, — Gag er, — Log er, — Song er, — Soulag er, — Vendang er, — Voyag er.

Exercice 180.

Règle 171, — Copiez et mettez les verbes suivants au participe présent, *Ecrivez* : Il avait interrogé, *interrogeant.*

Il avait interrogé.   Nous avions délogé.   Vous aviez outragé,
Tu avais abrégé.   J'avais mélangé.   Tu avais protégé.
Nous avions envisagé   Vous aviez mangé.   J'avais dérangé.
Ils avaient corrigé.   Tu avais nagé.   Ils avaient voyagé.
Il avait égorgé.   Il avait négligé.   Nous avions rédigé.
J'avais engagé.   Ils avaient obligé.   J'avais déménagé.

Exercice 181.

Règle 177. — Copiez et mettez les verbes suivants au passé défini. *Ecrivez* : nous jugerions, *nous jugeâmes.*

Nous jugerions.   Ils prolongeraient.   Je gagerais.
Vous changeriez.   J'emménagerais.   Tu forgerais.
Ils corrigeraient.   Il neigerait.   Il changerait.
J'encouragerais.   Vous partageriez.   Nous égrugerions.
Vous interrogeriez.   Tu purgerais.   Vous allongeriez.
Nous adjugerions.   Ils ravageraient.   Ils mangeraient.

Exercice 182.

Règle 177. — Mettez chaque verbe au temps indiqué. Ecrivez : Il faudrait que tu *nageasses* parfaitement.

Il faudrait que tu (*nager*, imp. du subj.) parfaitement.

De beaux arbres (*ombrager*, imp. de l'ind.) la rivière.

Vous nous (*obliger*, passé déf.) beaucoup.

Nous (*partager*, ind. pr.) notre superflu avec les pauvres.

Ne (*forcer*, imp. 1re pers. du plur.) point notre talent et ne (*songer*, 1re pers. du plur.) jamais à faire un métier que nous ne connaissons pas.

En s'(*insurger*, part. prés,) contre la nécessité on commet toujours une faute.

174. Comment écrit-on les verbes en *ger* devant les voyelles *a, o* ?

130ᵉ **Dictée**. (VERBES EN *ger*.)

Nous *mangeons* bien. — J'*aspergeais* la chambre d'eau phéniquée. —
A Mexico, toutes les rues *convergeaient* vers le centre de la ville. —
Nous *hébergeâmes* ces mendiants. — Le tonneau *jaugeait* deux cent
dix litres. — Je *pataugeai* plusieurs heures dans la boue. — Il faudrait qu'on *purgeât* le jardin de toutes les mauvaises herbes. — Je
rédigeai l'acte le plus clairement possible. — Nous *songeons* à unir
ces deux rivières par un canal. — L'année dernière nous *vendan-
geâmes* quinze jours plus tôt. — Pour peu qu'on *voyageât* dans les
Gaules on était arrêté sur les routes par des curieux demandant des
noùvelles.

Corrigé 180.

L'élève écrira : *Il avait interrogé, interrogeant.*

— interrogeant.	— délogeant.	— outrageant.
— abrégeant.	— mélangeant.	— protégeant.
— envisageant.	— mangeant.	— dérangeant.
— corrigeant.	— nageant.	— voyageant.
— égorgeant.	— négligeant.	— rédigeant.
— engageant.	— obligeant.	— déménageant.

Corrigé 181.

— nous jugeâmes.	— ils prolongèrent.	— je gageai.
— vous changeâtes.	— j'emménageai.	— tu forgeas.
— ils corrigèrent.	— il neigea.	— il changea.
— j'encourageai.	— vous partageâtes.	— nous égrugeâmes.
— vous interrogeâtes.	— tu purgeas.	— vous allongeâtes.
— nous adjugeâmes.	— ils ravagèrent.	— ils mangèrent.

Corrigé 182.

Il faudrait que tu *nageasses* parfaitement.
De beaux arbres *ombrageaient* la rivière.
Vous nous *obligeâtes* beaucoup.
Nous *partageons* notre superflu avec les pauvres.
Ne *forçons* point notre talent et ne *songeons* jamais à faire un
métier que nous ne connaissons pas.
En s'*insurgeant* contre la nécessité on commet toujours une faute.

175. — **Verbes en eler, eter.** Les verbes terminés à l'infinitif par **eler, eter**, s'écrivent avec **deux 1 ou deux t** devant un e muet.

Exemple : Appeler.

INDICATIF PRÉSENT. J'appelle, tu appelles, il appelle, ils appellent.

FUTUR.   J'appellerai, tu appelleras, etc.

CONDITIONNEL.   J'appellerais, tu appellerais, etc.

SUBJONCTIF PRÉS.   Que j'appelle, que tu appelles, qu'il appelle, qu'ils appellent.

Partout ailleurs ces verbes s'écrivent avec un **seul 1 ou un seul t** : Nous appelons, vous appelez, j'appelais ; nous jetons, vous jetez, je jetais.

Conjuguez de même les verbes en *ELER* : Epel er. — Chancel er. — Ruissel er. — Etincel er. — Model er. — Renouvel er. — Ficel er.

Conjuguez de même les verbes en *ETER* : Projet er. — Rejet er. — Interjet er.

176. — **Exception.** Quelques verbes comme *acheter, geler,* au lieu de doubler le 1 ou le t, s'écrivent avec un accent grave sur l'e. Ex: J'achète, j'achèterai, j'achèterais, que j'achète.

Exercice 183.

Règle 175. — Mettez les verbes suivants au présent de l'indicatif et au futur. *Ecrivez :* Tu as appelé, *tu appelles, tu appelleras.*

Tu as appelé.	Ils ont bottelé.	Il a amoncelé.
Il a dételé.	Tu as modelé.	J'ai feuilleté.
Il a cacheté.	Il a ensorcelé.	Ils ont becqueté.
Nous avons muselé.	J'ai renouvelé.	J'ai rejeté.
Elle a chancelé.	Ils ont épelé.	Tu as interjeté.

Exercice 184.

Règle 175. — Mettez les verbes de l'exercice 183 aux trois personnes du pluriel du présent du subjonctif. *Ecrivez :* Tu as appelé, *que nous appelions, que vous appeliez, qu'ils appellent.*

Exercice 185.

Règle 175. — Mettez chaque verbe au temps indiqué.

Ecris-moi s'il (*geler,* ind. pr.) dans ton pays.

Les vignes (*geler,* ind. pr.) souvent pendant la première quinzaine de mai.

Mes sœurs (*acheter,* ind. pr.) aujourd'hui des robes ou elles en (*acheter,* futur) demain.

---

175. Comment écrit-on les verbes en *eler, eter,* devant un *e* muet ? | 176. Quels sont les verbes qui font exception à la règle ?

131ᵉ Dictée. (SUJET DE COMPOSITION.)

LES NIDS DES OISEAUX.

Aussitôt que les arbres ont développé leurs fleurs, mille ouvriers *commencent* leurs travaux. Ceux-ci *portent* de longues pailles dans les trous d'un vieux mur ; ceux-là *maçonnent* des bâtiments aux fenêtres d'une église ; d'autres *cherchent* un crin à une cavale ou un brin de laine que la brebis a laissé suspendu à une ronce. Il y a des bûcherons qui *croisent* des branches à la cime d'un arbre ; il y a des filandières qui *recueillent* la soie sur un chardon ; mille palais *s'élèvent*, et chaque palais est un nid. Chaque nid voit des métamorphoses charmantes, des œufs brillants, ensuite des petits couverts de duvet (*à suivre*).

Corrigé 183.

— tu appelles, tu appelleras. — il ensorcelle, il ensorcellera.
— il dételle, il détellera. — je renouvelle, je renouvellerai.
— il cachette, il cachettera. — ils épellent, ils épelleront.
— nous muselons, nous muselle- — il amoncelle, il amoncellera.
rons. — je feuillette, je feuilletterai.
— elle chancelle, elle chancellera. — ils becquettent, ils becquetteront
— ils bottellent, ils bottelèrent. — je rejette, je rejetterai.
— tu modelas, tu modelleras. — tu interjettes, tu interjetteras.

Corrigé 184.

— que nous appelions, que vous appeliez, qu'ils appellent.
— que nous dételions, que vous dételiez, qu'ils détellent.
— que nous cachetions, que vous cachetiez, qu'ils cachettent.
— que nous muselions, que vous museliez, qu'ils musellent.
— que nous chancelions, que vous chanceliez, qu'ils chancellent.
— que nous bottelions, que vous botteliez, qu'ils bottellent.
— que nous modelions, que vous modeliez, qu'ils modellent.
— que nous ensorcelions, que vous ensorceliez, qu'ils ensorcellent.
— que nous renouvelions, que vous renouveliez, qu'ils renouvellent.
— que nous épelions, que vous épeliez, qu'ils épellent.
— que nous amoncelions, que vous amonceliez, qu'ils amoncellent.
— que nous feuilletions, que vous feuilletiez, qu'ils feuillettent.
— que nous becquetions, que vous becquetiez, qu'ils becquettent.
— que nous rejetions, que vous rejetiez, qu'ils rejettent.
— que nous interjetions, que vous interjetiez, qu'ils interjettent.

Corrigé 185.

Écris-moi s'il *gèle* dans ton pays.
Les vignes *gèlent* souvent pendant la première quinzaine de mai.
Mes sœurs *achètent* aujourd'hui des robes ou elles en *achèteront* demain.

8.

177. — Verbes qui ont un e muet à l'avant-dernière syllabe. Dans les verbes qui ont un e muet à l'avant dernière syllabe de l'infinitif, comme *semer*, *ramener*, on remplace cet e **muet** par un e **ouvert** devant une syllabe **muette**.

Exemple : Semer.

INDICATIF PRÉSENT. Je sème, tu sèmes, il sème, ils sèment.

FUTUR.   Je sèmerai, tu sèmeras, etc.

CONDITIONNEL.   Je sèmerais, tu sèmerais, etc.

SUBJONCTIF PRÉS.   Que je sème, que tu sèmes, qu'il sème, qu'ils sèment.

Partout ailleurs ces verbes conservent l'e **muet** : Nous semons, vous semez, je semais.

Conjuguez de même : Men er. — Amen er. — Promen er. — Engren er. — Recep er*. — Achev er. — Crev er. — Lev er. — Élev er. — Enlev er. — Relev er. — Soulev er.

Exercice 186.

Règle 177. — Mettez tous les verbes suivants au présent de l'indicatif et au futur. *Écrivez* : J'ai semé, *je sème, je sèmerai.*

J'ai semé.	Vous avez crevé.	Ils ont amené.
Il a mené.	J'ai achevé	Tu as relevé.
Vous avez engrené.	Ils ont levé.	J'ai élevé.
Nous avons promené.	J'ai soulevé.	Ils ont emmené.
Il a recepé.	Tu as achevé.	Nous avons ramené.

Exercice 187.

Règle 177. — Mettez tous les verbes de l'exercice 186 aux trois personnes du pluriel du présent du subjonctif. *Écrivez* : J'ai semé, *que nous semions, que vous semiez, qu'ils sèment.*

Exercice 188.

Mettez chaque verbe au temps indiqué. Écrivez : Les cultivateurs *sèment* le blé.

Les cultivateurs (*semer*, ind. pr.) le blé, soit d'une seule main, soit d'une main en allant et de l'autre en revenant, ou encore ils (*semer*, ind. pr.) des deux mains à la fois, en (*projeter*, part. pr.) tantôt une poignée de grains à droite, tantôt une à gauche.

Le printemps (*ramener*, ind. pr.) les travaux des champs interrompus pendant l'hiver.

Les taupes (*soulever*, ind. pr.) la terre à mesure qu'elles creusent leurs galeries souterraines.

---

177. Comment écrit-on devant une | un *e* muet à l'avant-dernière syl-
syllabe muette les verbes qui ont | labe?

132e **Dictée**. (*Suite.*)

Les petits nourrissons *se revêtent* de plumes. Ils *apprennent* à se soulever sur leur couche; bientôt ils *osent* se pencher sur le bord de leur berceau d'où ils *jettent* un premier coup d'œil sur la nature. Déjà ils *s'aventurent* à contempler le vaste ciel, les cimes ondoyantes des pins, et les abîmes de verdure au-dessous du chêne paternel. Bientôt ils *prendront* leur essor et *feront* retentir les airs de leurs joyeux accents.

Corrigé 186.

— je sème, je sèmerai.
— il mène, il mènera.
— vous engrenez, vous engrènerez.
— nous promenons, nous promènerons.
— il recèpe, il recèpera.
— vous crevez, vous crèverez.
— j'achève, j'achèverai.
— ils lèvent, ils lèveront.

— je soulève, je soulèverai.
— tu achèves, tu achèveras.
— ils amènent, ils amèneront.
— tu relèves, tu relèveras.
— j'élève, j'élèverai.
— ils emmènent, ils emmèneront.
— nous ramenons, nous ramènerons.

Corrigé 187.

— que nous semions, que vous semiez, qu'ils sèment.
— que nous menions, que vous meniez, qu'ils mènent.
— que nous engrenions, que vous engreniez, qu'ils engrènent.
— que nous promenions, que vous promeniez, qu'ils promènent.
— que nous recepions, que vous recepiez, qu'ils recèpent.
— que nous crevions, que vous creviez, qu'ils crèvent.
— que nous achevions, que vous acheviez, qu'ils achèvent.
— que nous levions, que vous leviez, qu'ils lèvent.
— que nous soulevions, que vous souleviez, qu'ils soulèvent.
— que nous achevions, que vous acheviez, qu'ils achèvent.
— que nous amenions, que vous ameniez, qu'ils amènent.
— que nous relevions, que vous releviez, qu'ils relèvent.
— que nous élevions, que vous éleviez, qu'ils élèvent.
— que nous emmenions, que vous emmeniez, qu'ils emmènent.
— que nous ramenions, que vous rameniez, qu'ils ramènent.

Corrigé 188.

Les cultivateurs *sèment* le blé, soit d'une seule main, soit d'une main en allant et de l'autre en revenant, ou encore ils *sèment* des deux mains à la fois, en *projetant* tantôt une poignée de grains à droite, tantôt une à gauche.

Le printemps *ramène* les travaux des champs interrompus pendant l'hiver.

Les taupes *soulèvent* la terre à mesure qu'elles creusent leurs galeries souterraines.

178. — **Verbes qui ont un é fermé à l'avant-dernière syllabe.** Dans les verbes qui ont un é fermé à l'avant-dernière syllabe de l'infinitif, comme *posséder, altérer,* on remplace cet é fermé par un **è ouvert** devant une syllabe muette.

Exemple. : **Posséder.**

INDICATIF PRÉSENT. Je possède, tu possèdes, il possède, ils possèdent.

FUTUR.   Je posséderai, tu posséderas, etc.

CONDITIONNEL.   Je posséderais, tu posséderais, etc.

SUBJONCTIF PRÉS.   Que je possède, que tu possèdes, qu'il possède, qu'ils possèdent.

Partout ailleurs ces verbes conservent l'*é fermé :* Nous possédons, vous possédez, je possédais.

Conjuguez de même les verbes : Céd er, — Végét er, — Répét er. — Interprét er, — Succéd er, — Espér er.

179. — EXCEPTION. Les verbes en *éger,* comme *protéger, assiéger,* gardent partout l'é fermé.

Ex. : Je protége, je protégerai, je protégerais.

Conjuguez de même les verbes : Assiég er, — Abrég er, — Allég er.

Exercice 183.

Règle 178. — **Mettez chaque verbe au temps indiqué. Ecrivez : Je vous *répète* encore une fois...**

Je vous (*répéter,* ind. pr.) encore une fois que la terre est ronde comme une boule.

L'huile trop vieille s'(*altérer,* ind. pr.) et prend un mauvais goût.

Le jeune chêne (*végéter,* fut.) longtemps avant qu'il ne s'(*élever,* pr. du subj.) très haut.

Le cultivateur qui (*empiéter,* ind. pr.) sur le champ de son voisin commet un vol manifeste.

Les blés (*dégénérer,* cond. pr.) très-promptement si l'on ne changeait de semence de temps en temps.

En Egypte* le fils (*succéder,* imp. de l'ind.) toujours à son père dans sa profession, et chez nous beaucoup de fils (*succéder,* ind. pr.) également à leurs pères dans leur métier.

Il ne faut pas que le prix de cet objet (*excéder,* prés. du subj.) cent francs, pour que je l'(*acheter,* prés. du subj.).

---

178. Comment écrit-on devant une syllabe muette les verbes qui ont un é fermé à l'avant-dernière syllabe ? | 179. Comment écrit-on les verbes en *éger* devant une syllabe muette ?

133e Dictée. (VERBES EN *eler, eter*.)

Quand il *gèle* en mai, adieu les fruits. — Les jardiniers *appellent* branches gourmandes celles qui ne portent pas de bourgeons à fruits. — Si vous faites cela je vous *querellerai* très-fort. — Il ne faut pas que l'on *pelle* les poires. — Tu *sellerais* mon cheval s'il fallait partir. — L'eau *ruisselle* de toutes parts. — Il faut que l'on *ratelle* le foin. — Je veux que tu *cachettes* cette lettre. — Il ne faut pas que tu *t'endettes*. — *Jette* un coup d'œil sur ces pages éloquentes. — Combien de gens *végètent* dans les villes qui prospéreraient à la campagne! — Je *projette* de faire bientôt une longue promenade. — Je vous *répéterai* sans cesse que c'est en forgeant qu'on devient forgeron.

134e Dictée. (VERBES QUI ONT UN ACCENT AIGU A L'INFINITIF.)

Quand l'orage est loin, l'éclair *précède* le tonnerre. — Le jour *succède* régulièrement à la nuit. — Les saints *intercèdent* pour nous. — Le refrain d'une chanson se *répète* après chaque couplet. — On *incarcère* les voleurs. — On *insérera* cette réclamation dans les journaux. — Ceux qui *vocifèrent* le plus ne sont pas les plus actifs. — Heureux celui qui *préfère* le solide au brillant. — Je vous *réitère* mes excuses. — Celui qui *persévérera* jusqu'à la fin sera sauvé. — Tout le monde *révère* ce sage vieillard. — La nécessité *suggère* souvent des artifices ingénieux. — Ce chirurgien *opère* avec dextérité. — Cet intendant *gère* honnêtement la fortune de son maître.

Corrigé 189.

Je vous *répète* encore une fois que la terre est ronde comme une boule.

L'huile trop vieille s'*altère* et prend un mauvais goût.

Le jeune chêne *végète* longtemps avant qu'il ne s'*élève* très-haut.

Le cultivateur qui *empiète* sur le champ de son voisin commet un vol manifeste.

Les blés *dégénéreraient* très-promptement si l'on ne changeait de semence de temps en temps.

En Égypte* le fils *succédait* toujours à son père dans sa profession, et chez nous beaucoup de fils *succèdent* également à leurs pères dans leur métier.

Il ne faut pas que le prix de cet objet *excède* cent francs pour que je l'*achète*.

180. — Verbes en yer. Les verbes en yer, changent l'y en i devant un *e* muet.

Exemple : Ployer.

INDICATIF PRÉSENT. Je ploie, tu ploies, il ploie, ils ploient.

FUTUR. Je ploierai, tu ploieras, etc.

CONDITIONNEL. Je ploierais, tu ploierais, etc.

SUBJONCTIF PRÉS. Que je ploie, que tu ploies, qu'il ploie, qu'ils ploient.

Partout ailleurs ces verbes s'écrivent par un y. Nous ployons, vous ployez, je ployais, etc.

Exercice 190.

Règle 180. — Mettez tous les verbes suivants au futur et au condi-tionnel. *Ecrivez* : Nous broyions, *nous broierons, nous broierions*.

Nous broyions.	Vous tutoyiez.	J'ennuyais.
Il cotoyait.	Nous nettoyions.	Ils foudroyaient.
Tu coudoyais.	Ils aboyaient.	Tu choyais.
Ils guerroyaient.	Tu appuyais.	Nous déployions.
Je nettoyais.	Elles désennuyaient.	Vous larmoyiez.
Vous ployiez.	Ils essuyaient.	Elle tournoyait.

Exercice 191.

Mettez chaque verbe au temps indiqué. *Ecrivez* : Les chiens aboie-ront.

Les chiens (*aboyer*, fut.).

En parlant des vaisseaux on dit qu'ils (*louvoyer*, ind. pr.) lorsqu'ils naviguent contre le vent, en lui présentant tantôt le flanc droit, tantôt le flanc gauche.

Les Anglais ne (*tutoyer*, ind. pr.) personne, excepté Dieu et le roi.

Les Anglais (*envoyer*, ind. pr.) leurs condamnés à *Botany-bay*, dans la Nouvelle-Hollande*.

Il faut plaindre ceux qui s'(*ennuyer*, ind. pr.) alors qu'ils pourraient se désennuyer en faisant le bien.

C'est une erreur de croire que les gens qui se (*noyer*, ind. pr.) avalent beaucoup d'eau.

Les eaux (*tournoyer*, imparf. de l'ind.) avant de pénétrer dans le gouffre.

On (*enrayer*, ind. pr.) le mouvement d'une voiture soit au moyen d'un appareil qu'on nomme un sabot, soit en serrant le frein.

Les personnes qui (*bégayer*, ind. pr.) pourraient se corriger de ce défaut naturel si elles le voulaient fermement.

180. Comment écrit-on les verbes en *yer*, devant un *e* muet?

135e Dictée. (SUJET DE COMPOSITION.)

LES AVARES.

O avares, vous n'*amassez* que pour amasser. Ce n'est pas pour fournir à vos besoins : vous vous les *refusez*. Votre argent vous est plus précieux que vous-mêmes. C'est à cet indigne objet que vous *rapportez* toutes vos actions, toutes vos vues, toutes vos affections. Vous *portez* votre avarice écrite dans votre langage et, pour ainsi dire, sur votre front. Elle semble se ranimer et acquérir de nouvelles forces à mesure que vous *vieillissez*. Plus vous *avancez* vers ce moment fatal où tout cet amas sordide disparaîtra et vous sera enlevé, plus vous vous y *attachez*. Plus la mort approche, plus vous *couvez* des yeux votre misérable trésor. En expirant, vous *jetez* encore des regards éteints sur cet argent que la mort vous arrache, mais dont elle n'a pu arracher l'amour de votre cœur.

Corrigé 190.

— nous broierons, nous broierions.
— il côtoiera, il côtoierait.
— tu coudoieras, tu coudoierais.
— ils guerroieront, ils guerroieraient.
— je nettoierai, je nettoierais.
— vous ploierez, vous ploieriez.
— vous tutoierez, vous tutoieriez.
— nous nettoierons, nous nettoierions.
— ils aboieront, ils aboieraient.
— tu appuieras, tu appuierais.
— elles désennuieront, elles désennuieraient.
— ils essuieront, ils essuieraient.
— j'ennuierai, j'ennuierais.
— ils foudroieront, ils foudroieraient.
— tu choieras, tu choierais.
— nous déploierons, nous déploierions.
— v. larmoierez, v. larmoieriez.
— elles tournoieront, elles tournoieraient.

Corrigé 191.

Les chiens *aboieront*.

En parlant des vaisseaux, on dit qu'ils *louvoient* lorsqu'ils naviguent contre le vent, en lui présentant tantôt le flanc droit, tantôt le flanc gauche.

Les Anglais ne *tutoient* personne, excepté Dieu et le roi.

Les Anglais *envoient* leurs condamnés à *Botany-bay*, dans la Nouvelle-Hollande*.

Il faut plaindre ceux qui *s'ennuient* alors qu'ils pourraient se désennuyer en faisant le bien.

C'est une erreur de croire que les gens qui se *noient* avalent beaucoup d'eau.

Les eaux *tournoyaient* avant de pénétrer dans le gouffre.

On *enraie* le mouvement d'une voiture soit au moyen d'un appareil qu'on nomme un sabot, soit en serrant le frein.

Les personnes qui *bégaient* pourraient se corriger de ce défaut naturel si elles le voulaient fermement.

181. — Ces verbes en **yer** s'écrivent avec un **y** et un **i** (yi) aux deux premières personnes du pluriel de l'imparfait de l'indicatif et du présent du subjonctif.

Ex. : Bégayer.

IMPARFAIT DE L'INDICATIF. Nous bégay-ions, vous bégay-iez.

SUBJONCTIF PRÉSENT. Que nous bégay-ions, que vous bégay-iez.

182. — REMARQUE. L'*y* et l'*i* proviennent de la rencontre de l'*y* qui termine le radical **bégay** et de l'i qui commence la terminaison **ions, iez.**

Conjuguez de même : Aboy er. — Nettoy er. — Coudoy er. — Tutoy er. — Essuy er. — Ennuy er. — Effray er. — Essayer.

Exercice 192.

Règle 181, — Mettez tous les verbes suivants à l'imparfait de l'indicatif. *Ecrivez* : J'appuie, *j'appuyais.*

J'appuie.	J'envoïe.	Ils nettoient.
Tu essuies.	Tu broies.	Vous déployez.
Elle ennuie.	Il flamboie.	Nous reployons.
Nous désennuyons.	Nous guerroyons.	Il rudoie.
Vous cotoyez.	Vous larmoyez.	Tu tutoies.
Ils aboient.	Ils louvoient.	J'octroie.

Exercice 193.

Règle 181. — Mettez tous les verbes de l'exercice 192 au présent du subjonctif. *Ecrivez :* J'appuie, *que j'appuie.*

Exercice 194.

Mettez chaque verbe au temps indiqué.

Il faut que nous (*appuyer*, subj. pr.) plus longtemps sur les voyelles longues que sur les voyelles brèves.

Il est urgent que nous (*employer*, subj. prés.) tout notre temps à rentrer la moisson.

Nous (*cotoyer*, imp. de l'ind.) depuis deux jours les rivages de la Grande-Bretagne.

Nous nous (*désennuyer*, imp. de l'ind.) à la campagne en recueillant des plantes et en les étudiant.

Il faut que nous nous (*frayer*, subj. prés.) un passage à travers les broussailles et les épines.

C'était en vain que vous (*essayer*, imp. de l'ind.) d'obtenir de bonnes récoltes sans fumier.

---

181. Comment écrit-on les verbes en *yer* devant un *e* muet ? | 182. D'où proviennent l'*y* et l'*i* ?

136e **Dictée.** (VERBES EN *yer.*)

Ce chien *aboie* toujours. — Tu *broieras* finement ces couleurs. — Ces pierres précieuses *chatoieraient* au soleil. — Nous *côtoierons* la rivière. — Vous *coudoyez* les passants. — L'épée *flamboyait* dans la main de l'ange. — Le chasseur *foudroie* le lapin. — Nous *nettoyons* notre chambre, et tu *nettoieras* la tienne. — Il ne faut pas que tu *rudoies* ton frère. — L'eau *tournoyait* dans la rivière. — Ces dames se *tutoient.* — On *emploie* le gui à faire de la glu. — Nous vous *octroyons* votre demande. — Le vaisseau *louvoie* à cause du vent contraire. — Nous *ploierions* ces étoffes si nous avions le temps.

Corrigé 192.

— j'appuyais.	— j'envoyais.	— ils nettoyaient.
— tu essuyais.	— tu broyais.	— vous déployiez.
— elle ennuyait.	— il flamboyait.	— nous reployions.
— nous désennuyions.	— nous guerroyions.	— ils rudoyaient.
— vous côtoyiez.	— vous larmoyiez.	— tu tutoyais.
— ils aboyaient.	— ils louvoyaient.	— j'octroyais.

Corrigé 193.

— que j'appuie.	— que nous guerroyions.
— que tu essuies.	— que vous larmoyiez.
— qu'elle ennuie.	— qu'ils louvoient.
— que nous désennuyions.	— qu'ils nettoient.
— que vous côtoyiez.	— que vous déployiez.
— qu'ils aboient.	— que nous reployions.
— que j'envoie.	— qu'ils rudoient.
— que tu broies.	— que tu tutoies.
— qu'il flamboie.	— que j'octroie.

Corrigé 194.

Il faut que nous *appuyions* plus longtemps sur les voyelles longues que sur les voyelles brèves.

Il est urgent que nous *employions* tout notre temps à rentrer la moisson.

Nous *côtoyions* depuis deux jours les rivages de la Grande-Bretagne.

Nous nous *désennuyions* à la campagne en recueillant des plantes et en les étudiant.

Il faut que nous nous *frayions* un passage à travers les broussailles et les épines.

C'était en vain que vous *essayiez* d'obtenir de bonnes récoltes sans fumier.

183. — Verbes en ier. Les verbes en ier comme *prier*, *lier*, s'écrivent avec **deux i** de suite (ii) aux deux premières personnes du pluriel de l'imparfait de l'indicatif et du présent du subjonctif.

Exemple : Prier.

IMP. DE L'INDICATIF. Nous pri ions, vous pri iez.

SUBJONCTIF PRÉSENT. Que nous pri ions, que vous pri iez.

184. — REMARQUE. Les deux *ii* proviennent de la rencontre de l'*i* qui termine le radical **pri**, et de l'*i* qui commence la terminaison **ions, iez**.

Conjuguez de même : Alli er. — Humili er. — Li er. — Pli er. — Copi er. — Cri er. — Charrier. — Pari er.

Exercice 195.

Règle 183. — Mettez au pluriel les verbes en italiques. *Ecrivez :* **Nous** *congédiions* nos domestiques.

Je congédiais mes domestiques.

Il faut que *j'étudie* la grammaire.

J'étudie la grammaire.

Je m'humiliais devant Dieu.

Il faut que *tu te justifies* de l'accusation portée contre *toi.*

Il faut que *tu plies* ces étoffes.

Il est indispensable que *je lie mon* blé aujourd'hui.

J'allie la prudence à la fermeté et il faut que *tu allies* également ces deux qualités l'une à l'autre.

Tu niais faussement l'effet du plâtre sur la luzerne.

Il ne faut pas que *tu envies* le sort des grands.

Exercice 196.

Règle 183. — Mettez au pluriel les verbes en italiques. *Ecrivez :* **Nous** nous *souciions* peu...

Je me souciais peu d'entreprendre ce voyage.

Il faut que *tu copies* ce mémoire.

Je charrie du fumier et *toi* en *charriais-tu* hier ?

Il ne faut pas que *tu injuries* qui que ce soit.

Il faut que *je manie* le crayon plus habilement.

Je remercie mes bienfaiteurs et il faut que *tu remercies* les tiens.

Autrefois *je pariais* de faire deux lieues à l'heure.

Tu nous *conviais* à ce festin.

Il faut que *je* le *supplie* d'entreprendre ce travail.

---

183. Comment écrit-on les verbes en *ier* à l'imparfait de l'indicatif et | au présent du subjonctif ? 184. D'où proviennent les deux *ii* ?

137ᵉ **Dictée.** (SUJET DE COMPOSITION.)

L'ENFANT ET LES NOISETTES.

Un jeune enfant, moitié gourmand, moitié sot, mit un jour sa main dans un pot plein de figues et de noisettes. Il en remplit sa main tant qu'elle en put tenir, tant, qu'il lui fut impossible de la retirer du pot. Il se mit à pleurer. Quelqu'un qui le regardait lui dit : « Mon ami, n'en prends que la moitié, tu l'auras. » — Il faut savoir régler ses désirs.

138ᵉ **Dictée.** (VERBES EN *yer*.)

Il faut que nous *balayions* la cour. — Si vous ne *balayez* pas bien ce corridor, on vous fera recommencer. — Pourquoi *bégaies*-tu toujours ? — Quand nous étions jeunes, nous ne *bégayions* pas. — Je vous ai aperçu au moment où vous *déblayiez* le chemin. — Il ne faut pas que vous vous *égayiez* à nos dépens. — L'autre jour, nous *ployions* sous notre charge. — Nous *appuyons* toujours moins sur les voyelles brèves. — J'*essuie* mes lunettes, il convient que vous *essuyiez* aussi les vôtres. — Il ne faut pas que vous *grasseyiez* en parlant. — Vous *larmoyez* sans cesse, je ne veux pas que vous *larmoyiez* ainsi.

Corrigé 195.

Nous *congédiions* nos domestiques.
Il faut que nous *étudiions* la grammaire.
Nous étudions la grammaire.
Nous nous humiliions devant Dieu.
Il faut que *vous vous justifiiez* de l'accusation portée contre *vous*.
Il faut que *vous pliiez* ces étoffes.
Il est indispensable que *nous liions notre* blé aujourd'hui.
Nous alliions la prudence à la fermeté, et il faut que *vous alliiez* également ces deux qualités l'une à l'autre.
Vous niiez faussement l'effet du plâtre sur la luzerne.
Il ne faut pas que *vous enviiez* le sort des grands.

Corrigé 196.

Nous nous souciions peu d'entreprendre ce voyage.
Il faut que *vous copiiez* ce mémoire.
Nous charrions du fumier et *vous* en *charriiez-vous* hier ?
Il ne faut pas que *vous injuriiez* qui que ce soit.
Il faut que *vous maniiez* le crayon plus habilement.
Nous remercions nos bienfaiteurs et il faut que *vous remerciiez* les vôtres.
Autrefois *nous pariions* de faire deux lieues à l'heure,
Vous nous *conviiez* à ce festin.
Il faut que *nous* le *suppliions* d'entreprendre ce travail.

Deuxième Conjugaison.

185. — *Verbe* FIN IR. — *Radical* Fin.

Mode Indicatif.

PRÉSENT.

Je fin i s.
Tu fin i s.
Il fin i t.
Nous fin iss ons.
Vous fin iss ez.
Ils fin iss ent.

IMPARFAIT.

Je fin iss ais.
Tu fin iss ais.
Il fin iss aît.
Nous fin iss ions.
Vous fin iss iez.
Ils fin iss aient.

PASSÉ DÉFINI.

Je fin is.
Tu fin is.
Il fin it.
Nous fin îmes.
Vous fin îtes.
Ils fin irent.

PASSÉ INDÉFINI.

J'ai fin i.
Tu as fin i.
Il a fin i.
Nous avons fin i.
Vous avez fin i.
Ils ont fin i.

PASSE ANTÉRIEUR.

J'eus fin i.
Tu eus fin i.
Il eut fin i.
Nous eûmes fin i.
Vous eûtes fin i.
Ils eurent fin i.

PLUS-QUE-PARFAIT.

J'avais fin i.
Tu avais fin i.
Il avait fin i.
Nous avions fin i.
Vous aviez fin i.
Ils avaient fin i.

FUTUR.

Je finir ai.
Tu finir as.
Il finir a.
Nous finir ons.
Vous finir ez.
Ils finir ont.

FUTUR ANTÉRIEUR.

J'aurai fin i.
Tu auras fin i.
Il aura fin i.
Nous aurons fin i.
Vous aurez fin i.
Ils auront fin i.

Mode Conditionnel.

PRÉSENT.

Je finir ais.
Tu finir ais.
Il finir ait.
Nous finir ions.
Vous finir iez.
Ils finir aient.

PASSÉ (1re forme).

J'aurais fin i.
Tu aurais fin i.
Il aurait fin i.
Nous aurions fin i.
Vous auriez fin i.
Ils auraient fin i.

PASSÉ (2e forme).

J'eusse fin i.
Tu eusses fin i.
Il eût fin i.
Nous eussions fin i.
Vous eussiez fin i.
Ils eussent fin i.

Mode Impératif.

PRÉSENT.

Sing. 2e *p.* Fin is.
Plur. 1re *p.* Fin iss ons.
— 2e *p.* Fin iss ez.

Mode Subjonctif.

PRÉSENT.

Que je fin iss e.
Que tu fin iss es.
Qu'il fin iss e.
Que nous fin iss ions.
Que vous fin iss iez.
Qu'ils fin iss ent.

IMPARFAIT.

Que je fin iss e.
Que tu fin iss es.
Qu'il fin ît.
Que nous fin iss ions.
Que vous fin iss iez.
Qu'ils fin iss ent.

PASSÉ.

Que j'aie fin i.
Que tu aies fin i.
Qu'il ait fin i.
Que nous ayons fin i.
Que vous ayez fin i.
Qu'ils aient fin i.

PLUS-QUE-PARFAIT.

Que j'eusse fin i.
Que tu eusses fin i.
Qu'il eût fin i.
Que nous eussions fin i.
Que vous eussiez fin i.
Qu'ils eussent fin i.

Mode Infinitif.

PRÉSENT.

Fin ir.

PASSÉ.

Avoir fin i.

Mode Participe.

PRÉSENT.

Fin iss ant.

PASSÉ.

Fin i, fin ie, ayant fin i.

Conjuguez de même : Avert ir, Guér ir, Ensevel ir, Arrond ir, Etabl ir, Faibl ir, Fléch ir, Frém ir, Pâl ir, Assain ir, Pun ir, Roug ir, Sal ir, Aplan ir.

125. Conjuguez le verbe *Finir*.

139ᵉ **Dictée**. (SUJET DE COMPOSITION.)

LA BREBIS ET LE CHIEN.

La brebis et le chien, devenus amis, se racontaient un jour leur existence malheureuse. « Ah! disait la brebis, je gémis quand je songe à notre malheur : toi, tu reçois des coups pour le prix de ton zèle; moi, qui habille les hommes, qui leur donne du lait, qui fume leurs champs, je vois à chaque instant quelqu'un de ma famille assassiné par ces méchants. — Il est vrai, dit le chien; mais, vois-tu, ma sœur, il vaut encore mieux souffrir le mal que de le faire. »

140ᵉ **Dictée**. (VERBES EN *ier*.)

Hier, pendant que tu jouais, nous *étudiions*. — Mes enfants, *étudiez* votre leçon. — Joseph dit à ses frères : il me semblait que nous *liions* ensemble des gerbes dans un champ. — Il ne faut pas que vous *criiez* toute la journée. — Aujourd'hui nous *copions* des vers et hier nous *copiions* de la prose. — Nous brûlons le bois que nous *sciions* la semaine dernière. — Je ne veux pas que vous *injuriiez* qui que ce soit. — Il est à souhaiter que vous *variiez* davantage vos occupations. — Ne *contrarions* pas la nature. — Nous *remercions* Dieu en ce jour des biens qu'il nous accorde. — Pourquoi *charriez*-vous votre blé pendant la pluie? Attendez le beau temps.

141ᵉ **Dictée**. (ORTHOGRAPHE USUELLE.)

Ce jeune homme est *imberbe*. — Si tu travailles, tu réussiras *immanquablement*. — Nous apercevons l'*imminence* du danger. — L'*impartialité* est une grande vertu. — Il faudra refaire l'*imposte* de cette croisée. — Un *incendie* a dévoré la récolte. — Les *insectes* ont six pattes. — L'*incertitude* est le plus cruel des maux. — Que de gens sont morts d'*indigestion!* — Bien des écrivains ont laissé des ouvrages *inédits*. — L'*inertie* de la matière est une vérité *incontestable*. — L'*inexactitude* est toujours préjudiciable. — L'*innocence* ne soupçonne pas le mal. — Il ne faut ni trop ni trop peu d'*innovations*.

142ᵉ **Dictée**. (ORTHOGRAPHE USUELLE.)

Les grappes des fleurs du sureau se nomment des *ombelles*. — Nos jours passent comme une *ombre*. — Une *omelette* constitue un excellent plat. — Les *omnibus* transportent de nombreux voyageurs. — Le *homard* est une sorte de grosse écrevisse de mer. — Tu ne seras pas *homicide*. — Rendons *hommage* au Créateur de toutes choses. — Il y a *homogénéité* entre toutes les parties d'un corps quand celles-ci sont de même nature. — On dit que deux mots sont *homonymes* quand ils se prononcent de la même manière sans avoir la même signification. — Soyez *hommes* d'honneur.

Exercice 197.

Mettez au pluriel. *Ecrivez :* Il mollit, *ils mollissent.*

Il mollit.	Il ahurit (pas. déf.).	Qu'il fléchisse. —
Il agit.	Il unit (pas. déf.).	Qu'il enrichît. —
Il salit.	Il pâlit (pas. déf.).	Qu'il ait rougi. —
Il anoblira.	Elle brunissait.	Qu'il eût fourni. —
Il ensevelirait.	Il aplanissait.	Qu'il chérisse. —
Elle grandit.	Il bénirait.	Qu'il pétrisse. —

Exercice 198.

Mettez au singulier. *Ecrivez :* Ils bondissent, *il bondit.*

Ils bondissent.	Ils pourrissent.	Ils aboutirent.
Ils avertiront.	Qu'ils maigrissent.	Ils aigrissaient.
Ils languissaient.	Qu'ils garnissent.	Ils approfondirent.
Ils punirent.	Qn'ils rétrécissent.	Ils assouplissaient.
Ils mûrissent.	Qu'ils aient gravi.	Ils aviliraient.
Ils flétriraient.	Qu'ils eussent appe- [santi.	Qu'ils déguerpissent (Imp. du subj.)

Exercice 199.

Mettez le verbe au présent de l'indicatif. *Ecrivez :* Tu *vernis* les meubles.

Tu (*vernir*) les meubles.
Tu (*crépir*) le mur.
Nous (*arrondir*) notre propriété.
Je (*polir*) le marbre.
Nous (*vieillir*) tous les jours.
Vous (*pétrir*) le pain.
Il (*aplanir*) les difficultés.
Elle (*pâlir*) affreusement.
L'étoile (*éblouir*) l'œil.
Les paquerettes (*fleurir*) toute l'année.
Les enfants (*salir*) leurs vêtements.
Le lièvre se (*blottir*) dans son gîte.
Le cultivateur (*ameublir**) la terre.
Tu (*gémir*) trop.
Nous (*alourdir*) notre pas.
Ils (*flétrir*) l'injustice.
Nous (*compatir*) aux maux des autres.

Exercice 200.

Mettez le verbe à l'imparfait de l'indificatif. *Ecrivez :* Nous *rajeunissions* en apparence.

Nous (*rajeunir*) en apparence.
Des rues larges (*assainir*) la ville.
Vous (*amoindrir*) vos torts.
Je (*croupir*) dans l'ignorance.
Vous (*maigrir*) tous les jours.

Corrigé 197.

L'élève écrira : Il mollit, *ils mollissent*.

— ils mollissent.
— ils agissent.
— ils salissent.
— ils ennoblirent.
— ils enseveliraient.
— elles grandissent.
— ils ahurirent.
— ils unirent.
— ils pâlirent.

— elles brunissaient.
— ils aplanissaient.
— ils béniraient.
— qu'ils fléchissent.
— qu'ils enrichissent.
— qu'ils aient rougi.
— qu'ils eussent fourni.
— qu'ils chérissent.
— qu'ils pétrissent.

Corrigé 198.

L'élève écrira : Ils bondissent, *il bondit*.

— il bondit.
— il avertira.
— il languissait.
— il punit.
— il mûrit.
— il flétrirait.

— il pourrit.
— qu'il maigrît.
— qu'il garnît.
— qu'il rétrécit.
— qu'il ait gravi.
— qu'il eût appesanti.

— il aboutit.
— il aigrissait.
— il approfondit.
— il assouplissait.
— il avilirait.
— qu'il déguerpît.

Corrigé 199.

Tu *vernis* les meubles.
Tu *crépis* le mur.
Nous *arrondissons* notre propriété.
Je *polis* le marbre.
Nous *vieillissons* tous les jours.
Vous *pétrissez* le pain,
Il *aplanit* les difficultés.
Elle *pâlit* affreusement.
L'étoile *éblouit* l'œil.
Les pâquerettes *fleurissent* toute l'année.
Les enfants *salissent* leurs vêtements.
Le lièvre se *blottit* dans son gîte.
Le cultivateur *ameublit* la terre.
Tu *gémis* trop.
Nous *alourdissons* notre pas.
Ils *flétrissent* l'injustice.
Nous *compatissons* aux maux des autres.

Corrigé 200.

Nous *rajeunissions* en apparence.
Des rues larges *assainissaient* la ville.
Vous *amoindrissiez* vos torts.
Je *croupissais* dans l'ignorance.
Vous *maigrissiez* tous les jours.

Nous (*rougir*) de plaisir.
Tu (*frémir*) d'indignation.
Elles (*attendrir*) tous les assistants.
Il (*saisir*) son ennemi.
Nous nous (*assoupir*) de bonne heure.
Les boissons acides (*rafraichir*) le corps.
Je (*nourrir*) les pauvres.
Nous ne (*tarir*) pas en éloges sur votre compte.
Vous (*assouvir*) votre faim.

Exercice 201.

Mettez le verbe au passé indéfini. *Ecrivez : J'ai assoupli* mes membres

J'(*assouplir*) mes membres.
Nous (*bénir*) nos bienfaiteurs.
Vous (*punir*) les enfants paresseux.
Elle (*garnir*) son panier de provisions.
Vous (*choisir*) les plus beaux fruits.
L'écolier (*noircir*) ses doigts avec de l'encre.
Nous (*réussir*) à provigner* la vigne.
Je (*ralentir*) le pas.
Tu (*dégourdir*) tes membres.
Les flots (*engloutir*) les naufragés.
Vous (*faiblir*) mal à propos.
Il m'(*enhardir*) à parler.
Ils (*pourrir*) dans les cachots.
Le soldat (*désobéir*) à ses chefs.
Nous (*munir*) la voiture de lanternes.
Les ennemis (*ensevelir*) leurs morts.

Exercice 202.

Mettez le verbe à l'imparfait du subjonctif. *Ecrivez :* Il fallait que je *saisisse* l'occasion.

Il fallait : que je (*saisir*) l'occasion, que tu (*choisir*) le moment favorable, que ton frère (*avertir*) les personnes intéressées, que nous (*réussir*) à mettre tout le monde d'accord, que vous vous (*unir*) à nous pour cela, et que tous ceux qui s'intéressent à l'entreprise nous (*fournir*) l'argent nécessaire.

Il fallait : que je me (*réunir*) à mes compatriotes, que tu t'(*enhardir*) à en faire autant, que ton père ne (*faiblir*) pas non plus, que nous nous (*munir*) d'armes, que vous (*avertir*) vos amis de vous en procurer, que nous (*envahir*) le territoire des ennemis et que les dissensions intestines les (*affaiblir*) assez pour qu'ils ne pussent nous résister.

Nous *rougissions* de plaisir.
Tu *frémissais* d'indignation.
Elles *attendrissaient* tous les assistants.
Il *saisissait* son ennemi.
Nous nous *assoupissions* de bonne heure.
Les boissons acides *rafraîchissaient* le corps.
Je *nourrissais* les pauvres.
Nous ne *tarissions* pas en éloges sur votre compte.
Vous *assouvissiez* votre faim.

Corrigé 201.

J'ai assoupli mes membres.
Nous *avons béni* nos bienfaiteurs.
Vous *avez puni* les enfants paresseux.
Elle *a garni* son panier de provisions.
Vous *avez choisi* les plus beaux fruits.
L'écolier *a noirci* ses doigts avec de l'encre.
Nous *avons réussi* à provigner la vigne.
J'ai ralenti le pas.
Tu *as dégourdi* tes membres.
Les flots *ont englouti* les naufragés.
Vous *avez faibli* mal à propos.
Il *m'a enhardi* à parler.
Ils *ont pourri* dans les cachots.
Le soldat *a désobéi* à ses chefs.
Nous *avons muni* la voiture de lanternes.
Les ennemis *ont enseveli* leurs morts.

Corrigé 202.

Il fallait : que je *saisisse* l'occasion, que tu *choisisses* le moment
favorable, que ton frère *avertît* les personnes intéressées, que nous
réussissions à mettre tout le monde d'accord, que vous vous *unissiez* à
nous pour cela, et que tous ceux qui s'intéressent à l'entreprise nous
fournissent l'argent nécessaire.

Il fallait : que je me *réunisse* à mes compatriotes, que tu *t'enhar-
disses* à en faire autant, que ton père ne *faiblît* pas non plus, que
nous nous *munissions* d'armes, que vous *avertissiez* vos amis de vous
en procurer, que nous *envahissions* le territoire des ennemis et que
les dissensions intestines les *affaiblissent* assez pour qu'ils ne puissent
nous résister.

Troisième Conjugaison.

186. — *Verbe* RECEV OIR. — *Radical* Recev.

Mode Indicatif.

PRÉSENT.

Je	reçoi s.
Tu	reçoi s.
Il	reçoi t.
Nous	recev ons.
Vous	recev ez.
Ils	reçoiv ent.

IMPARFAIT.

Je	recev ais.
Tu	recev ais.
Il	recev ait.
Nous	recev ions.
Vous	recev iez.
Ils	recev aient.

PASSÉ DÉFINI.

Je	reç us.
Tu	reç us.
Il	reç ut.
Nous	reç ûmes.
Vous	reç ûtes.
Ils	reç urent.

PASSÉ INDÉFINI.

J'ai	reçu.
Tu as	reçu.
Il a	reçu.
Nous avons	reçu.
Vous avez	reçu.
Ils ont	reçu.

PASSÉ ANTÉRIEUR.

J'eus	reçu.
Tu eus	reçu.
Il eut	reçu.
Nous eûmes	reçu.
Vous eûtes	reçu.
Ils eurent	reçu.

PLUS-QUE-PARFAIT.

J'avais	reçu.
Tu avais	reçu.
Il avait	reçu.
Nous avions	reçu.
Vous aviez	reçu.
Ils avaient	reçu.

FUTUR.

Je	recevr ai.
Tu	recevr as.
Il	recevr a.
Nous	recevr ons.
Vous	recevr ez.
Ils	recevr ont.

FUTUR ANTÉRIEUR.

J'aurai	reçu.
Tu auras	reçu.
Il aura	reçu.
Nous aurons	reçu.
Vous aurez	reçu.
Ils auront	reçu.

Mode Conditionnel.

PRÉSENT.

Je	recevr ais.
Tu	recevr ais.
Il	recevr ait.
Nous	recevr ions.
Vous	recevr iez.
Ils	recevr aient.

PASSÉ (1re forme).

J'aurais	reçu.
Tu aurais	reçu.
Il aurait	reçu.
Nous aurions	reçu.
Vous auriez	reçu.
Ils auraient	reçu.

PASSÉ (2e forme).

J'eusse	reçu.
Tu eusses	reçu.
Il eût	reçu.
Nous eussions	reçu.
Vous eussiez	reçu.
Ils eussent	reçu.

Mode Impératif.

PRÉSENT.

Sing.	2e *p.*	Reç ois.
Plur.	1re *p.*	Recev ons.
—	2e *p.*	Recev ez.

Mode Subjonctif.

PRÉSENT.

Que je	reçoiv e.
Que tu	reçoiv es.
Qu'il	reçoiv e.
Que nous	recev ions.
Que vous	recev iez,
Qu'ils	reçoiv ent.

IMPARFAIT.

Que je	reç usse.
Que tu	reç usses,
Qu'il	reç ût.
Que nous	reç ussions.
Que vous	reç ussiez.
Qu'ils	reç ussent.

PASSÉ.

Que j'aie	reçu.
Que tu aies	reçu.
Qu'il ait	reçu.
Que nous ayons	reçu.
Que vous ayez	reçu.
Qu'ils aient	reçu.

PLUS-QUE-PARFAIT.

Que j'eusse	reçu.
Que tu eusses	reçu.
Qu'il eût	reçu.
Que nous eussions	reçu.
Que vous eussiez	reçu.
Qu'ils eussent	reçu.

Mode Infinitif.

PRÉSENT.

Recev oir.

PASSÉ.

Avoir reçu.

Mode Participe.

PRÉSENT.

Recev ant.

PASSÉ.

Reçu, reçue, ayant reçu.

Conjuguez de même : apercevoir, concevoir, décevoir, percevoir.

186. Conjuguez le verbe *Recevoir*,

143e **Dictée.** (SUJET DE COMPOSITION.)

L'ÉDUCATION.

Un groseillier croissait sans soins et sans culture sur le bord d'un grand chemin. Les feuilles ne lui manquaient pas ; quant aux fruits, il n'en avait point. Un jardinier le prit, le mit dans son jardin et ne lui épargna aucuns soins. L'année suivante, le groseillier fut tout couvert de fruits.

Enfants, votre jardinier à vous, c'est votre père, c'est votre maître. Laissez-vous cultiver par eux et vous produirez de bons fruits.

144e **Dictée.** (RÉCAPITULATION.)

Ne *forçons* point notre talent. — Les jardiniers *pinçaient* les extrémités des branches et *forçaient* ainsi la séve à y rester. — Nous *longeâmes* le bord de la mer. — Il fallait qu'il se *purgeât*. — Cet enfant *épelle* déjà bien ses lettres. — La sueur me *ruisselle* du front. — Pourquoi *chancelez*-vous ainsi? — On entend les poules qui *caquettent*. — Les grammairiens *décrètent* que certains mots sont masculins au singulier et féminins au pluriel. — Le roseau avait raison de dire : Je plie et ne *romps* pas. — Tu nous *fraieras* un passage. — Nous *envoyons* chercher des médicaments chez le pharmacien. — Ils s'*apitoient* sur le sort des malheureux.

145e **Dictée.** (RÉCAPITULATION.)

Nous *déployons* actuellement tout notre savoir-faire. — Auparavant nous ne *torréfiions* pas notre café nous-mêmes. — Il faut que vous *coloriiez* ces gravures. — Il importe que vous *remerciiez* vos bienfaiteurs. — Nous ne nous *soucions* pas pour le quart d'heure de devenir riches, mais nous aspirons à devenir hommes de bien. — Le maire *certifie* que la signature est authentique. — Il *s'ennuie* de ne pas recevoir de nouvelles de ses parents. — Le cultivateur *sème* ses blés en automne et au printemps. — Il faut que la fermière *écrème* son lait de temps en temps.

146e **Dictée.** (RÉCAPITULATION.)

Le fils aide ses parents et *allége* leurs travaux. — La sécheresse *désagrége* les sols argileux. — L'usage des machines *abrége* une foule de travaux. — Les conseils généraux *siégent* en ce moment. — On *cachète* les lettres avant de les *jeter* à la poste. — Nous vous rencontrâmes au moment où vous *charriiez* votre fumier. — Enfants, il faut que vous vous *fortifiiez* en calcul et en orthographe. — Vous *raierez* cet article. — Mes amis, il est utile que vous *étudiiez* les langues étrangères. — Il faut que nous *clarifiions* notre vin par le collage.

Quatrième Conjugaison.

187. — *Verbe* ROMP RE. — *Radical* Romp.

Mode Indicatif.

PRÉSENT.

Je romp s.
Tu romp s.
Il romp t.
Nous romp ons.
Vous romp ez.
Ils romp ent.

IMPARFAIT.

Je romp ais.
Tu romp ais.
Il romp ait.
Nous romp ions.
Vous romp iez.
Ils romp aient.

PASSÉ DÉFINI.

Je romp is.
Tu romp is.
Il romp it.
Nous romp îmes.
Vous romp îtes.
Ils romp irent.

PASSÉ INDÉFINI.

J'ai romp u.
Tu as romp u.
Il a romp u.
Nous avons romp u.
Vous avez romp u.
Ils ont romp u.

PASSÉ ANTÉRIEUR.

J'eus romp u.
Tu eus romp u.
Il eut romp u.
Nous eûmes romp u.
Vous eûtes romp u.
Ils eurent romp u.

PLUS-QUE-PARFAIT.

J'avais romp u.
Tu avais romp u.
Il avait romp u.
Nous avions romp u.
Vous aviez romp u.
Ils avaient romp u.

FUTUR.

Je rompr ai.
Tu rompr as.
Il rompr a.
Nous rompr ons.
Vous rompr ez.
Ils rompr ont.

FUTUR ANTÉRIEUR.

J'aurai romp u.
Tu auras romp u.
Il aura romp u.
Nous aurons romp u.
Vous aurez romp u.
Ils auront romp u.

Mode Conditionnel.

PRÉSENT.

Je rompr ais.
Tu rompr ais.
Il rompr ait.
Nous rompr ions.
Vous rompr iez.
Ils rompr aient.

PASSÉ (1re *forme*).

J'aurais romp u.
Tu aurais romp u.
Il aurait romp u.
Nous aurions romp u.
Vous auriez romp u.
Ils auraient romp u.

PASSÉ (2e *forme*).

J'eusse romp u.
Tu eusses romp u.
Il eût romp u.
Nous eussions romp u.
Vous eussiez romp u.
Ils eussent romp u.

Mode Impératif.

PRÉSENT.

Sing. 2e *pers.* Romp s.
Plur. 1re *pers.* Romp ons.
— 2e *pers.* Romp ez.

Mode Subjonctif.

PRÉSENT.

Que je romp e.
Que tu romp es.
Qu'il romp e.
Que nous romp ions.
Que vous romp iez.
Qu'ils romp ent.

IMPARFAIT.

Que je romp isse.
Que tu romp isses.
Qu'il romp ît.
Que nous romp issions.
Que vous romp issiez.
Qu'ils romp issent.

PASSÉ.

Que j'aie romp u.
Que tu aies romp u.
Qu'il ait romp u.
Que nous ayons romp u.
Que vous ayez romp u.
Qu'ils aient romp u.

PLUS-QUE-PARFAIT.

Que j'eusse romp u.
Que tu eusses romp u.
Qu'il eût romp u.
Que nous eussions romp u.
Que vous eussiez romp u.
Qu'ils eussent romp u.

Mode Infinitif.

PRÉSENT.

Romp re.

PASSÉ.

Avoir romp u.

Mode Participe.

PRÉSENT.

Romp ant.

PASSÉ.

Romp u, romp ue, ayant romp u.

Conjuguez de même : *corrompre, interrompre.*

187. Conjuguez le verbe *Rompre.*

DÉVELOPPEMENT.

Verbes en aindre, eindre, oindre. — Dans les verbes en *aindre, eindre, oindre,* comme *craindre, peindre, joindre,* on supprime le *d* avant d'ajouter *s, s, t* au singulier du présent de l'indicatif.

Ex. : Craind-re : Je crain-s, tu crain-s, il crain-t.

De plus, ces mêmes verbes changent leur radical apparent *craind, peind, joind,* en *craign, peign, joign,* lorsque la terminaison commence par une voyelle.

Ex. : Indicatif présent. Nous craign-ons, vous craign-ez, ils craign-ent.

Au futur on dit : je *craindr-ai,* tu *craindr-as,* etc.

147ᵉ Dictée. (SUJET DE COMPOSITION.)

Que faut-il remarquer dans l'orthographe des verbes en *cer* et en *ger* ; à quels temps s'appliquent ces remarques ?

Que faut-il remarquer dans l'orthographe des verbes en *eler, eter* ; à quels temps du verbe s'applique cette remarque ?

Que faut-il remarquer dans l'orthographe des verbes qui ont un *e* muet ou un *é* fermé à l'avant-dernière syllabe ; à quels temps du verbe s'appliquent ces remarques ?

Que faut-il remarquer dans l'orthographe des verbes en *yer* et *ier* ; à quels temps de ces verbes s'appliquent ces remarques ?

148ᵉ Dictée. (ORTHOGRAPHE USUELLE.)

Les armées se couvrent quelquefois avec des *abatis* d'arbres. — L'*abbé* de ce monastère est un vieillard vénérable. — Le cerf verse des larmes quand il est réduit aux *abois.* — Ce fruit est d'un bon *acabit.* — L'*acacia* pousse vite. — L'*accaparement* des connaissances ne doit pas être toléré. — Cet écrivain fait bien les *accolades.* — L'*accroissement* du chêne est très-lent. — L'*addition* est la première opération de l'*arithmétique.* — Je refuse mon *adhésion* à ce projet.

149ᵉ Dictée. (SUJET DE COMPOSITION.)

LA VIE HUMAINE SANS DIEU.

Sans l'idée de Dieu, le corps de l'homme est comme un vaisseau dans lequel l'âme s'embarque pour passer la mer de la vie. Les cinq sens sont les mariniers, et l'amour-propre son gouvernail. Sa boussole est le plaisir et sa bannière la folie ; les vents favorables sont les flatteries trompeuses du monde, et les voiles un tissu de fragilité ; ses cordages sont les bagatelles dont son esprit s'occupe ; ses ancres, les espérances vaines ; sa cargaison, ses défauts ; et le port où il aborde est presque toujours le repentir.

188. — Les verbes en *andre, endre, ondre, ordre,* comme *répandre, rendre, répondre, tordre,* conservent le *d* au singulier du présent de l'indicatif.

Ex. : Répand-re : Je répand-s, tu répand-s, il répand.

Conjuguez de même : Attendre. — Entendre. — Vendre. — Défendre. — Suspendre. — Tendre. — Détendre. — Répandre. — Tondre. — Répondre. — Tordre. — Confondre. — Mordre. — Perdre.

Des deux espèces de verbes.

189. — Il y a deux espèces de verbes, les verbes *transitifs* et les verbes *intransitifs*.

190. — Un verbe transitif est appelé : verbe *actif,* quand il a un complément direct : *j'aime* mon père ; verbe *passif,* quand il se conjugue dans tous ses temps avec l'auxiliaire *être : je suis* aimé, *j'étais* aimé, etc. ; verbe *pronominal,* quand il se conjugue dans tous ses temps avec deux pronoms de la même personne : *Je m'*aime, *tu t'*aimes, *il s'*aime, etc.

Un verbe intransitif est appelé : verbe *neutre,* quand il n'a pas de complément direct : je *dors,* je *tombe ;* verbe *impersonnel* ou *unipersonnel,* quand il ne se conjugue qu'à la troisième personne du singulier : *il neige, il pleut, il faut* (1).

Exercice.

Distinguez les verbes suivants. *Ecrivez* : j'ai perdu mon couteau *(j'ai perdu,* verbe actif).

J'ai perdu mon couteau. — Je suis perdu. — Je me perds. — Je vends du beurre. — Je suis vendu. — Je me vends. — Tu ris. — Il neige. — Je crie. — Il semble. — Je suis flatté. — Je flatte mon ami. — Je me flatte. — Il trompe les autres. — Il se trompe. — Il est trompé. — Il se noircit. — Il noircit la table. — Il est noirci. — Je plonge. — Je tombe. — Je marche. — Je lie une gerbe. — Je me lie — Je suis lié.

(1) Voir notre *Deuxième année de grammaire* pour les modèles des conjugaisons, et pour la liste des verbes irréguliers.

---

188. Que remarque-t-on sur les verbes en *andre, endre, ondre, ordre* ?

189. Combien y a-t-il d'espèces de verbes ?

190. Quelles formes peut prendre un verbe transitif ?

Quelles formes peut prendre un verbe intransitif ?

150ᵉ **Dictée**. (PLURIEL DES NOMS ET DES ADJECTIFS.)

LES HARICOTS.

La culture en grand du haricot forme un des *éléments* de *richesse* des *départements* de la Côte-d'Or et de Saône-et-Loire. Mais c'est des environs de Soissons que nous viennent les *haricots* les plus estimés. Le haricot n'est point attaqué par les *insectes* ; il se conserve facilement ; il constitue une *grande* ressource pour la nourriture des *marins* et des *soldats*. Ses *tiges séchées* sont recherchées par les *moutons* et les *bêtes* à *cornes*.

151ᵉ **Dictée**. (*Suite.*)

La culture des *haricots* réussit surtout dans nos *provinces méridionales* ; toutefois dans le nord on peut cultiver des *variétés précoces* dans les *terrains* qui s'égouttent facilement, par exemple dans les *sols* moitié sable, moitié argile, ou moitié argile et moitié calcaire et même dans les *terres sableuses* un peu *fraîches*. Dans le midi on préfère les *sols* substantiels. Tous les *engrais riches* en *sels* conviennent aux *haricots*, à l'exception des *fumiers* frais. Quand on plante des *haricots*, les vieilles *graines* rapportant davantage, on choisit en général des *semences* de deux *ans*.

152ᵉ **Dictée**. (SUJET DE COMPOSITION.)

LA DÉSOBÉISSANCE.

« Mon fils, disait un jour une hirondelle à l'un de ses petits, vois-tu là-bas ces bâtons? ne va pas t'y frotter, crois-en ta mère. — Voilà bien des chansons, dit le petit tout bas; qu'y a-t-il sur ces bâtons qui puisse les rendre dangereux? Quoi qu'en dise ma mère, je veux y aller pour en avoir le cœur net. » A l'instant le drôle y vole, il y fut pris : c'étaient des bâtons de glu. Sa désobéissance causa sa mort.

Corrigé.

L'élève écrira : J'ai perdu mon couteau (*verbe actif*).

J'ai perdu (*v. a.*) mon couteau. — Je suis perdu (*v. p.*). — Je me perds (*v. pr.*). — Je vends (*v. a.*) du beurre. — Je suis vendu (*v. p.*) — Je me vends (*v. pro.*). — Tu ris (*v. n.*). — Il neige (*v. imp.*). — Je crie (*v. n.*). — Il semble (*v. imp.*). — Je suis flatté (*v. p.*). — Je flatte (*v. a.*) mon ami. — Je me flatte (*v. pr.*). — Il trompe (*v. a.*) les autres. — Il se trompe (*v. pr.*). — Il est trompé (*v. p.*). — Il se noircit (*v. pr.*). — Il noircit (*v. a.*) la table. — Il est noirci (*v. p.*). — Je plonge (*v. n.*). — Je tombe (*v. n.*). — Je marche (*v. n.*). — Je lie (*v. a.*) une gerbe. — Je me lie (*v. pr.*). — Je suis lié (*v. p.*).

Règles d'accord du verbe avec son sujet.

191. — **Règle.** Tout verbe s'accorde en nombre et en personne avec son sujet.

Ex. : Tu *parles*, les oiseaux *volent*.

Parles est au singulier et à la seconde personne, parce que son sujet *tu* est du singulier et de la seconde personne. *Volent* est au pluriel et à la troisième personne, parce que son sujet *les oiseaux* est au pluriel et de la troisième personne.

Exercice 204.

Règle 191. — Mettez au pluriel le sujet et le verbe. *Ecrivez :* La sœur allume la chandelle, *les sœurs allument la* chandelle.

La sœur allume la chandelle.
L'instituteur avertit l'écolier.
L'enfant étudiera sa leçon.
Le tambour battra.
La servante balaie les escaliers.
Le marchand vendit l'orange.
Le bœuf traînait la charrue.
L'oncle grondera son neveu.
L'escargot rampera.
Que le gardien veille
Le guerrier mourut.
Le soldat déserta.
La ménagère achetait le légume.
Le jeune garçon tourmente l'âne.
Le menuisier fabriquerait l'armoire.
Le vigneron taille le vigne.

Exercice 205.

Règle 191. — Mette au singulier le sujet, le verbe et le complément. *Ecrivez* : Les ouvriers aiguisent les outils, *l'ouvrier aiguise l'outil.*

Les ouvriers aiguisent les outils.
Les personnes ouvriraient les fenêtres.
Les coqs chanteront.
Les étrangers visitèrent les villes.
Les matelots déployèrent les voiles.
Des voleurs dévalisèrent les maisons.
Les servantes casseraient les assiettes.
Des guides conduisent les voyageurs.
Les grenouilles coassaient.
Les chameaux traversent les déserts.
Les terrassiers creusent les puits.
Les meuniers achètent les grains.
Les jardiniers greffent les pommiers.
Les cuisiniers assaisonnent les salades.
Les maréchaux ferrent les chevaux.
Les maçons construiront des églises.

191. Comment s'accorde le verbe ?

153e Dictée. (ACCORD DU VERBE.)

Je *visitai* l'Italie. — Tu *laboures*. — Les jeunes filles *chantent*. — Nous *pénétrâmes* dans une épaisse forêt. — L'écureuil et le singe *sautent* sur les arbres de branche en branche. — Les pattes de grenouilles *constituent* un manger délicat. — L'asperge et la morille *poussent* au printemps. — Le pinçon et le chardonneret *égaient* et *animent* nos jardins. — Vous *reçûtes* de magnifiques étrennes. — Vous *avouerez* vos fautes. — Je m'*ennuierai* dans ce port. — Il *faut* que tu *plies* cette lettre, que tu la *cachètes* et que tu l'*expédies*. — Les jardiniers *ont ratissé* les allées. — Les terrassiers *creusèrent* le puits. — Je vous *prierais* de m'accompagner. — Nous *recevrons* bientôt un panier de figues.

Corrigé 204.

L'élève écrira tout au long : La sœur allume la chandelle, *les sœurs allument la* chandelle.

— les sœurs allument la chandelle.
— les instituteurs avertissent l'écolier.
— les enfants étudieront leur leçon.
— les tambours battront.
— les servantes balaient les escaliers.
— les marchands vendirent l'orange.
— les bœufs traînaient la charrue.
— les oncles gronderont leur neveu.

— les escargots ramperont.
— que les gardiens veillent.
— les guerriers moururent.
— les soldats désertèrent.
— les ménagères achetaient le légume.
— les jeunes garçons tourmentent l'âne.
— les menuisiers fabriqueraient l'armoire.
— les vignerons taillent la vigne.

Corrigé 205.

L'élève écrira tout au long : Les ouvriers aiguisent les outils, *l'ouvrier aiguise l'outil.*

— l'ouvrier aiguise l'outil.
— la personne ouvrirait la fenêtre.
— le coq chantera.
— l'étranger visita la ville.
— le matelot déploya la voile.
— un voleur dévalisa la maison.
— la servante casserait l'assiette.
— un guide conduit le voyageur.

— la grenouille coassait.
— le chameau traverse le désert.
— le terrassier creuse le puits.
— le meunier achète le grain.
— le jardinier greffe le pommier.
— le cuisinier assaisonne la salade.
— le maréchal ferre le cheval.
— le maçon construira une église.

Exercice 206.

Règle 191. — Mettez le sujet et le verbe au pluriel. *Écrivez :* L'animal respir *es animaux respirent.*

L'animal respire.
La cloche sonnerait.
Le cultivateur labourait le champ.
Le canon gronda.
Le bûcheron abattit l'arbre.
La jeune fille tricote.
Le cheval hennit.

Le voyageur cherche une source.
La servante soigne la vache.
L'âne mangera un chardon.
La rivière inonde la prairie.
La poule couverait.
La mère blanchit le linge.
Le dindon glousse.

Exercice 207.

Règle 191. — Mettez au singulier le sujet et le verbe. *Écrivez :* Les mères grondent les enfants, *la mère gronde* les enfants.

Les mères grondent les enfants.
Les ramoneurs nettoieraient les cheminées.
Les femmes arracheront les oignons.
Les maraîchers avaient vendu les choux.
Les bouchers tueront les veaux.
Les paveurs paveront les routes.
Les vendangeurs foulaient les raisins.
Les pauvres ramassèrent les faînes*.

Les jardiniers arrosent les melons.
Les cultivateurs plantèrent des pommes de terre.
Les paysans cueilleraient les cerises.
Les enfants de chœur balanceront les encensoirs.
Les boulangers avaient chauffé les fours.
Les horloges marquent les heures.
Les arbres fleurissent.
Les feuilles jonchent les bocages.

Exercice 208.

Règle 191. — Mettez le verbe au présent de l'indicatif.

Les cordonniers (*travailler*) le cuir.
Les horlogers (*raccommoder*) les pendules.
Les maîtres (*punir*) les élèves paresseux.
Les maçons (*commencer*) leur travail de grand matin.
Les peintres (*dessiner*) les paysages.
La grêle (*abattre*) les moissons.

Les cloches (*appeler*) les fidèles aux offices.
Les cieux (*annoncer*) la gloire de Dieu.
La vue du soleil levant (*réjouir*) le cœur de l'homme.
L'homme, à son réveil, (*élever*) son cœur vers Dieu.
Les égoïstes ne (*penser*) qu'à eux-mêmes.
Les ennemis (*ravager*) nos provinces.

Corrigé 206.

L'élève écrira tout au long : L'animal respire, *les animaux respirent.*

— les animaux respirent.
— les cloches sonneraient.
— les cultivateurs labouraient le champ.
— les canons grondèrent.
— les bûcherons abattirent l'arbre.
— les jeunes filles tricotent.
— les chevaux hennissent.
— les voyageurs cherchent une source.
— les servantes soignent la vache.
— les ânes mangeront un chardon.
— les rivières inondent la prairie.
— les poules couveraient.
— les mères blanchissent le linge.
— les dindons gloussent.

Corrigé 207.

L'élève écrira tout au long : Les mères grondent les enfants, *la mère gronde les enfants.*

— la mère gronde les enfants.
— le ramoneur nettoierait les cheminées.
— la femme arrachera les oignons.
— le maraîcher avait vendu les choux.
— le boucher tuera les veaux.
— le paveur pavera les routes.
— le vendangeur foulait les raisins.
— le pauvre ramassera les faînes*.
— le jardinier arrose les melons.
— le cultivateur plantera des pommes de terre.
— le paysan cueillerait les cerises.
— l'enfant de chœur balancera les encensoirs.
— le boulanger avait chauffé les fours.
— l'horloge marque les heures.
— l'arbre fleurit.
— la feuille jonche les bocages.

Corrigé 208.

Les cordonniers *travaillent* le cuir.
Les horlogers *raccommodent* les pendules.
Les maîtres *punissent* les élèves paresseux.
Les maçons *commencent* leur travail de grand matin.
Les peintres *dessinent* les paysages.
La grêle *abat* les moissons.
Les cloches *appellent* les fidèles aux offices.
Les cieux *annoncent* la gloire de Dieu.
La vue du soleil levant *réjouit* le cœur de l'homme.
L'homme, à son réveil, *élève* son cœur vers Dieu.
Les égoïstes ne *pensent* qu'à eux-mêmes.
Les ennemis *ravagent* nos provinces.

192. — Deux singuliers valent un pluriel. Tout verbe qui a deux ou plusieurs sujets singuliers, se met au pluriel.

Si les sujets sont des noms ou des pronoms de la troisième personne, le verbe se met à la troisième personne du pluriel.

Ex. : Le père et le fils *chantent*.

Ton père et le mien *partiront* demain.

193. — Si les sujets sont de différentes personnes, le verbe se met au pluriel et à la personne qui a la priorité. La première personne a la priorité sur la seconde, et la seconde sur la troisième.

Ex. : Vous et moi *nous lirons* cette histoire.

Vous et votre frère *vous lirez*.

Exercice 209.

Règle 192. — Mettez les verbes au présent de l'indicatif et faites-les ccorder. *Ecrivez* : Louis et Antoine *jouent* aux billes.

Louis et Antoine (*jouer*) aux billes.

La chèvre et la brebis (*brouter*) l'herbe de la prairie.

La justice et la paix (*régner*) sur la terre.

Le cheval et l'âne (*traîner*) nos fardeaux.

Le pinson et le chardonneret (*chanter*) dans les jardins.

L'oie et le canard (*peupler*) la basse-cour.

Le bourgeois et le paysan (*défendre*) la patrie.

Le pain et la viande (*nourrir*) les hommes.

Le canon et le fusil (*tuer*) les hommes.

Exercice 210.

Règle 193 — Mettez les verbes au futur, faites-les accorder selon la règle. Remplacez les points par le pronom convenable. *Ecrivez* : Mon frère et moi *nous attendrons* longtemps.

Mon frère et moi (1) .... (*attendre*) longtemps.

Toi et Paul ... (*labourer*) ce champ.

Nos compagnons et moi ... (*nager*) vers le rivage.

La fermière et toi ... (*plumer*) cette volaille.

Lui et moi ... (*tomber*) d'accord.

Ton frère et toi ... (*entreprendre*) ce voyage.

Mon voisin et moi ... (*mener*) notre veau au marché.

Mon associé et moi ... (*bâtir*) cette maison.

(1) La politesse française veut qu'on se nomme le dernier : Mon frère *et moi*; mon père, mes amis et *moi*.

---

192 A quel nombre met-on un verbe qui a plusieurs sujets?

193. A quelle personne met-on un verbe qui a plusieurs sujets?

154e Dictée. (ACCORD DU VERBE.)

Le jonc et le roseau se *trouvent* dans les marécages. — Le hêtre et le chêne *peuplent* nos forêts. — La violette et la rose *embaument* l'atmosphère. — Le goujon et l'écrevisse *foisonnent* dans cette rivière. — Le bœuf et le mouton *broutent* l'herbe de la prairie. — Le chou et l'artichaut *remplissent* le jardin. — Le sapin et le pin *fournissent* de la résine. — La rivière et le ruisseau *coulent* avec rapidité. — Le soleil et la lune *éclairent* les mortels.

155e Dictée. (ACCORD DU VERBE.)

Toi et moi nous nous *promènerons* dans la vallée. — Ta sœur et toi *travaillerez* à cet ouvrage. — Tu *laboureras* ton champ et tu en *arracheras* les mauvaises herbes. — Des peupliers *bordent* la route. — Les ménagères *balaient* leurs maisons. — Les cloches *sonnent* à toutes volées. — Le bouvier et le berger *gardent* leurs troupeaux. — Pierre et Jean *cueillent* les cerises. — Louis et André *sèment* le blé. — Ton père et toi *porterez* les légumes au marché. — Le frère et la sœur *chantent* agréablement.

Corrigé 209.

Louis et Antoine *jouent* aux billes.
La chèvre et la brebis *broutent* l'herbe de la prairie.
La justice et la paix *règnent* sur la terre.
Le cheval et l'âne *traînent* nos fardeaux.
Le pinson et le chardonneret *chantent* dans les jardins.
L'oie et le canard *peuplent* la basse-cour.
Le bourgeois et le paysan *défendent* la patrie.
Le pain et la viande *nourrissent* les hommes.
Le canon et le fusil *tuent* les hommes.

Corrigé 210.

Mon frère et moi nous *attendrons* longtemps.
Toi et Paul vous *labourerez* ce champ.
Nos compagnons et moi nous *nagerons* vers le rivage.
La fermière et toi vous *plumerez* cette volaille.
Lui et moi nous *tomberons* d'accord.
Ton frère et toi vous *entreprendrez* ce voyage.
Ton voisin et moi nous *mènerons* notre veau au marché.
Mon associé et moi nous *bâtirons* cette maison.

Formation des verbes.

194. — Un grand nombre de verbes sont formés avec des noms. Par exemple, de *hache* on a formé le verbe *hacher*.

195. — Au contraire, un grand nombre de noms sont formés avec des verbes. Par exemple, de *bâtir* on a fait *bâtiment*.

Exercice 211.

Ecrivez : du substantif *bride* on a formé le verbe *brider*.

Bride...   Réprimande...   Partage...   Souffle...
Bord...   Agrafe...   Voyage...   Blâme...
Hache...   Triomphe...   Calcul...   Rame...
Niche...   Addition...   Colle...   Balai...
Gambade...   Neige...   Fil...   Sel...

Exercice.

Formez le contraire des verbes suivants en plaçant devant eux le préfixe *dé* ou *dés*. *Ecrivez* : le contraire de *boucher* est *déboucher*.

Boucher...   Coller...   Grossir...   Ranger...
Barbouiller...   Composer...   Loger...   Argenter...
Cacheter...   Faire...   Peupler...   Armer...
Clouer...   Fleurir...   Plaire...   Enfler...
Coiffer...   Garnir...   Ployer...   Espérer...

Exercice.

Remplacez les expressions suivantes par un verbe commençant par le préfixe *en* ou *em*. *Ecrivez* : mettre en magasin c'est *emmagasiner*.

Mettre en *magasin*. — Mettre un *manche*. — Garnir de *paille*. — Peupler de *poissons*. — Mettre en *prison*. — Mettre en *caisse*. — Rendre *ivre*. — Faire devenir *gras*. — Mettre dans un *régiment*. — Mettre dans un *cadre*. — Mettre en *terre*. — Lier avec une *chaine*. — Donner du *courage*. — Mettre ses habits du *dimanche*. — Mettre au *four*. — Exposer à la *fumée*. — Inscrire sur un *registre*.

Exercice.

Remplacez chacune des expressions suivantes par un verbe terminé par le suffixe *fier*. *Ecrivez* : *rendre bon* équivaut à *bonifier*.

Rendre bon. — Rendre fort. — Rendre juste. — Rendre pur. — Rendre rare. — Rendre saint (du latin *sanctus*, saint). — Rendre clair (de *clarus*, clair). — Rendre simple. — Rendre vrai (de *verus*, vrai). — Rendre certain (de *certus*, certain). — Rendre faux (de *falsus*, faux). — Produire du fruit (de *fructus*, fruit). — Changer en os (de *ossum*, os).

194. Comment forme-t-on un grand nombre de verbes ?

156e **Dictée.** (SUJET DE COMPOSITION.)

LE DÉSIR DE CHANGER DE POSITION.

Dans ma jeunesse, dit Franklin, j'étais un jour passager à bord
d'un petit sloop qui descendait la Delaware. La chaleur était excessive. Je crus voir près du rivage une belle prairie verte au milieu
de laquelle s'élevait un grand arbre donnant beaucoup d'ombrage.
Je m'imaginai que je pourrais m'asseoir sous son abri et j'obtins du
capitaine qu'il me fît conduire à terre ; mais, hélas ! pour atteindre
l'arbre, j'enfonçai dans la boue jusqu'aux genoux, et je n'étais pas
établi depuis cinq minutes sous son ombrage, que mille insectes
fàcheux vinrent fondre sur moi. Je regagnai donc le rivage et j'ap-
pelai pour que la chaloupe me ramenât à bord du sloop, où il me
fallut endurer la chaleur que j'avais voulu éviter et, de plus, les ris
moqueurs des passagers.

Corrigé 211.

— brider.	— triompher.	— filer.
— border.	— additionner.	— souffler.
— hacher.	— neiger.	— blâmer.
— nicher.	— partager.	— ramer.
— gambader.	— voyager.	— balayer.
— réprimander.	— calculer.	— saler.
— agrafer.	— coller.	

Corrigé.

— déboucher.	— défaire.	— déployer.
— débarbouiller.	— défleurir.	— déranger.
— décacheter.	— dégarnir.	— désargenter.
— déclouer.	— dégrossir.	— désarmer.
— décoiffer.	— déloger.	— désenfler.
— décoller.	— dépeupler.	— désespérer.
— décomposer.	— déplaire.	

Corrigé.

Emmagasiner. — Emmancher. — Empailler. — Empoissonner.
— Emprisonner. — Encaisser. — Enivrer. — Engraisser. — En-
régimenter. — Encadrer. — Enterrer. — Enchaîner. — Encourager.
— Endimancher. — Enfourner. — Enfumer. — Enregistrer.

Corrigé.

Bonifier. — Fortifier. — Justifier. — Purifier. — Raréfier. —
Sanctifier (en latin *sanctus*, saint). — Clarifier (de *clarus*, clair). —
Simplifier. — Vérifier (de *verus*, vrai). — Certifier (de *certus*, cer-
tain). — Falsifier (de *falsus*, faux). — Fructifier (de *fructus*, fruit).
— Ossifier (de *ossum*, os).

Interrogations.

196. — Dans les interrogations le pronom se place après le verbe.

Ex. : Venez-**vous** ? Partirons-**nous** ? As-tu dormi ? Aimé-je ?

197. — A la troisième personne du singulier, quand le verbe finit par une voyelle, on place un *t* entre le verbe et le pronom.

Ex.: Appelle-t-il ? Viendra-t-elle ? Mange-t-on ?

198. — Au lieu de *venez-vous ? dort-il ? appelle-t il ?* on peut dire *est-ce que* vous venez ? *est-ce qu'il* dort? *est-ce qu'il* appelle?

Exercice 212.

Règle. — Copiez et rendez les verbes suivants interrogatifs. **Ecrivez :** Vous partez, *partez-vous?*

Vous partez.	J'ai.	Tu as cousu.	Je puis.
Nous marchons.	Je chante.	Tu grandiras.	Je dis.
Ils arrivent.	Il court.	Il faut.	J'ai dit.
Je dois.	Ils courent.	Tu aurais menti.	Je vois.
Je vais.	Nous étudions.	Il aurait mis.	Je suis.
Nous rions.	Nous avons ri.	J'ai cassé.	Nous avons.

Même Exercice.

Règle. — Rendez interrogatifs les verbes suivants :

Il mange.	On rira.	On perce.	Elle coudra.
Il tousse.	Il courra.	On achète.	Elle saura.
Il crie.	Il travaillera.	Il aura acheté.	Elle sortira.
Il joue.	On travaille.	Elle achètera.	Elle a dormi.
Il jouera.	Il a travaillé.	Il mourra.	Il nettoie.
Il sue.	Il aura couru.	On danse.	Elle balaie.

Même Exercice.

Copiez et rendez les phrases suivantes interrogatives avec *est-ce que*.

Nous étudions la géographie. — Tu sais dessiner. — Il a gaulé les noix. — Elle aura brodé un mouchoir. — Ils labourent leurs champs. — Elles ont soigné les malades. — On pense que la pluie cessera. — Votre devoir est fait — Paul écrira à ses parents. — Le maître t'enseigne la grammaire. — Le serpent rampe sur la terre. — Le tonnerre retentira aujourd'hui. — La fouine a étranglé les poules. — L'âne se contente de chardons. — La flotte a appareillé.

---

196. Où se place le pronom dans | à la troisième personne ?
les interrogations? | 198. Quelle tournure emploie-t-on
197. De quelle lettre fait-en usage | encore?

157ᵉ **Dictée.** (SUJET DE COMPOSITION.)

LA SOURIS ET LA TORTUE.

Une souris errait à l'aventure, en quête d'aliments. Rencontrant en chemin une tortue : « Que je te plains, lui dit-elle ; comme je m'afflige de te voir traîner ainsi ta maison. Que ne m'imites-tu ? Viens voir ma demeure, je l'ai choisie dans un palais. — Les avantages dont tu te vantes, réplique la tortue, ne me font point envie. Je traîne, il est vrai, ma maison ; mais elle m'appartient en propre. Sache que nulle part on ne se trouve mieux que chez soi. »

Corrigé 212.

L'élève écrira tout au long : Vous partez, partez-vous ?

Partez-vous ?	Court-il ?	Aurait-il mis ?
Marchons-nous ?	Courent-ils ?	Ai-je cassé ?
Arrivent-ils ?	Étudions-nous ?	Puis-je ?
Dois-je ?	Avons-nous ri ?	Dis-je ?
Vais-je ?	As-tu cousu ?	Ai-je dit ?
Rions-nous ?	Grandiras-tu ?	Vois-je ?
Ai-je ?	Faut-il ?	Suis-je ?
Chanté-je ?	Aurais-tu menti ?	Avons-nous ?

Corrigé.

L'élève écrira tout au long : *Il mange, mange-t-il ?*

Mange-t-il ?	Travaillera-t-il ?	Mourra-t-il ?
Tousse-t-il ?	Travaille-t-on ?	Danse-t-on ?
Crie-t-il ?	A-t-il travaillé ?	Coudra-t-elle ?
Joue-t-il ?	Aurait-il couru ?	Saura-t-elle ?
Jouera-t-il ?	Perce-t-on ?	Sortira-t-elle ?
Sue-t-il ?	Achète-t-on ?	A-t-elle dormi ?
Rira-t-on ?	Aura-t-il acheté ?	Nettoie-t-il ?
Courra-t-il ?	Achètera-t-elle ?	Balaie-t-elle ?

Corrigé.

L'élève écrira tout au long : Nous étudions la géographie, est-ce que nous étudions la géographie ?

Est-ce que nous étudions la géographie ? — Est-ce que tu sais dessiner ? — Est-ce qu'il a gaulé les noix ? — Est-ce qu'elle aura brodé un mouchoir ? — Est-ce qu'ils labourent leurs champs ? — Est-ce qu'elles ont soigné les malades ? — Est-ce qu'on pense que la pluie cessera ? — Est-ce que votre devoir est fait ? — Est-ce que Paul écrira à ses parents ? — Est-ce que le maître t'enseignera la grammaire ? — Est-ce que le serpent rampe sur la terre ? — Est-ce que le tonnerre retentira aujourd'hui ? — Est-ce que la fouine a étranglé les poules ? — Est-ce que l'âne se contente de chardons ? — Est-ce que la flotte a appareillé ?

Du Subjonctif.

199. — Présent du subjonctif. Dans tous les verbes, autres que *avoir* et *être*, le singulier du présent du subjonctif se termine par un e muet. Ex : Que je croie, que tu croies, qu'il croie ; que je coure, que tu coures, qu'il coure ; que je conclue, que tu conclues, qu'il conclue.

200. — Imparfait du subjonctif. Dans tous les verbes, la troisième personne du singulier de l'imparfait du subjonctif prend un **accent circonflexe**. Ex : Qu'il eût, qu'il fût, qu'il aimât, qu'il finît, qu'il reçût, qu'il rompît.

210. — REMARQUE. Ne confondez pas cette troisième personne avec celle du passé défini, qui ne prend pas d'accent circonflexe : Il *eut*, il *fut*, il *aima*, il *finit*, il *reçut*, il *rompit*.

Il *aima*, passé défini, ne prend pas de *t*. Il en est de même dans tous les verbes de la première conjugaison.

Exercice 213.

Ne confondez pas *il est*, du verbe *être*, avec *qu'il ait*, du verbe *avoir*. Remplacez la 1re personne par la 3e personne. *Écrivez* : *Il est* fatigué.

Je suis fatigué. — Je suis couché. — Que j'aie porté. — Que j'aie aimé. — Que j'aie fini. — Je suis arrivé. — Je suis venu. — Que j'aie terminé. — Que j'aie dormi. — Je suis tourmenté. — Je suis distrait. — Que j'aie dit. — Que j'aie ri. — Je suis fâché. — Je suis pauvre. — Que j'aie travaillé. — Que j'aie écrit. — Je suis petit.

Exercice 214.

Règle 199. — Conjuguez le présent du subjonctif des verbes suivants.

Je ris. — J'acquiers. — Je conclus. — Je cours. — Je crois. — Je fuis. — Je meurs. — Je vois.

Exercice 215.

Règle 200. — Conjuguez l'imparfait du subjonctif des verbes suivants.

Je glane. — Je guéris. — J'unis. — J'adoucis. — J'enrichis. — J'aperçois. — Je conçois. — J'attends. — Je vends. — Je défends. — Je réponds. — J'entends. — Je tonds. — Je tords. — Je chante. — Je danse. — Je donne. — Je demande. — Je saute.

---

199. Que remarque-t-on sur le présent du subjonctif ?

200. Que remarque-t-on sur l'imparfait du subjonctif ?

158ᵉ Dictée. (*Le, la, les.*)

LES DELTAS.

La plupart des grands fleuves se jettent dans la mer par plusieurs embouchures entre lesquelles sont compris des terrains d'alluvion de forme triangulaire, auxquels on a donné le nom de deltas. Le delta du Nil est un triangle à peu près équilatéral de cent soixante mètres de côté, et qui s'accroît de trois ou quatre mètres par an. Le delta du Rhône est constitué par l'île de la Camargue, à la surface de laquelle les pierres sont si abondantes que, d'après la mythologie, elles seraient tombées là lancées par Hercule pendant son combat contre Albion et Ligure, enfants de Neptune. Le delta du Gange occupe une étendue de deux mille quatre cents lieues carrées. Il s'en élève des exhalaisons malsaines, première cause du choléra. Le delta du Mississipi atteint des proportions gigantesques. Il est constitué par une véritable forêt de roseaux, refuge assuré de troupes de hérons que la civilisation envahissante aura bientôt fait disparaître de la surface de la terre.

Corrigé 213.

L'élève écrira tout au long : Je suis fatigué, il est fatigué.

Il est fatigué. — Il est couché. — Qu'il ait porté. — Qu'il ait aimé. — Qu'il ait fini. — Il est arrivé. — Il est venu. — Qu'il ait terminé. — Qu'il ait dormi. — Il est tourmenté. — Il est distrait. — Qu'il ait dit. — Qu'il ait ri. — Il est fâché. — Il est pauvre. — Qu'il ait travaillé. — Qu'il ait écrit.

Corrigé 214.

Que je rie, que tu ries, qu'il rie. — Que j'acquière, que tu acquières, qu'il acquière. — Que je conclue, que tu conclues, qu'il conclue. — Que je coure, que tu coures, qu'il coure. — Que je croie, que tu croies, qu'il croie. — Que je fuie, que tu fuies, qu'il fuie. — Que je meure, que tu meures, qu'il meure. — Que je voie, que tu voies, qu'il voie.

159ᵉ Dictée. (SUJET DE COMPOSITION.)

LE PINSON ET LA PIE. (*Fable.*)

« Apprends-moi donc une chanson, disait une pie à un pinson qui chantait sur un buisson voisin. — Je m'en garderai bien, répondit le pinson, car c'est perdre son temps que d'apprendre quelque chose aux gens de votre espèce. — Pourquoi donc ? — Parce que, pour s'instruire et savoir chanter, il faut savoir écouter ; or les babillards comme vous n'écoutent jamais. »

Verbes en IRE & IR.

211. — Il ne faut pas confondre les verbes en *ire*, de la quatrième conjugaison, avec les verbes en *ir* de la deuxième.

Sont de la quatrième conjugaison : 1º Tous les verbes dont le participe présent finit par *isant, ivant.* Ex. : Cuire, *cuisant ;* écrire, *écrivant.* — 2º Les quatre verbes *bruire, maudire, rire* et *sourire.*

Les autres verbes sont tous de la deuxième conjugaison et s'écrivent *ir* sans *e.*

Exercice 216.

Règle 211. — Au lieu de : Ma mère *cuira, écrivez :* Ma mère *doit cuire.* Employez de même le verbe *doit* dans les autres phrases.

Ma mère *cuira* son pain elle-même. — Ces outils *serviront* bien longtemps. — Le fer *rougira* au feu. — Quelques œufs *suffiront* pour notre déjeuner. — On *enduira* de bitume[*] le sol de la cour. — Le lune *luira* cette nuit et les étoiles *resplendiront* de mille feux. — Tu *introduiras* la culture du maïs dans ton assolement[*]. — Vous *enfouirez* ce seigle comme engrais vert. — L'ombre de la terre *obscurcira* la lune.

Ce champ *produira* une abondante récolte. — Ils *s'enfuiront* de la ville assiégée pendant la nuit. — Nous ne *redirons* pas ce que vous nous confierez. — Tu *reliras* cette lettre et toi-même tu en *écriras* une. — Le médecin *prescrira* le quinquina[*]. — Nous *démentirons* ce faux bruit. — Vous *instruirez* vos enfants. — Le missionnaire *convertira* les sauvages. — Je *reconduirai* mon ami jusqu'à la ville voisine. — Nous *construirons* un vaste hangar.

On *introduira* les ambassadeurs[*] en présence du roi. — Nous *relirons* ensemble cette histoire. — Ces livres *moisiront* dans cette armoire humide. — La science ne *nuira* à personne. — La cire *ramollira* au feu. — Je *confirai* des cornichons. — Nous *inscrirons* le nom de Parmentier[*] parmi ceux des bienfaiteurs de l'humanité. — Vous *transcrirez* ce devoir le plus tôt possible. — Nous *partirons* pour l Amérique[*]. — Les français *éliront* des députés. — Nous n'*induirez* pas en erreur ceux qui vous écoutent. — Vous ne *contredirez* pas votre interlocuteur. — Les casseroles *reluiront* comme de l'or et les plats d'étain comme de l'argent.

---

211. Que remarque-t-on sur les verbes en *ire* et en *ir* ?

160ᵉ Dictée. (VERBES EN *ire* ET *ir*.)

Il faudra *amincir* cette planche. — Vous devriez *confire* des cornichons. — Les citoyens vont *élire* des conseillers municipaux. — Le microscope sert à *grossir* les objets. — Savez-vous *convertir* les livres en kilogrammes? — Une couple d'œufs doit vous *suffire* pour votre déjeuner. — On voit *bleuir* le pastel quand on l'expose à l'air. — Buffon a su *décrire* les mœurs des animaux. — On doit souvent *relire* les bons auteurs. — L'avare s'est avisé d'*enfouir* son trésor. — On a mis le chanvre *rouir*. — On aime mieux avoir à *bénir* qu'à *maudire*. — Voilà des poissons que l'on fera *frire*. — J'ai une faim que je ne puis *assouvir*. — Il faut apprendre à *souffrir*.

Corrigé 216.

Ma mère *doit cuire* son pain elle-même. — Ces outils *doivent servir* bien longtemps. — Le fer *doit rougir* au feu. — Quelques œufs *doivent suffire* pour notre déjeuner. — On *doit enduire* de bitume * le sol de la cour. — La lune doit *luire* cette nuit et les étoiles *resplendir* de mille feux. — Tu *dois introduire* la culture du maïs dans ton assolement *. — Vous *devez enfouir* ce seigle comme engrais vert. — L'ombre de la terre *doit obscurcir* la lune.

Ce champ *doit produire* une abondante récolte. — Ils *doivent* s'*enfuir* de la ville assiégée pendant la nuit. — Nous ne *devons* pas *redire* ce que vous nous confierez. — Tu *dois relire* cette lettre et toi-même tu en dois *écrire* une. — Le médecin *doit prescrire* le quinquina *. — Nous *devons démentir* ce faux bruit. — Vous *devez instruire* vos enfants. — Le missionnaire *doit convertir* les sauvages. — Je *dois reconduire* mon ami jusqu'à la ville voisine. — Nous *devons construire* un vaste hangar.

On *doit introduire* les ambassadeurs * en présence du roi. — Nous *devons relire* ensemble cette histoire. — Ces livres *doivent moisir* dans cette armoire humide. — La science ne *doit nuire* à personne. — La cire *doit ramollir* au feu. — Je *dois confire* des cornichons. — Nous *devons inscrire* le nom de Parmentier * parmi ceux des bienfaiteurs de l'humanité. — Vous *devez transcrire* ce devoir le plus tôt possible. — Nous *devons partir* pour l'Amérique *. — Les Français *doivent élire* des députés. — Nous ne *devez* pas *induire* en erreur ceux qui vous écoutent. — Vous ne *devez* pas *contredire* votre interlocuteur. — Les casseroles *doivent reluire* comme de l'or et les plats d'étain comme de l'argent.

La lettre e.

212. — La lettre e caractérise les verbes de la première conjugaison (en *er*) à l'indicatif et au futur.

1° **Indicatif.** — Pour écrire correctement un verbe à l'indicatif il faut considérer l'*infinitif*.

Si l'infinitif appartient à la première conjugaison, l'indicatif prend un **e**. Ex. : J'oubli-e, tu oubli-es, il oubli-e, d'oubli-er.

Si l'infinitif appartient aux autres conjugaisons, l'indicatif ne prend pas d'e. Ex. : Je fini-s, tu fini-s, il fini-t, de fini-r.

Exercice 217.

Ecrivez : *Je remercie* prend un *e* parce qu'il vient de *remercier*, 1™ conjugaison.

Je remerci-e.	Il remédi-e.	Il mani-e.
Tu avou-es.	Tu sci-es.	Il pai-e.
Tu copi-es.	Il appréci-e.	Je ni-e.
Il pli-e.	Tu lou-es.	Je confi-e.
Tu jou-es.	Il pri-e.	J'étudi-e.
Il échou-e.	Tu châti-es.	Il s'humili-e.

Même Exercice.

Ecrivez : Je grandis ne prend pas d'e parce qu'il vient de *grandir*, 2™ conjugaison.

Je grandi-s.	J'absou-s.	Tu vieilli-s.
Il averti-t.	Il di-t.	Il suffi-t.
Je réuni-s.	Tu fourni-s.	Je cui-s.
Tu ri-s.	Il adouci-t.	Je m'appauvri-s.
Je me résou-s.	Il rebâti-t.	Tu t'enrichi-s.
Il conclu-t.	Tu démoli-s.	Il produi-t.

Exercice 218.

La vérité est niée par le menteur, *tournez :* le menteur *nie* la vérité.

La vérité *est niée* par le menteur. — Le bois *est scié* par le bûcheron. — La leçon *est étudiée* par l'enfant. — L'écolier *est averti* par le maître. — Le riche *est appauvri* par le luxe. — La maison du père *est rebâtie* par le fils. — Les calculs *sont vérifiés* par le géomètre. — Sa colère *est adoucie* par votre douceur. — Le traité *est ratifié* par la Chambre. — Les bienfaits *sont oubliés* par l'ingrat.

---

212. Quels verbes caractérise la lettre e *?*

Quel temps faut-il considérer pour écrire correctement un verbe à l'indicatif ?

161e Dictée. (INDICATIF PRÉSENT.)

6) Est-ce que tu *loues* cher cette maison ? — La musique *adoucit* les mœurs. — Tu *scies* du bois. — La fumée *asphyxie*. — Elle *grandit* beaucoup. — Il s'*humilie* devant Dieu. — Le roseau *plie*. — La Bourgogne *produit* beaucoup de vin. — L'enfant s'*enroue* facilement. — Il faut que tu *secoues* la paresse. — Il ne faut pas que le cultivateur *cloue* les chats-huants à sa porte. — Le lapin se *blottit* dans un terrier. — Voilà un métal qui se *ternit* facilement. — La paresse *appauvrit* tandis que l'activité *enrichit*. — Je *fuis* les méchants comme la peste.

162e Dictée.

PORTRAIT DE L'ENFANT.

Sans soin du lendemain, sans regret de la veille,
L'enfant joue et s'endort, pour jouer se réveille ;
Trop faible encor, son cœur ne pourrait soutenir
Le passé, le présent et l'immense avenir.
A peine au présent seul son âme peut suffire ;
Le présent seul est tout : un coin est son empire,
Un hochet son trésor, un point l'immensité,
Le soir son avenir, un jour l'éternité.
Mais l'homme tout entier est caché dans l'enfance ;
Ainsi le faible gland renferme un chêne immense.

Corrigé 217.

— de remercier, 1re c. — de remédier, 1re c. — de manier, 1re c.
— de avouer, 1re c. — de scier, 1re c. — de payer, 1re c.
— de copier, 1re c. — de apprécier, 1re c. — de nier, 1re c.
— de plier, 1re c. — de louer, 1re c. — de confier, 1re c.
— de jouer, 1re c. — de prier, 1re c. — de étudier, 1re c.
— de échouer, 1re c. — de châtier, 1re c. — de s'humilier, 1re c.

Corrigé 218.

— de grandir, 2e c. — de absoudre, 4e c. — de vieillir, 2e c.
— de avertir, 2e c. — de dire, 4e c. — de suffire, 4e c.
— de réunir, 2e c. — de fournir, 2e c. — de cuire, 4e c.
— de rire, 4e c. — de adoucir, 2e c. — de appauvrir, 2e c.
— de résoudre, 4e c. — de rebâtir, 2e c. — de enrichir, 2e c.
— de conclure, 4e c. — de démolir, 2e c. — de produire, 4e c.

Corrigé 218.

Le menteur *nie* la vérité. — Le bûcheron *scie* le bois. — L'enfant *étudie* la leçon. — Le maître *avertit* l'écolier. — Le luxe *appauvrit* le riche. — Le fils *rebâtit* la maison du père. — Le géomètre *vérifie* les calculs. — La douceur *adoucit* la colère. — La Chambre *ratifie* le traité. — L'ingrat *oublie* les bienfaits.

Orthographe du futur.

2° Futur. — De même pour écrire correctement un verbe au futur il faut considérer **l'infinitif.**

1° Si l'infinitif appartient à la première conjugaison *(er)*, le futur prend un e. Ex. : J'oubli-e-rai, d'oublier ; — je continu-e-rai, de continuer.

2° Si l'infinitif appartient aux autres conjugaisons, le futur ne prend pas d'e. Ex. : Je fini-rai, de finir ; — je conclu-rai, de conclure.

Exercice 219.

Règle 212. — Au lieu de : Je *dois avouer* ma faute, *écrivez* avec le futur : *j'avouerai* ma faute.

Je *dois avouer* ma faute. — Tu *dois rectifier* cette erreur. — Nous *devons exclure* les étrangers des emplois publics. — Ils *doivent distribuer* du pain aux pauvres. — Vous *devez louer* une maison. — Vous *devez fortifier* de la sorte votre tempérament. — Les eaux *doivent diminuer* peu à peu. — Vous *devez échouer* dans votre entreprise. — Vous *devez réconcilier* les deux frères. — Vous *devez recourir* au médecin. — Vous *devez entourer* ce monument d'une grille.

Vous ne *devez pas vous engouer* de choses futiles. — Vous *devez* vous *méfier* des flatteurs. — Je *dois prier* mon oncle de venir me voir. — Les ennemis *doivent évacuer* la province. — Il *doit vérifier* les comptes. — Le marchand *doit expédier* des balles* de coton. — Les jeunes filles *doivent plier* les étoffes. — Les écoliers *doivent copier* leur leçon. — Les vignerons *doivent nouer* la vigne. — Les ouvriers *doivent continuer* leur besogne. — Les enfants *doivent jouer* à la toupie.

Ce déjeuner *doit suffire* pour nous deux. — Tu *dois admettre* que ton âme est immortelle. — Les historiens *doivent omettre* cette anecdote. — Mes frères *doivent persister* dans leur entreprise. — Les instituteurs *doivent compléter* leurs collections de plantes utiles. — Soldats, vous *devez affronter* le danger. — Vous *devez répondre* toujours poliment. — Nous *devons vendre* cher nos légumes. — Vous *devez descendre* la côte au galop. — Les poules *doivent pondre* beaucoup cet été. — Les spectateurs *doivent attendre* longtemps à la porte. — Les enfants légers *doivent commettre* bien des fautes.

212. Que faut-il faire pour écrire correctement un verbe au futur?

163ᵉ Dictée. (FUTUR.)

Les poules *pondront* cet été. — Le cheval *prendra* le mors aux dents. — Le juge ne *commettra* pas d'injustice. — Je vous *permettrai* d'aller vous promener. — L'enfant *criera* à tue-tête. — La lingère *pliera* les étoffes. — L'écolier s'*habituera* au travail. — La fermière *vendra* les choux-fleurs. — L'écolier *répondra* aux questions du maître. — Le bûcheron *sciera* l'arbre. — On *rétribuera* le travailleur. — Le prix du pain *diminuera*. — Vous *évaluerez* cette marchandise. — Tu *salueras* les passants. — Je *descendrai* les bouteilles à la cave. — Que *concluras*-tu de ce raisonnement? — On *exclura* du concours les enfants trop âgés.

164ᵉ Dictée.

LE LIERRE ET LE ROSIER. (*Fable.*)

Un lierre, en serpentant en haut d'une muraille,
Voit un petit rosier et se rit de sa taille.
L'arbuste lui répond : « Apprends que sans appui
    J'ai su m'élever par moi-même ;
    Mais toi, dont l'orgueil est extrême,
Tu ramperais encor sans le secours d'autrui. »

Corrigé 219.

J'*avouerai* ma faute. — Tu *rectifieras* cette erreur. — Nous *exclurons* les étrangers des emplois publics. — Ils *distribueront* du pain aux pauvres. — Vous *louerez* une maison. — Vous *fortifierez* de la sorte votre tempérament. — Les eaux *diminueront* peu à peu. — Vous *échouerez* dans votre entreprise. — Vous *réconcilierez* les deux frères. — Vous *recourrez* au médecin. — Vous *entourerez* ce monument d'une grille.

Vous ne vous *engouerez* pas de choses futiles. — Vous vous *méfierez* des flatteurs. — Je *prierai* mon oncle de venir me voir. — Les ennemis *évacueront* la province. — Il *vérifiera* les comptes. — Le marchand *expédiera* des balles * de coton. — Les jeunes filles *plieront* les étoffes. — Les écoliers *copieront* leur leçon. — Les vignerons *noueront* la vigne. — Les ouvriers *continueront* leur besogne. — Les enfants *joueront* à la toupie.

Ce déjeuner *suffira* pour nous deux. — Tu *admettras* que ton âme est immortelle. — Les historiens *omettront* cette anecdote. — Mes frères *persisteront* dans leur entreprise. — Les instituteurs *compléteront* leurs collections de plantes utiles. — Soldats, vous *affronterez* le danger. — Vous *répondrez* toujours poliment. — Nous *vendrons* cher nos légumes. — Vous *descendrez* la côte au galop. — Les poules *pondront* beaucoup cet été. — Les spectateurs *attendront* longtemps à la porte. — Les enfants légers *commettront* bien des fautes.

Terminaisons AI, EZ, — RAI, REZ.

213. — Dans la première conjugaison il ne faut pas confondre la terminaison ai de la première personne du singulier du passé défini : je vous *invitai*, — avec la terminaison ez de la seconde personne du pluriel du présent de l'indicatif : vous *invitez* vos amis.

214. — De même, dans les quatre conjugaisons, il faut se garder de confondre, au futur, la première personne du singulier, finissant par **rai** : je vous *prierai*, — avec la première personne du pluriel, finissant par **rez** : vous *prierez* vos amis de venir.

Pour éviter cette faute, il suffit de rechercher le sujet du verbe.

Exercice 220.

Règles 213-214. — Changez le nombre des mots en italiques. *Ecrivez*. *Je* vous *invitai* à dîner.

Nous vous *invitâmes* à diner. — *Tu invites tes* amis à venir à la campagne. — *Tu marches* trop vite. — *Nous* vous *marchâmes* sur les pieds. — *Nous* vous *raconterons* ce qui sera arrivé. — *Tu* nous *diras* ce que *tu auras* vu. — Ces blés mûrs, *nous* les *fauchâmes* aussitôt. — *Nous* vous *conseillerons* la pratique du chaulage° des semences pour les céréales. — Toutes vos vignes, *nous* vous les *achèterons*.

Nous vous *démontrerons* que l'économie conduit à l'aisance et quelquefois à la richesse. — Si vous cassez ces verres°, *nous* vous *obligerons* à les remplacer. — *Nous* vous *montrerons* la musique. — Mon ami, *nous* vous *prendrons* comme témoin° dans cette affaire. — *Nous* vous *emmènerons* au bois avec *nous*. — Tu *nous* demandes à quelle époque la garance° a commencé à être cultivée dans le territoire d'Avignon°, *nous* te *répondrons* que les premiers essais furent faits de 1762 à 1774.

Si tu *nous* interroges sur l'histoire de la culture du trèfle, *nous* te la *raconterons : nous* te *dirons* que cultivé d'abord dans les Pays-Bas°, il fut introduit en Angleterre en 1633, dans le pays de Caux° vers 1700, et en Alsace° en 1759. — Sais-tu comment on fait le verre°? si tu l'ignores *nous* te *l'apprendrons : nous* t'*enseignerons* qu'on l'obtient en chauffant ensemble de la cendre et du sable. — Les injures que *tu recevras*, je t'exhorte à les oublier et à les pardonner.

---

213. Que remarque-t-on sur les terminaisons *ai* et *ez?* | 214. Que remarque-t-on sur les terminaisons *rai* et *rez?*

165ᵉ Dictée. (*Ai, ez, — rai, rez.*)

Je vous *vantai* à bon droit son caractère. — Vous *vantez* trop ce pays. — Vous me *préviendrez* quand vous *sortirez*. — Je *cherchai* un lieu tranquille pour m'y reposer. — Je vous *démontrerai* cette vérité si vous le *voulez*. — Je *priai* Dieu avec ferveur. — Vous me *priez* en vain de vous accompagner. — Je vous *enseignerai* l'orthographe et vous m'*enseignerez* de votre côté le calcul. — Je *demandai* où résidait le maire. — Je vous accorde ce que vous me *demandez*. — Vous nous *raconterez* vos voyages et je vous *raconterai* les miens. — Je *suivrai* mon chemin sans m'en écarter; *suivrez*-vous aussi le vôtre? — Je *fauchai* tout ce champ. — J'*arpentai* le terrain. — Je vous *emmènerai* en Amérique avec moi. — Vous nous *accompagnerez* en Italie. — Je vous *conseillerai* de ne pas boire d'eau glacée quand vous *aurez* trop chaud.

166ᵉ Dictée.

L'ENFANT ET LE CHAT. (*Fable.*)

Un enfant se promenait en mangeant une galette. Attiré par l'odeur, un chat s'approche, fait le gros dos, caresse l'enfant et se dresse vers lui : « Oh! le joli minet, dit l'enfant; c'est bien gentil à toi de m'aimer ainsi. » Ce disant, il donne au chat un morceau de sa galette. Celui-ci, qui n'attendait que cela, s'éloigne aussitôt. « Ah! ah! dit l'enfant consterné, ce n'est pas moi que tu suivais : c'était mon déjeuner. »

Corrigé 220.

Je vous *invitai* à dîner. — *Vous invitez vos* amis à venir à la campagne. — *Vous marchez* trop vite. — *Je* vous *marchai* sur les pieds. — *Je* vous *raconterai* ce qui sera arrivé. — *Vous* nous *direz* ce que vous *aurez* vu. — Ces blés mûrs, *je* les *fauchai* aussitôt. — *Je* vous *conseillerai* la pratique du chaulage * des semences pour les céréales. — Toutes vos vignes, *je* vous les *achèterai*.

Je vous *démontrerai* que l'économie conduit à l'aisance et quelquefois à la richesse. — Si vous cassez ces verres * je vous *obligerai* à les remplacer. — *Je* vous *montrerai* la musique. — Mon ami, *je* vous *prendrai* comme témoin dans cette affaire. — *Je* vous *emmènerai* au bois avec *moi*. — Tu *me* demandes à quelle époque la garance a commencé à être cultivée dans le territoire d'Avignon *, *je* te *répondrai* que les premiers essais furent faits de 1762 à 1774.

Si tu m'interroges sur l'histoire de la culture du trèfle, *je* te la *raconterai* : *je* te *dirai* que, cultivé d'abord dans les Pays-Bas, il fut introduit en Angleterre en 1633, dans le pays de Caux vers 1700, et en Alsace en 1759. — Sais-tu comment on fait le verre? si tu l'ignores *je* te l'*apprendrai* : *je* t'*enseignerai* qu'on l'obtient en chauffant ensemble de la cendre et du sable. — Les injures que *vous recevrez*, je vous exhorte à les oublier et à les pardonner.

Terminaisons RONS & RONT.

215. — Au futur il ne faut pas confondre la première personne du pluriel, terminée par **rons** : nous *préviendrons*, — avec la troisième personne terminée par **ront** : *ils* vous *préviendront*.

Exercice 221.

Règle 215.—Changez le nombre des mots en italiques. *Ecrivez* : *Ils me montreront* le jardin.

Il me *montrera* le jardin. — Ces abricots sont mûrs, *je* les *cueillerai*, et *je* vous les *donnerai*.—*Mon frère voyage* dans la Provence*, d'où *il* m'*enverra* de l'huile d'olive*. — Nous irons visiter les marais salants* en compagnie de *notre professeur*, qui nous *expliquera* comment on en retire le sel de cuisine. — Puisque tu *me* prêtes ce livre sur l'histoire de France, *je* le *lirai* avec soin et même *je* l'*étudierai* attentivement. — *Le jeune chien chassera* dès cette année, il nous *attrapera* certainement du gibier.

*Le jardinier greffera** ce poirier ; *il marcottera* cet œillet. — *Je mangerai* après-demain le poulet qu'*il apportera*. — Toutes les fois que nous travaillerons bien, *le maitre* non-seulement nous *témoignera sa* satisfaction, mais encore *il* nous *récompensera*. — *Notre oncle arrive* d'Amérique ; *il* nous *emmènera* avec *lui* aux Alpes ; nous *l'*accompagnerons dans toutes les excursions qu'*il entreprendra* ; nous traverserons avec *lui* les amas de glaces, et *il* nous *permettra* de nous joindre à *lui* dans l'ascension du Mont-Blanc*.

Notre sœur va revenir d'Italie ; *elle* nous *rapportera* mille objets curieux, et *elle* nous *racontera* toutes les circonstances de *son* voyage. — *Je* vous *conseillerai* d'achever les travaux que vous aurez entrepris. — Quand tu viendras avec *moi* à la ferme, *je t'initierai* à tous les secrets de la basse-cour. — *Moi, cultivateur, je renoncerai* aux jachères, *je supprimerai* les friches*, *je tirerai* de *ma* terre le meilleur parti possibe, *j'établirai* des prairies artificielles, *je ferai* des plantations, *je répandrai* l'engrais avec discernement sur *mes* terres, *j'abandonnerai* la routine, *je lirai* de bons livres d'agriculture, *je mettrai* à profit les bons préceptes qu'ils renferment. Si *j'exécute* tout cela, *je deviendrai* riche : ainsi le prédit le bonhomme Richard.

---

215. Que remarque-t-on sur les terminaisons *rons* et *ront* du futur?

167e Dictée. (Rons, ront.)

Nous *suivrons* le chemin de la vallée. — Nos parents nous *accompagneront*. — Nous vous *préviendrons* quand nous *recevrons* des nouvelles. — Les élèves nous *réciteront* leurs leçons. — Les voyageurs nous *rapporteront* mille objets curieux que nous *placerons* dans notre cabinet. — Nous *apercevrons* l'éclipse. — Nos amis nous *inviteront* à dîner. — Des officiers de marine nous *rapporteront* de l'Inde des perroquets auxquels nous *apprendrons* à parler. — Nous *visiterons* nos vignes, afin de voir si elles ne sont pas ravagées par les écrivains.

Corrigé 221.

Ils me *montreront* le jardin. — Ces abricots sont mûrs, *nous* les *cueillerons*, et *nous* vous les *donnerons*. — *Mes frères voyagent* dans la Provence*, d'où *ils* m'*enverront* de l'huile d'olives*. — Nous irons visiter les marais salants* en compagnie de *nos professeurs*, qui nous *expliqueront* comment on en retire le sel de cuisine. — Puisque tu *nous* prêtes ce livre sur l'histoire de France, *nous* le *lirons* avec soin et même *nous* l'*étudierons* attentivement. — *Les jeunes chiens chasseront* dès cette année, *ils* nous *attraperont* certainement du gibier.

Les jardiniers grefferont ce poirier; *ils marcotteront* cet œillet. — *Nous mangerons* après-demain le poulet qu'*ils apporteront* — Toutes les fois que nous travaillerons bien, *les maîtres* non-seulement nous *témoigneront* leur satisfaction, mais encore *ils* nous *récompenseront*. — *Nos oncles arrivent* d'Amérique; *ils* nous *emmèneront* avec eux aux Alpes; nous *les* accompagnerons dans toutes les excursions qu'*ils entreprendront*; nous traverserons avec *eux* les amas de glaces, et *ils* nous *permettront* de nous joindre à *eux* dans l'ascension du Mont-Blanc*.

Nos sœurs vont revenir d'Italie; *elles* nous *rapporteront* mille objets curieux, et *elles* nous *raconteront* toutes les circonstances de leur voyage. — *Nous* vous *conseillerons* d'achever les travaux que vous aurez entrepris. — Quand tu viendras avec *nous* à la ferme, *nous* t'*initierons* à tous les secrets de la basse-cour. — *Nous, cultivateurs, nous renoncerons* aux jachères*, *nous supprimerons* les friches*, *nous tirerons* de nos terres le meilleur parti possible, *nous établirons* des prairies artificielles, *nous ferons* des plantations, *nous répandrons* l'engrais avec discernement sur *nos terres*, *nous abandonnerons* la routine, *nous lirons* de bons livres d'agriculture, *nous mettrons* à profit les bons préceptes qu'ils renferment. Si *nous exécutons* tout cela, *nous deviendrons* riches, ainsi le prédit le bonhomme Richard.

Pluriel en NT des verbes.

216. — Il faut bien se rappeler que dans les verbes la troisième personne du pluriel finit par **nt.**

Exercice 222.

Règle 216.--Mettez au pluriel les mots en italiques. *Écrivez* : *Les renards sont fameux* par *leurs* ruses.

LE RENARD.

Le renard est fameux par *ses* ruses, et *mérite* en partie *sa* réputation ; ce que *le loup* ne *fait* que par la force, *il le fait* par adresse et *réussit* plus souvent. *Il emploie* pour vivre plus d'esprit que de mouvement. *Fin, ingénieux* et *prudent, il varie sa* conduite ; *il possède* des moyens de réserve dont *il n'use* qu'à propos.

Il veille de près à *sa* conservation. Quoique *infatigable* et très-*léger, il* ne se *fie* pas entièrement à la vitesse de *sa* course, *il sait* se mettre en sûreté en se pratiquant un asile où *il* se *retire* dans les dangers pressants, où *il s'établit*, où *il élève ses* petits.

Le renard tourne tout à *son* profit : *il se loge* au bord des bois, à portée des hameaux ; *il écoute* le chant des coqs et les cris des volailles ; *il* les *savoure* de loin, *il prend* habilement *son* temps, *cache son* dessein° et *sa* marche, se *glisse,* se *traine, arrive,* et *fait* rarement des tentatives inutiles.

S'il peut franchir les clôtures, *il* ne *perd* pas un instant: *il ravage* la basse-cour, *il met* tout à mort, se *retire* ensuite lestement, en emportant *sa* proie, qu'*il cache* sous la mousse ou *porte* à *son* terrier. *Il devance* le pipeur dans les pipées°; *il visite* de très-grand matin, et souvent plus d'une fois par jour les lacets et les gluaux dans les boqueteaux°, *emporte* successivement les oiseaux qui se sont empêtrés, les *dépose* en différents endroits, les y *laisse* quelquefois deux ou trois jours, et *sait* parfaitement les retrouver.

Il chasse les jeunes levrauts en plaine, *saisit* quelquefois les lièvres au gîte, ne les *manque* jamais lorsqu'ils sont blessés, *délivre* les lapereaux dans les garennes, *découvre* les nids de perdrix, de cailles, *prend* la mère sur les œufs, et *détruit* une quantité prodigieuse de gibier.

216. Comment finit la troisième personne du pluriel dans les verbes?

168ᵉ **Dictée**. (SUJET DE COMPOSITION.)

Que faut-il faire pour bien orthographier le futur?
Comment distingue-t-on les verbes en *ir* des verbes en *ire*?
Que faut-il faire pour bien orthographier l'indicatif présent?
A quelle personne appartiennent les terminaisons *ai* et *rai*?
A quelle personne appartiennent les terminaisons *ez* et *rez*?
A quelles personnes appartiennent les terminaisons *rons* et *ront*?

Corrigé 222.

LE RENARD.

Les renards sont fameux par *leurs* ruses, et *méritent* en partie leur réputation ; ce que *les loups* ne *font* que par la force, *ils* le *font* par adresse et *réussissent* plus souvent. *Ils emploient* pour vivre plus d'esprit que de mouvements. *Fins, ingénieux* et *prudents, ils parient leur* conduite ; *ils possèdent* des moyens de réserve dont *ils n'usent* qu'à propos.

Ils veillent de près à leur conservation. Quoique *infatigables* et très-*légers, ils* ne se *fient* pas entièrement à la vitesse de leur course, *ils savent* se mettre en sûreté en se pratiquant un asile où *ils se retirent* dans les dangers pressants, où *ils s'établissent*, où *ils élèvent* leurs petits.

Les renards tournent tout à leur profit : *ils se logent* au bord des bois, à portée des hameaux ; *ils écoutent* le chant des coqs et les cris des volailles ; *ils les savourent* de loin, *ils prennent* habilement leur temps, *cachent* leur dessein * et leur marche, se *glissent*, se *traînent, arrivent* et *font* rarement des tentatives inutiles.

S'ils peuvent franchir les clôtures, *ils* ne *perdent* pas un instant, *ils ravagent* la basse-cour, *ils mettent* tout à mort, se *retirent* ensuite lestement, en emportant leur proie, qu'*ils cachent* sous la mousse ou *portent* à leur terrier. *Ils devancent* le pipeur dans les pipées * ; *ils visitent* de très-grand matin, et souvent plus d'une fois par jour, les lacets et les gluaux dans les boqueteaux *, *emportent* successivement les oiseaux qui se sont empêtrés, les *déposent* en différents endroits, les y *laissent* quelquefois deux ou trois jours, et *savent* parfaitement les retrouver.

Ils chassent les jeunes levrauts en plaine, *saisissent* quelquefois les lièvres au gîte, ne les *manquent* jamais lorsqu'ils sont blessés, *déterrent* les lapereaux dans les garennes, *découvrent* les nids de perdrix, de cailles, *prennent* la mère sur les œufs, et *détruisent* une quantité prodigieuse de gibier.

L's de la deuxième personne du singulier.

217. — Mettez toujours un **s** à la deuxième personne du singulier dans tous les temps et dans tous les verbes. Ex : **Tu** *manges,* **tu** *dormiras.*

Il n'y a d'exception que pour l'impératif de la première conjugaison et pour quelques verbes de la troisième. Ex. : Mange, chante, tu peux, tu veux.

Exercice 223.

Règle 217. — Mettez à la deuxième personne du singulier les mots en italiques.

QUELQUES CONSEILS DU BONHOMME RICHARD.

Si *vous vous couchez* de bonne heure et si *vous vous levez* matin, *vous acquerrez* santé, fortune et sagesse.

Si *vous voulez* faire *votre* affaire, il faut que *vous y alliez* *vous*-même ; si *vous voulez* qu'elle ne soit pas faite, *vous n'avez* qu'à y envoyer quelqu'un.

Si *vous changez* toujours de place et si *vous courez* le monde, *vous ne gagnerez* rien ; car pierre qui roule n'amasse pas mousse.

Si *vous labourez* pendant que le paresseux dort, *vous aurez* du blé à vendre.

Il ne faut pas remettre à demain ce que *vous pouvez* faire aujourd'hui.

Pour mériter le repos, *vous emploierez* bien *votre* temps et *vous* ne *perdrez* pas une heure, puisque *vous n'êtes* pas sûr d'une minute.

Si *vous conduisez vous*-même *votre* charrue, il faudra tôt ou tard que *vous parveniez* à la prospérité.

Si *vous achetez* le superflu*, vous ne *tarderez* pas à vendre le nécessaire.

Si *vous êtes* cruel envers les animaux, si *vous oubliez* que ces êtres sentent et souffrent comme *vous,* si *vous* les *maltraitez* sans utilité, *vous devriez* penser au moins qu'il faut que *vous ménagiez* le serviteur dont *vous avez* besoin.

Si *vous voyez* sans peine souffrir un cheval ou un chien, *vous deviendrez* insensible aux souffrances de *vos* semblables; et si *vous vous accoutumez* à faire du mal aux animaux, *vous* en *ferez* bientôt aux hommes.

Jeune garçon, j'aime que *vous vous occupiez* le dimanche à quelque chose d'utile et de profitable ; mais si *vous jouez* au cabaret, si *vous perdez votre* argent et si *vous vous enivrez, vous vous attirerez* mille ennuis.

Il vaut mieux que *vous sachiez* bien un métier plutôt que d'en connaître mal trente-six.

---

217. Comment se termine la deuxième personne du singulier?

169ᵉ Dictée. (2ᵉ PERSONNE DU SINGULIER.)

Si tu *respectes* et si tu *honores* les auteurs de tes jours, Dieu te bénira. — Lorsque tu *emploies* bien ton temps, tu *éprouves* une satisfaction intérieure qui te dédommage de ton labeur. — Si tu *travailles* beaucoup, tu *acquerras* de l'aisance. — Si tu *étudies* assidûment tu *deviendras* savant. — Je souhaite, mon enfant, que tu *obéisses* à tes parents. — Il faudra tôt ou tard que tu *meures*. — Je *veux* que tu te *montres* compatissant aux maux de tes semblables. — Je ne doute pas que tu ne te *dévoues* au besoin pour ta patrie. — C'est en vain que tu me *demandes* de t'accompagner jusqu'à la ville voisine.

Corrigé 223.

QUELQUES CONSEILS DU BONHOMME RICHARD.

Si *tu te couches* de bonne heure et si *tu te lèves* matin, *tu acquerras* santé, fortune et sagesse.

Si *tu veux* faire *ton* affaire, il faut que *tu y ailles* toi-même : si *tu veux* qu'elle ne soit pas faite, *tu n'auras* qu'à y envoyer quelqu'un.

Si *tu changes* toujours de place et si *tu cours* le monde, *tu ne gagneras* rien ; car pierre qui roule n'amasse pas mousse.

Si *tu laboures* pendant que le paresseux dort, *tu auras* du blé à vendre.

Il ne faut pas remettre à demain ce que *tu peux* faire aujourd'hui.

Pour mériter le repos *tu emploieras* bien *ton* temps et *tu ne perdras* pas une heure, puisque *tu n'es* pas sûr d'une minute.

Si *tu conduis* toi-même ta charrue, il faudra tôt ou tard que *tu parviennes* à la prospérité.

Si *tu achètes* le superflu, *tu ne tarderas* pas à vendre le nécessaire.

Si *tu es* cruel envers les animaux, si *tu oublies* que ces êtres sentent et souffrent comme *toi*, si *tu les maltraites* sans utilité, *tu devras* penser au moins qu'il faut que *tu ménages* le serviteur dont *tu as* besoin.

Si *tu vois* sans peine souffrir un cheval ou un chien, *tu deviendras* insensible aux souffrances de *tes* semblables ; et si *tu t'accoutumes* à faire du mal aux animaux, *tu en feras* bientôt aux hommes.

Jeune garçon, j'aime que tu *t'occupes* le dimanche à quelque chose d'utile et de profitable ; mais si *tu joues* au cabaret, si *tu perds* ton argent et si *tu t'enivres*, *tu t'attireras* mille ennuis.

Il vaut mieux que *tu saches* bien un métier plutôt que d'en connaître mal trente-six.

10.

Analyse du Verbe.

218. — Pour analyser un verbe, on indique la personne, le nombre, le temps, le mode, l'espèce et la conjugaison.

Exemple : Je chantais.

Je, pronom personnel, première personne du singulier, sujet de *chantais.*

chantais, première personne du singulier, temps imparfait, mode indicatif, verbe actif, première conjugaison.

Exercice 224.

Analysez :

Vous donnez. — Ils marchèrent. — Tu mourras. — Je me promène. — Vous êtes attendus. — Ils sortiraient. — Je boirai. — Les enfants dorment. — Je les connais. — Tu te flattes. — Nous nous empressons. — Ma sœur fut récompensée.

Exercice 225.

Analysez :

Je servirais. — Tu accourras. — Vous étiez guéris. — Que je sois confondu. — Il se hâterait. — Nous fûmes invités. — Elle sera affligée. — Vous montrerez. — Qu'il mourût. — Avoir dansé. — Etre venu. — Hâte-toi. — Sortez. — Il a étonné. — Marie a pleuré. — Le coq aura chanté.

Exercices lexicologiques.

Répondez à l'aide du dictionnaire aux questions suivantes :

Qu'est-ce que : un assolement, — le quinquina, — un ambassadeur, — Parmentier, — l'Amérique. — un interlocuteur, — une balle de coton, — le chaulage ?

Que signifient les verbes : Greffer, — Marcotter, — Enfouir ?

Quels sont les homonymes de *compte,* — de *verre* ?

Qu'est-ce que : Avignon, — les Pays-Bas, — le pays de Caux, — l'Alsace, — la Provence, — les olives, — les pipées, — des boqueteaux. — le superflu ?

A quoi sert la garance ?

Quels sont les emplois de la cendre.

Quelle est la composition du sel de cuisine ?

Quelle est la hauteur du Mont-Blanc ?

Quelle différence y a-t-il entre *dessein* et *dessin* ?

---

218 Comment analyse-t-on un verbe ?

170ᵉ Dictée.

LE PARESSEUX.

O paresseux, tu *veux* et tu ne *veux* pas ; tu *veux* de loin ce qu'il faut vouloir, mais tu *laisses tomber* tes mains de langueur dès que tu *regardes* le travail de près. Tu n'*es* bon à rien. Tu *t'ennuies* des affaires, tu te *fatigues* des lectures sérieuses ; il faudrait que tu *passasses* ta vie sur un lit de repos. *Travailles*-tu ? les moments te paraissent des heures ; *t'amuses*-tu ? tu te *figures* que les heures ne sont que des minutes.

Tu ne *sais* ce que tu *fais* de ton temps. Tu le *laisses* couler comme l'eau sous les ponts. Qu'*as*-tu fait de ta matinée ? Tu n'en *sais* rien ; car tu *as* vécu sans songer si tu *vivais*. Tu *as* dormi le plus tard que tu *as* pu ; tu *t'es* habillé fort lentement. Tu *as* parlé au premier venu ; tu *as* fait plusieurs tours dans ta chambre. Tu *passeras* l'après-midi comme le matin et toute ta vie comme cette journée. Encore une fois, tu n'*es* bon à rien.

171ᵉ Dictée. (RÉCAPITULATION.)

Elle doit *cuire* demain. — Le boulanger vient de *pétrir*. — Nous devons *partir* cette semaine. — Le cuisinier fera *rôtir* le poulet. — Nous voulons *construire* un hangar. — Le soleil a commencé à *luire*. — Le chien et l'oie *crièrent* à l'approche des voleurs. — Nous *trierons* les mauvais hommes d'avec les bons. — Ils *balbutièrent* quelques mots d'excuse. — Les hommes des premiers temps *dressèrent* des renards pour la chasse. — J'*étudiai* autrefois les propriétés des plantes. — Il faut que vous *étudiiez* la géographie. — Il ne faut pas que dans la prospérité tu *oublies* les amis malheureux. — On *exclura* du concours les instruments aratoires qui ont été déjà couronnés.

172ᵉ Dictée. (RÉCAPITULATION.)

On *protège* ces jeunes arbres au moyen de tuteurs. — Le riz ne *possède* pas la même valeur alimentaire que le blé. — Souvent les arbres transplantés *végètent* longtemps avant de bien pousser. — Il faut que dans le cours de la vie tu *allies* la prudence à la fermeté. — Ne nous *forgeons* pas de vaines chimères. — Il faudrait que le cuisinier *égrugeât* le sel avant que l'on s'en *servît*. — De beaux platanes *ombrageaient* cette promenade. — Les buissons et les hautes herbes *projettent* leurs ombres sur le gazon. — Les enfants *cueilleront* des fleurs dans la prairie. — Les cultivateurs *vendront* leur chanvre un très-bon prix.

Récapitulation. — Exercice 226.

Mettez chaque verbe entre parenthèses au temps indiqué.

LES DEUX VOYAGEURS.

Deux voyageurs, Jeannot et Colin (*cheminer*, imp. de l'ind.) ensemble. Tout à coup Jeannot (*apercevoir*, ind. pr.) sur le bord du chemin une bourse pleine d'or. Sans rien dire à son compagnon, il (*sauter*, ind. pr.) dessus et la (*ramasser*, ind. pr.). « Camarade, s' (*écrier*, ind. pr.) Colin, (*féliciter*, impér.)-nous de cette riche trouvaille et (*partager*, impér.)-la en frères. — Je n'en ferai rien (*répliquer*, pas. déf.) Jeannot ; je (*trouver*, pas. indéf.) ce trésor, il n'appartient qu'à moi seul. » — Là-dessus il (*empocher*, pas. déf.) la bourse, et Colin (*continuer*, pas. déf.) tristement sa route avec lui.

Bientôt, au détour d'un bois, ils (*apercevoir*, pas. déf.) un brigand le sabre à la main. Jeannot devint pâle comme la mort. « Camarade, dit-il, (*défendre*, impér. 1re pers. pl.)-nous courageusement. Nous (*résister*, futur) aisément à ce scélérat ; nous (*être*, ind. pr.) deux contre lui ; (*dépêcher*, impér. 2me pers. du sing.)-toi, (*imiter*, impér. 2me pers. du sing.) mon exemple et (*tirer*, impér. 2me pers. du sing.) ton épée. — Je n'en ferai rien s' (*écrier*, pas. déf.) Colin à son tour. Je ne (*redouter*, ind. pr.) pas l'attaque du brigand, puisque je n' (*avoir*, ind. pr.) rien à défendre. C'est à toi à sauver ton argent comme tu l' (*entendre*, futur). » Ayant ainsi parlé, Colin s' (*enfuir*, ind. pr.) au plus vite, (*laisser*, part. pr.) le pauvre Jeannot aux prises avec le voleur.

Ce dernier, non content de dépouiller le pauvre Jeannot, le (*cribler*, pas. déf.) de blessures et l' (*abandonner*, pas. déf.) plus qu'à demi-mort. Jeannot (*trouver*, pas. déf.) ainsi la punition de son égoïsme et surtout de sa malhonnêteté, car il n'est permis à personne de s'approprier un objet perdu.

Exercice 227.

LA BORNE.

Celui qui (*agir*, ind. pr.) mal (*recueillir*, ind. pr.) les fruits amers que fait toujours germer l'iniquité. S'il (*arriver*, imp. de l'ind.) qu'on en (*douter*, imp. du subj.) et que l'on méconnût les funestes conséquences des mauvaises actions, le récit suivant (*suffire*, cond. prés.) pour en convaincre.

Ulric (*posséder*, imp. de l'ind.) une jolie maison entourée d'une belle pelouse pleine d'arbres fruitiers. Ce verger (*toucher*, imp. de l'ind.) à un pré (*appartenir*, part. pr.) au voisin. Ulric, peu consciencieux, ne se (*donner*, pas. déf.) pas de repos qu'il n' (*agrandir*, pl.-q.-parf. du subj.) sa propriété aux dépens d'autrui. Pendant une nuit obscure, il (*reculer*,

173ᵉ Dictée.

L'ENFANT ET L'ÉCU.

Un enfant, à qui l'on avait donné un écu, se croyait le plus riche du monde. Il montrait son trésor à qui voulait le voir. « A merveille, lui dit un sage, vous avez reçu le prix du travail; mais si vous voulez encore mériter davantage, il faut gagner le prix de vertu. » Peu après, l'enfant rencontra un pauvre. Comme il avait un excellent cœur, il partagea son écu avec lui : il gagna ainsi le prix de vertu.

Corrigé 226.

LES DEUX VOYAGEURS.

Deux voyageurs, Jeannot et Colin, *cheminaient* ensemble. Tout à coup Jeannot *aperçoit*, sur le bord du chemin, une bourse pleine d'or. Sans rien dire à son compagnon, il *saute* dessus et la *ramasse*. « Camarade, s'*écrie* Colin, *félicitons*-nous de cette riche trouvaille et *partageons*-la en frères. — Je n'en ferai rien, *répliqua* Jeannot ; j'ai *trouvé* ce trésor, il n'appartient qu'à moi seul. » — Là-dessus il *empoche* la bourse, et Colin *continue* tristement sa route avec lui.

Bientôt, au détour d'un bois, ils *aperçurent* un brigand le sabre à la main. Jeannot devint pâle comme la mort. « Camarade, dit-il, *défendons*-nous courageusement. Nous *résisterons* aisément à ce scélérat : nous sommes deux contre lui ; *dépêche*-toi, *imite* mon exemple et *tire* ton épée. — Je n'en ferai rien, s'*écria* Colin à son tour. Je ne *redoute* pas l'attaque du brigand, puisque je n'*ai* rien à défendre. C'est à toi à sauver ton argent comme tu l'*entendras*. » Ayant ainsi parlé, Colin s'*enfuit* au plus vite, *laissant* le pauvre Jeannot aux prises avec le voleur.

Ce dernier, non content de dépouiller le pauvre Jeannot, le *cribla* de blessures et l'*abandonna* plus qu'à demi-mort. Jeannot *trouva* ainsi la punition de son égoïsme et surtout de sa malhonnêteté, car il n'est permis à personne de s'approprier un objet perdu.

Corrigé 227.

LA BORNE.

Celui qui *agit* mal *recueille* les fruits amers que fait toujours germer l'iniquité. S'il *arrivait* qu'on en *doutât* et que l'on *méconnût* les funestes conséquences des mauvaises actions, le récit suivant *suffirait* pour en convaincre.

Ulric *possédait* une jolie maison entourée d'une belle pelouse pleine d'arbres fruitiers. Ce verger *touchait* à un pré *appartenant* au voisin. Ulric, peu consciencieux, ne se *donna* pas de repos qu'il n'*eût* *agrandi* sa propriété aux dépens d'autrui. Pendant une nuit obscure, il *recula* assez loin dans le pré du voisin la borne qu'ils avaient posée d'un commun accord pour qu'elle *indiquât* leurs limites respectives.

pas. déf.) assez loin dans le pré du voisin la borne qu'ils avaient posée d'un commun accord pour qu'elle (*indiquer*, imp. du subj.) leurs limites respectives.

Peu de temps après qu'il (*consommer*, pas. ant.) cette usurpation, il fallut qu'il (*s'occuper*, imp. du subj.) de la cueillette de ses cerises. Il (*monter*, pas. déf.) donc sur le cerisier au moyen d'une échelle. Lorsqu'il fut parvenu tout au haut, il (*tomber*, pas. déf.) en arrière avec l'échelle qu'il avait placée trop droit, et se (*casser*, pas. déf.) la tête contre la borne. Si Ulric n'eût pas reculé cette borne, il (*tomber*, pas. du cond. 2e forme) sur le gazon de la prairie et (*se faire*, pas. du cond. 2e forme) peu de mal.

Exercice 228.

LE PETIT ERMITE.

Un enfant de neuf ans, qui (*être*, pas. déf.) depuis un grand écrivain, Bernardin de Saint-Pierre, (*concevoir*, pas. déf.) un jour le projet de dire adieu au monde. Il lui (*sembler*, imp. de l'ind.) que pour être heureux il lui fallait vivre au fond d'un bois.

En conséquence un beau matin il (*réserver*, pas. déf.) une portion de son déjeuner, et, au lieu de se rendre à l'école, (*sortir*, pas. déf.) de la ville. Il (*arriver*, pas. déf.) jusqu'à l'entrée d'un bouquet de bois, d'où s'(*échapper*, imp. de l'ind.) un ruisseau qui y prenait sa source. Ce lieu lui (*sembler*, pas. déf.) un désert. Il le (*juger*, pas. déf.) inaccessible aux hommes, et, bien résolu de se faire ermite, il s'y (*cacher*, pas. déf.) toute la journée, (*ramasser*, part. pr.) des fleurs et (*entendre*, part. prés.) chanter les oiseaux.

L'appétit s'étant fait sentir vers le milieu du jour, il le (*contenter*, pas. déf.) au moyen des vivres dont il (*garnir*, pl.-q.-parf. de l'ind.) son petit bissac ; puis il (*cueillir*, pas. déf.) des mûres de haie et (*arracher*, pas. déf.) quelques racines dont il (*composer*, pas. déf.) un repas délicieux. Ensuite se (*rappeler*, part. pr.) les saints ermites qui (*recevoir*, pl.-q.-parf. de l'ind.) les secours du ciel, il (*commencer*, pas. déf.) à prier, (*espérer*, part. prés.) quelque miracle de la Providence. Il (*attendre*, imp. de l'ind.) qu'un ange se (*montrer*, imp. du subj.) et le conduisît dans une grotte sauvage.

Cependant le soleil (*être*, imp. de l'ind.) déjà sur son déclin et le petit solitaire s'(*apprêter*, imp. de l'ind.) à passer la nuit sur l'herbe. « Je (*dormir*, futur) très-bien, se dit-il, au pied d'un arbre. » Mais voilà que tout à coup, du bout de la plaine, il (*apercevoir*, pas. déf.) sa bonne qui l'(*appeler*, imp. de l'ind.) à grands cris. Peu s'en fallut qu'au premier

Peu de temps après qu'il *eut consommé* cette usurpation, il fallut qu'il *s'occupât* de la cueillette de ses cerises. Il *monta* donc sur le cerisier au moyen d'une échelle. Lorsqu'il *fut* parvenu tout au haut, il *tomba* en arrière avec l'échelle qu'il avait placée trop droit, et se *cassa* la tête contre la borne. Si Ulric n'eût pas reculé cette borne, il *serait tombé* sur le gazon de la prairie et *se serait fait* peu de mal.

174e Dictée.

LA BONNE COMPAGNIE.

La renoncule, un jour dans un bouquet,
    Avec l'œillet se trouva réunie ;
Elle eut le lendemain le parfum de l'œillet :
On ne peut que gagner en bonne compagnie.

DEVOIRS ENVERS DIEU.

C'est Dieu qui fit le monde, et la terre et les cieux ;
C'est lui qui nous a faits ; nous sommes sous ses yeux ;
C'est lui qui chaque jour soutient notre existence.
Comment payer ses dons? Par la reconnaissance.

Corrigé 228.

LE PETIT ERMITE*.

I.

Un enfant de neuf ans, qui *fut* depuis un grand écrivain, Bernardin de Saint-Pierre, *conçut* un jour le projet de dire adieu au monde. Il lui *semblait* que pour être heureux il lui fallait vivre au fond d'un bois.

En conséquence un beau matin il *réserva* une portion de son déjeuner, et, au lieu de se rendre à l'école, *sortit* de la ville. Il *arriva* jusqu'à l'entrée d'un bouquet de bois, d'où *s'échappait* un ruisseau qui y prenait sa source. Ce lieu lui *sembla* un désert. Il le *jugea* inaccessible aux hommes, et, bien résolu de se faire ermite, il s'y *cacha* toute la journée, *ramassant* des fleurs et *entendant* chanter les oiseaux.

L'appétit s'étant fait sentir vers le milieu du jour, il le *contenta* au moyen des vivres dont il avait *garni* son petit bissac ; puis il *cueillit* des mûres de haie et *arracha* quelques racines dont il *composa* un repas délicieux. Ensuite se *rappelant* les saints ermites qui avaient reçu les secours du ciel, il *commença* à prier, *espérant* quelque miracle de la Providence. Il *attendait* qu'un ange se *montrât* et le *conduisît* dans une grotte sauvage.

II.

Cependant le soleil *était* déjà sur son déclin et le petit solitaire *s'apprêtait* à passer la nuit sur l'herbe. « Je *dormirai* très-bien, se dit-il, au pied d'un arbre. » Mais voilà que tout à coup, du bout de la plaine, il *aperçut* sa bonne qui l'appelait à grands cris. Peu s'en *fallut* qu'au premier moment il ne *s'enfuît* dans la forêt ; mais la vue de cette pauvre fille, qui *pleurait* en le *rejoignant*, le retint presque

moment il ne s' (*enfuir*, imp. du subj.), dans la forêt ; mais la vue de cette pauvre fille, qui (*pleurer*, imp. de l'ind.) en le (*rejoindre*, part. prés.), le retint presque aussitôt. Il se (*diriger*, pas. déf.) vers l'endroit où elle se (*trouver*, imp. de l'ind.) et se mit aussi à pleurer.

Lorsqu'il lui (*avouer*, pas. ant.) le sujet de ses peines, elle (*commencer*, pas. déf.) par le rassurer, puis elle lui (*retracer*, pas. déf.) l'inquiétude de son père et de sa mère. Elle lui (*raconter*, pas. déf.) qu'ils (*ressentir*, pl.-q.-parf. de l'ind.) le plus vif chagrin de ne pas le voir revenir ; qu'ensuite, elle s'était enquise dans le voisinage, à des gens de la ville, puis à des gens de la campagne, qui, de proche en proche, lui (*indiquer*, pl.-q.-parf. de l'ind.) quel chemin il avait suivi.

En (*parler*, part. prés.) ainsi, elle lui (*prodiguer*, imp. de l'ind.) tant de caresses que sa vocation (*aller*, pas. déf.) bien vite en s' (*affaiblir*, part. prés.) et qu'il (*finir*, pas. déf.) par se décider, quoique avec peine, à renoncer à son ermitage.

<h3 style="text-align:center">Exercice 229.</h3>
L'OUBLI DES INJURES.

Un menuisier nommé Joseph (*regagner*, imp. de l'ind.) sa demeure qu'il avait quittée dès le matin. Il (*déjeuner*, pl. q. parf. de l'ind.) avec des amis qu'il n'avait pas vus depuis longtemps. Le vin qu'ils (*boire*, pl. q. parf. de l'ind.) lui (*troubler*, imp. de l'ind.) la tête, et sa démarche était irrégulière.

Il (*longer*, imp. de l'ind.) le bord de la Marne, lorsqu'un jeune homme qui (*marcher*, imp. de l'ind.) rapidement en sens contraire (*heurter*, pas. déf.) involontairement la casquette que l'ouvrier tenait à la main. Elle (*tomber*, pas. déf.) à terre. Le grand vent qu'il faisait l' (*entraîner*, pas. déf.) du côté de la rivière.

Dans son état normal Joseph est d'un caractère doux ; mais les libations l' (*rendre*, pl. q. parf. de l'ind.) querelleur. Il se (*précipiter*, pas. déf.) sur le jeune homme et (*tomber*, pas. déf.) sur lui le poing levé. La lutte (*commencer*, imp. de l'ind.) à tourner à son désavantage, lorsque l'arrivée de quelques personnes (*terminer*, pas. déf.) le combat.

Le jeune homme (*continuer*, pl. q. parf. de l'ind.) paisiblement sa route lorsqu'il (*entendre*, pas. déf.) les cris au secours ! c'était Joseph qui (*tomber*, pl. q. parf. de l'ind.) à l'eau en (*repêcher*, part. prés.) sa casquette. Le jeune homme, (*oublier*, part. prés.) les mauvais traitements qu'il venait de subir, se (*précipiter*, ind. pr.) tout habillé dans la rivière. En un clin d'œil il (*plonger*, pas. indéf.) à deux reprises, il (*saisir*, pr. indéf.) son homme et l' (*déposer*, pr. indéf.) sain et sauf sur la berge, (*montrer*, part. prés.) ainsi aux spectateurs étonnés comment les hommes de cœur (*répondre*, ind. prés.) aux injures qu'ils (*recevoir*, ind. prés.).

aussitôt. Il se *dirigea* vers l'endroit où elle se *trouvait* et se mit aussi à pleurer.

Lorsqu'il lui *eut avoué* le sujet de ses peines, elle *commença* par le rassurer, puis elle lui *retraça* l'inquiétude de son père et de sa mère.

Elle lui *raconta* qu'ils *avaient ressenti* le plus vif chagrin de ne pas le voir revenir; qu'ensuite, elle s'était enquise dans le voisinage, à des gens de la ville, puis à des gens de la campagne, qui, de proche en proche, lui *avaient indiqué* quel chemin il avait suivi.

En *parlant* ainsi, elle lui *prodiguait* tant de caresses que sa vocation *alla* bien vite en s'*affaiblissant* et qu'il *finit* par se décider, quoique avec peine, à renoncer à son ermitage.

Corrigé 229.

L'OUBLI DES INJURES.

Un menuisier, nommé Joseph, *regagnait* sa demeure qu'il avait quittée dès le matin. Il avait *déjeuné* avec des amis qu'il n'avait pas vus depuis longtemps. Le vin qu'ils *avaient bu* lui *troublait* la tête, et sa démarche était irrégulière.

Il *longeait* le bord de la Marne, lorsqu'un jeune homme qui *marchait* rapidement en sens contraire *heurta* involontairement la casquette que l'ouvrier tenait à la main. Elle *tomba* à terre. Le grand vent qu'il faisait l'*entraîna* du côté de la rivière.

Dans son état normal Joseph est d'un caractère doux ; mais les libations l'*avaient rendu* querelleur. Il se *précipita* sur le jeune homme et *tomba* sur lui le poing levé. La lutte *commençait* à tourner à son désavantage, lorsque l'arrivée de quelques personnes *termina* le combat.

Le jeune homme *avait continué* paisiblement sa route lorsqu'il *entendit* les cris, au secours! C'était Joseph qui *était tombé* à l'eau en *repêchant* sa casquette. Le jeune homme, *oubliant* les mauvais traitements qu'il venait de subir, se *précipita* tout habillé dans la rivière. En un clin d'œil il *plongea* à deux reprises, il *saisit* son homme et le *déposa* sain et sauf sur la berge, *montrant* ainsi aux spectateurs étonnés comment les hommes de cœur *répondent* aux injures qu'ils *reçoivent*.

175ᵉ Dictée. (SUJET DE COMPOSITION.)

LA CHANDELLE ET LA LANTERNE.

Une chandelle renfermée dans une lanterne disait un jour à cette dernière : « Pourquoi empêches-tu ma lumière de se répandre également de tous côtés? Sans l'opacité de la plus grande partie de tes parois, je rendrais de bien plus grands services aux hommes. Ouvre ton vilain œil-de-bœuf qui limite trop mon horizon. » — La lanterne obéit; mais qui eut à en souffrir? Ce fut la pauvre chandelle. Soudain un coup de vent s'engouffre par l'ouverture et l'éteint complètement. — Sachons borner notre ambition.

CHAPITRE VI

DU PARTICIPE.

219. — Le *participe* est un verbe changé en adjectif.

220. — Il y a deux sortes de participes : le participe *présent* et le participe *passé*.

Participe présent.

221. — Le participe *présent* exprime l'action : il est terminé par *ant*, et ne varie jamais. Ex. : Un homme *louant* Dieu, des hommes *louant* Dieu.

Exercice 230.

Règle 221. — Mettez au pluriel les mots en italiques. Écrivez : *les oiseaux-mouches, ces petits bijoux* de la nature.

L'OISEAU-MOUCHE*.

L'oiseau-mouche, ce petit bijou de la nature, *est* au-dessous du taon* pour la grandeur, et du bourdon pour la grosseur. *Il passe sa* vie dans l'air, *touchant* à peine le gazon par instants, *volant* de fleurs en fleurs, *vivant* de leur nectar et *n'habitant* que les climats où sans cesse elles se renouvellent. On *le* voit *s'arrêtant* un moment devant l'une d'elles, puis *partant* comme un trait pour aller à une autre. *Il les visite* toutes, *plongeant sa* petite langue dans leur sein, les *flattant* de *ses* ailes, ne *s'y fixant* jamais, mais ne les *quittant* jamais non plus.

Rien n'égale *sa* vivacité, *son* courage, *son* audace : on *le* voit *poursuivant* avec furie *un oiseau* vingt fois plus *gros* que *lui, s'attachant* à *son corps**, *se laissant* emporter par *son* vol et *le becquetant* à coups* redoublés jusqu'à ce qu'*il ait* assouvi* *sa* petite colère.

L'impatience paraît être *son* âme : lorsque, *s'approchant* d'une fleur, *il* la *trouve* fanée, on *l'*aperçoit lui *arrachant* les pétales avec une précipitation qui marque *son* dépit.

Ne *possédant* point d'autre voix* qu'un petit cri *screp, screp, il* le *fait* entendre dès l'aurore jusqu'à ce que, *prenant* l'essor aux premiers rayons du soleil, *il* se *rend* dans la campagne.

L'oiseau-mouche ne *peut* vivre que dans les contrées les plus chaudes du Nouveau-Monde*. *Il semble* suivre le soleil, *s'avançant, se retirant* avec lui, et *volant* sur l'aile des zéphyrs à la suite d'un printemps éternel.

---

219. Qu'est-ce que le participe ? | 221. Comment se termine le participe présent ?
220. Combien y a-t-il de sortes de participes ? |

DÉVELOPPEMENT.

Il ne faut pas confondre le *participe présent* avec l'*adjectif verbal* qui est terminé par *ant* et qui s'écrit de la même manière. Tandis que le participe présent reste toujours invariable, l'adjectif verbal s'accorde en genre et en nombre avec le nom qu'il qualifie.

Ex. Nous avons une petite fille *obéissant* au moindre signe de ses parents. Ici *obéissant* étant participe présent demeure invariable.

Tout le monde admirait cette petite fille si *obéissante* et si soumise. Ici *obéissante* est adjectif verbal, et par suite s'accorde avec *petite fille* en genre et en nombre.

(Pour la distinction entre le participe présent et l'adjectif verbal, voir notre *Deuxième année de Grammaire*.)

Corrigé 230.

L'OISEAU-MOUCHE*.

Les *oiseaux-mouches, ces petits bijoux* de la nature, sont au-dessous du taon* pour la grandeur, et du bourdon pour la grosseur. *Ils passent leur* vie dans l'air, *touchant* à peine le gazon par instants, *volant* de fleur en fleur, *vivant* de leur nectar et n'*habitant* que les climats où sans cesse elles se renouvellent. On *les* voit *s'arrêtant* un moment devant l'une d'elles, puis *partant* comme un trait pour aller à une autre. *Ils* les *visitent* toutes, *plongeant leur* petite langue dans *leur* sein, les *flattant* de *leurs* ailes, ne s'y *fixant* jamais, mais ne les *quittant* jamais non plus.

Rien n'égale *leur* vivacité, *leur* courage, *leur* audace : on *les* voit *poursuivant* avec furie *des oiseaux* vingt fois plus *gros* qu'eux, *s'attachant* à *leur* corps*, *se laissant* emporter par *leur* vol et *les becquetant* à coups* redoublés jusqu'à ce *qu'ils aient* assouvi* *leur* petite colère.

L'impatience paraît être *leur* âme : lorsque, *s'approchant* d'une fleur, *ils* la *trouvent* fanée, on les aperçoit lui *arrachant* les pétales avec une précipitation qui marque *leur* dépit.

Ne *possédant* point d'autre voix* qu'un petit cri : *screp, screp, ils* le *font* entendre dès l'aurore, jusqu'à ce que, *prenant* l'essor aux premiers rayons du soleil, *ils* se *rendent* dans la campagne.

Les *oiseaux-mouches* ne *peuvent* vivre que dans les contrées les plus chaudes du Nouveau Monde*. *Ils semblent* suivre le soleil, *s'avançant*, se *retirant* avec lui, et *volant* sur l'aile des zéphyrs à la suite d'un printemps éternel.

Participe passé.

222. — Le participe *passé* exprime un état, une qualité.

223. — **Participe passé sans auxiliaire.** Le participe passé qui n'est pas accompagné d'un verbe auxiliaire, s'accorde, comme un adjectif, en genre et en nombre avec le nom qu'il qualifie.

Ex. : Un frère *aimé*,   une sœur *aimée*.
Des frères *aimés*,   des sœurs *aimées*.

Exercice 231.

Règle 222. — A la suite de chaque nom, écrivez, en le faisant accorder, le participe passé qui est en tête de la ligne. *Écrivez :* Le village *incendié*, la ville *incendiée*.

Incendié :   Le village, la ville, les bois, les forêts.
Cueilli :   L'abricot, la prune, les melons, les pêches.
Aperçu :   Les montagnes, le clocher, les sapins, la rivière.
Rompu :   La chaise, le banc, le pain, la canne.

Exercice 232.

Blâmé :   La servante, les serviteurs, les écoliers, la conduite.
Pourri :   Une planche, de la viande, des choux.
Ému :   Un jeune homme, des personnes, les soldats, la grand'mère.
Vendu :   Les haricots, la choucroûte, les huîtres, les bœufs.

Exercice 233.

Chanté :   Une messe, un cantique, un Te Deum.
Haï :   Une tyrannie, des personnes, le renard, les belettes.
Reçu :   Une somme, des lettres, le candidat, l'envoi.
Permis :   La chasse, les divertissements, les récréations.

Exercice 234.

Trouvé :   La bourse, les enfants, les paquets, les fautes.
Offert :   Les cadeaux, les clefs, la table, le logement.
Assis :   La vieille femme, la magistrature*, les vieillards.
Craint :   L'autorité, les fléaux, les pestes, les épidémies*.

Exercice 235

Disparu :   Les nations, les peuples, la ville, les étoiles.
Dissous :   Du sucre, de la cassonade*, des assemblées.
Confondu :   Un imposteur, des menteuses, le traître, les objets.
Écrit :   La lettre, le billet, la loi, les livres.

---

222 u'exprime le participe passé? | ticipe passé qui n'est pas accom-
223 Comment s'accorde le par- | pagné d'un verbe auxiliaire !

Corrigé 231.

Le village *incendié*; la ville *incendiée*; les bois *incendiés*, les forêts *incendiées*.

L'abricot *cueilli*; la prune *cueillie*; les melons *cueillis*; les pêches *cueillies*.

Les montagnes *aperçues*; le clocher *aperçu*; les sapins *aperçus*; la rivière *aperçue*.

La chaise *rompue*; le banc *rompu*; le pain *rompu*; la canne *rompue*.

Corrigé 232.

La servante *blâmée*; les serviteurs *blâmés*; les écoliers *blâmés*; la conduite *blâmée*.

Une planche *pourrie*; de la viande *pourrie*; des choux *pourris*.

Un jeune homme *ému*; des personnes *émues*; les soldats *émus*; la grand'mère *émue*.

Les haricots *vendus*; la choucroûte *vendue*; les huîtres *vendues*, les bœufs *vendus*.

Corrigé 233.

Une messe *chantée*; un cantique *chanté*; un Te Deum *chanté*.

Une tyrannie *haïe*; des personnes *haïes*; le renard *haï*; les belettes *haïes*;

Une somme *reçue*; des lettres *reçues*; le candidat *reçu*; l'envoi *reçu*.

La chasse *permise*; les divertissements *permis*; les récréations *permises*.

Corrigé 234.

La bourse *trouvée*; les enfants *trouvés*; les paquets *trouvés*; les fautes *trouvées*.

Les cadeaux *offerts*; les clefs *offertes*; la table *offerte*; le logement *offert*.

La vieille femme *assise*; la magistrature *assise*; les vieillards *assis*.

L'autorité *crainte*; les fléaux *craints*; les pertes *craintes*; les épidémies *craintes*.

Corrigé 235.

Les nations *disparues*; les peuples *disparus*; la ville *disparue*; les étoiles *disparues*.

Du sucre *dissous*; de la cassonade *dissoute*; des assemblées *dissoutes*.

Un imposteur *confondu*; des menteuses *confondues*; le traître *confondu*; les objets *confondus*.

La lettre *écrite*; le billet *écrit*; la loi *écrite*; les livres *écrits*.

Participe passé avec ÊTRE.

224. — Le participe passé conjugué avec l'auxiliaire être s'accorde en genre et en nombre avec le sujet du verbe.

Ex. : Mon père, tu es *aimé*.
Ma mère, tu es *aimée*.

Exercice 236.

Régle 224. — Faites accorder le participe passé avec le sujet du verbe

LE GLAND ET LA CITROUILLE.

Un paysan qui s'était étendu au pied d'un chêne séculaire, s'amusait à considérer un plant de citrouilles* dans un jardin voisin. A cette vue notre paysan de s'écrier : « Faut-il que de si gros fruits soient (*supporté*) par cette tige rampante et mince, tandis que ces petits glands sont (*suspendu*) à ce grand et superbe chêne* ! Si toutes les choses de ce monde avaient été (*créé*) par moi, ces grosses et belles citrouilles, eussent été (*mis*) sur le chêne. »

A peine ces paroles étaient-elles (*proféré*), qu'un gland tomba de l'arbre : la face du raisonneur en fut (*frappé*) si juste que le sang jaillit de ses narines. « Ouais ! se dit notre homme (*effrayé*), je viens de recevoir une croquignole bien méritée par ma sottise : la citrouille, si elle avait été (*attaché*) à la place de ce gland, m'aurait écrasé le nez. »

Exercice 237.

LES PLANTES DES CHAMPS.

Les simples plantes des champs seraient (*dédaigné*) à tort par les habitants de la campagne : elles semblent avoir été (*créé*) pour les guérir de tous les maux dont ils peuvent être (*assailli*). La vertu de la tisane de chiendent est (*connu*) de tout le monde ; la cerise, la framboise, la groseille sont (*recueilli*) pour être (*employé*) à divers usages également importants. La réglisse est (*considéré*) comme adoucissante* ; les fleurs du coquelicot sont (*administré*) en infusion aux personnes qui ne peuvent dormir. La racine de guimauve est (*pris*) en infusion comme émolliente.

Des feuilles de la ronce est (*composé*) une tisane souvent (*usité*) contre les maux de gorge. La chicorée sauvage et le pissenlit sont (*rangé*) parmi les plantes qui ont été (*qualifié*) de médicaments toniques* ou amers. Quelles bonnes tisanes sont (*fourni*) par le lierre-terrestre, l'hysope, le serpolet, la mélisse à tous ceux dont la poitrine est de temps à autre (*fatigué*) d'un gros rhume !

---

221. Comment s'accorde le participe passé conjugué avec l'auxi- | liaire *être* ?

176ᵉ Dictée. (SUJET DE COMPOSITION.)

Quelle est la terminaison de la seconde personne du singulier pour tous les temps des verbes? donnez-en des exemples empruntés aux quatre conjugaisons.

Citez une exception à la règle précédente.

Quelle est la terminaison de la troisième personne du pluriel pour tous les temps des verbes? donnez-en des exemples empruntés aux quatre conjugaisons.

Que savez-vous sur la troisième personne du passé défini et de l'imparfait du subjonctif? donnez-en des exemples empruntés aux quatre conjugaisons.

Que savez-vous sur l'orthographe du présent du subjonctif dans toutes les conjugaisons?

Corrigé 236.

LE GLAND ET LA CITROUILLE.

Un paysan qui s'était étendu au pied d'un chêne séculaire, s'amusait à considérer un plant de citrouilles* dans un jardin voisin. A cette vue notre paysan de s'écrier : « Faut-il que de si gros fruits soient *supportés* par cette tige rampante et mince, tandis que ces petits glands sont *suspendus* à ce grand et superbe chêne* ! Si toutes les choses de ce monde avaient été *créées* par moi, ces grosses et belles citrouilles eussent été *mises* sur le chêne. »

A peine ces paroles étaient-elles *proférées*, qu'un gland tomba de l'arbre : la face du raisonneur en fut *frappée* si juste que le sang jaillit de ses narines. « Ouais! se dit notre homme *effrayé*, je viens de recevoir une croquignole bien méritée par ma sottise : la citrouille, si elle avait été *attachée* à la place de ce gland, m'aurait écrasé le nez. »

Corrigé 237.

LES PLANTES DES CHAMPS.

Les simples plantes des champs seraient *dédaignées* à tort par les habitants de la campagne : elles semblent avoir été *créées* pour les guérir de tous les maux dont ils peuvent être *assaillis*. La vertu de la tisane de chiendent est *connue* de tout le monde ; la cerise, la framboise, la groseille sont *recueillies* pour être *employées* à divers usages également importants. La réglisse est *considérée* comme adoucissante*; les fleurs du coquelicot sont *administrées* en infusion aux personnes qui ne peuvent dormir. La racine de guimauve est *prise* en infusion comme émolliente.

Des feuilles de la ronce est *composée* une tisane souvent *usitée* contre les maux de gorge. La chicorée sauvage et le pissenlit sont *rangés* parmi les plantes qui ont été *qualifiées* de médicaments toniques ou amers. Quelles bonnes tisanes sont *fournies* par le lierre-terrestre, l'hysope, le serpolet, la mélisse à tous ceux dont la poitrine est de temps à autre *fatiguée* d'un gros rhume !

Participe passé avec AVOIR.

225. — **Règle générale.** Le participe passé conjugué avec l'auxiliaire *avoir* s'accorde avec le complément direct, quand ce complément est avant le participe; mais il reste invariable si le complément direct ne vient qu'après le participe, ou s'il n'y a pas de complément.

1° LE COMPLÉMENT DIRECT EST **avant.**

Soient ces phrases :

La ville *que* j'ai *visitée*.

L'arbre *qu'*ils ont *planté*.

Tes livres je *les* ai *lus*.
Ma fille je *t'*ai *instruite*.

... *d'affaires* il a *menées* !

J'ai visité quoi? *que* mis pour *ville*.

Ils ont planté quoi? *que* mis pour *arbre*.

J'ai lu quoi? *les* mis pour *livres*.
J'ai instruit qui? *te* mis pour *fille*.

Il a mené quoi? *que d'affaires*.

Les compléments directs *que, les, te, que d'affaires*, sont *avant* le participe : accord.

Exercice 238.

Appliquez la règle et faites les questions.

Les reproches *que* j'ai (*reçu*). — Les histoires *que* j'ai (*lu*). — Les problèmes *qu'*il a (*résolu*). — Les mensonges *qu'*il a (*fait*). — La leçon *que* tes sœurs ont (*appris*). — Les pauvres *qu'*elles ont (*secouru*). — La plante *que* Louis a (*découvert*). — Les lettres *que* nous avons (*reçu*). — Les campagnes *que* le fermier a (*parcouru*). — Le marché *que* la marchande a (*conclu*). — La colère *qu'*il a (*réprimé*). — Les chagrins *que* tes parents ont (*éprouvé*). — Les cerises *que* tu m'as (*offert*).

Même Exercice.

Cette maison, c'est moi qui *l'*ai (*acheté*). — Tes devoirs, *les* as-tu (*fait*)? — Ta sœur est venue, *l'*as-tu (*vu*)? — Les pièges, *les* as-tu (*tendu*)? — Tes champs, les as-tu (*ensemencé*)? — Ces toiles, c'est votre frère *qui* les a (*blanchi*). — Que de pages j'ai (*écrit*)! — Combien de *chevaux* avez-vous (*acheté*)? — Messieurs, on *vous* a chaudement (*recommandé*). — Ma sœur, ma mère *t'*a (*appelé*). — Mes frères, je ne *vous* ai pas (*vu*) hier. — Hirondelles, je *vous* ai (*revu*).

---

225. Comment s'accorde le participe passé conjugué avec l'auxiliaire avoir?

177e Dictée. (PARTICIPE PASSÉ.)

Les fleurs *que* nous avons *cueillies* sont déjà *fanées*. — Nous avons *aperçu* nos *cousines* dans la rue. — On ensemencera demain les champs *que* nous avons *labourés*. — Les cantiques *que* l'on a *chantés* étaient très-beaux. — La bière *que* le brasseur a *fabriquée* est fort bonne. — Avez-vous *vu* les magnifiques étrennes *que* l'on nous a *envoyées*? — Tu conduiras à la foire les bœufs *que* l'on aura *engraissés*. — Nous avons *estimé* six cents francs les deux vaches *que* vous avez *achetées*. — Vous connaissez les vignes que notre grand-père avait *plantées* : nous *les* avons *arrachées*. — Les rats n'ont *envahi* l'Europe que vers le XVIe siècle. — Les gaz malsains *que* j'avais *respirés* m'avaient *rendu* très-malade.

178e Dictée. (*Même sujet.*)

La mer était très-*agitée* quand nous l'avons *traversée*. — Pendant l'éclipse de soleil que nous avons *eue* dernièrement, il faisait assez sombre pour qu'on aperçût quelques étoiles. — Les rivières que l'armée *a franchies* n'étaient ni larges ni profondes. — Les pommes de terre que l'on a *plantées* trop tard sont quelquefois *exposées* à la gelée. — L'eau que tu as *bue* t'a *donné* une indigestion. — Des maladies *causées* par de très-petits champignons attaquent souvent les blés que l'on n'a pas *chaulés*. — Les sarments de vigne qu'ils ont *brûlés* leur ont *procuré* un énorme tas de cendres. — Avez-vous *vu* la pierre que l'on a *extraite* de la carrière? — La cuisine que les maçons ont *carrelée* était auparavant très-humide. — Tous les fruits de ce verger, c'est nous qui les avons *récoltés*. — On doit se rappeler les fautes qu'on a *commises*, afin d'éviter de les commettre de nouveau.

Corrigé 238.

Les reproches *que* j'ai *reçus*. — Les histoires *que* j'ai *lues*. — Les problèmes *qu*'il a *résolus*. — Les mensonges *qu*'il a *faits*. — La leçon *que* tes sœurs ont *apprise*. — Les pauvres *qu*'elles ont *secourus*. — La plante *que* Louis a *découverte*. — Les lettres *que* nous avons *reçues*. — Les campagnes *que* le fermier a *parcourues*. — Le marché *que* la marchande a *conclu*. — La colère *qu*'il a *réprimée*. — Les chagrins *que* tes parents ont *éprouvés*. — Les cerises *que* tu m'as *offertes*.

Corrigé.

Cette maison, c'est moi qui *l*'ai *achetée*. — Tes devoirs, *les* as-tu *faits*? — Ta sœur est venue, *l*'as-tu *vue*? — Les piéges, *les* as-tu *tendus*? — Tes champs, *les* as-tu *ensemencés*? — Ces toiles, c'est votre frère qui *les* a *blanchies*. — Que de pages j'ai *écrites*! — Combien de chevaux avez-vous *achetés*? — Messieurs, on *vous* a chaudement *recommandés*. — Ma sœur, ma mère *l*'a *appelée*. — Mes frères, je ne *vous* ai pas *vus* hier. — Hirondelles, je *vous* ai *revues*.

11

2° LE COMPLÉMENT DIRECT EST **après**.

Soient ces phrases :

J'ai *visité* une *ville*.	Nous avons visité quoi? *une ville*.
Ma mère a *cueilli* une *fleur*.	Ma mère a cueilli quoi? *une fleur*.
Mes frères ont *lu* leurs *livres*	Mes frères ont lu quoi? *leurs livres*
Nous avons *reçu* une *lettre*.	Nous avons reçu quoi? *une lettre*.

Les compléments directs *ville, fleur, livres, lettre* sont **après** le complément : pas d'accord.

3° IL N'Y A PAS DE COMPLÉMENT.

Soient ces phrases :

Mes arbres ont *péri*.	Mes arbres ont péri quoi?
Ces enfants ont *travaillé* avec ardeur.	Ces enfants ont travaillé quoi?
Ils ont *joué* avec entrain.	Ils ont joué quoi ?
Ils ont *dormi* toute la nuit.	Ils ont dormi quoi ?

Il n'y a pas de complément direct : pas d'accord (1).

Exercice 239.

Appliquez la règle et faites les questions.

Nous avons (*aperçu*) nos cousines. — Vous nous avez (*offert*) une crème. — Quelle bonne crème vous nous avez (*offert*)! — Les carriers ont (*extrait*) une énorme pierre. — Nous avons (*acheté*) deux vaches. — Combien les avez-vous (*payé*)? — Les rats ont (*envahi*) ma cave. — Nos voisins ont (*planté*) leurs pommes de terre. — Les pommes de terre qu'ils ont (*planté*) sont (*arraché*). — Avez-vous (*chaulé*) vos blés ? — Si vous ne les avez pas (*chaulé*) ils seront (*attaqué*) par de petits champignons.

Exercice 240.

Appliquez la règle et faites les questions.

Ces messieurs ont (*voyagé*), ils ont beaucoup (*observé*). — Les nageurs ont (*plongé*) sous l'eau. — Ton père et ton frère ont (*labouré*) toute la journée. — Nos rosiers ont (*fleuri*) ce matin. — Ces potirons n'ont (*poussé*) qu'à force de fumier. — Votre mère m'a (*parlé*) de vous. — La rivière a (*débordé*) pendant le dernier orage. — Nos chevaux ont (*pataugé*) dans la boue. — Notre voiture a (*versé*) dans le ravin. — Notre barque a (*sombré*). — Nos travaux ont (*commencé*) la semaine dernière. — Nous avons (*récolté*) les fruits de ce verger et nous les avons (*vendu*).

---

(1) Voir dans notre *Deuxième année de Grammaire* les règles complémentaires.

179e **Dictée**. (SUJET DE COMPOSITION.)
LES SUBSTANCES MINÉRALES.

Les hommes ont de tout temps *distingué* trois principales espèces de substances minérales : les combustibles, les minéraux proprement *dits* et les métaux. L'exploitation des combustibles a *donné* lieu à une industrie que l'on a *appelée* industrie extractive, parce que l'on s'est *contenté* d'extraire ces substances du sein de la terre et qu'elles sont toujours *entrées* dans la consommation telles que le sol les avait *données*, sans que les travaux de l'homme aient *altéré* en rien leur nature, ni même *modifié* leurs formes extérieures. Quant aux minéraux proprement *dits*, les hommes ne se sont pas *bornés* à les arracher des entrailles de la terre : tantôt ils s'en sont *servis* pour la construction, et alors ils les ont *taillés* pour leur donner des formes *déterminées*, ou bien ils leur ont *communiqué* un poli qu'ils n'avaient jamais *possédé* dans leur état naturel.

180e **Dictée**. (*Suite.*)

Tantôt les hommes ont *exposé* ces mêmes minéraux à l'action du feu, les ont *mêlés* les uns avec les autres et ont *modifié* profondément leur nature. De là vient la dénomination d'industries chimiques, *donnée* à toutes les opérations que les hommes ont *appliquées* aux substances minérales. Les métaux sont *considérés* comme constituant la troisième division des richesses naturelles d'un pays. Les mines de plomb, de cuivre et d'étain, dont les produits ont autrefois *abondé* en France, y sont presque *épuisées* aujourd'hui. Aussi sommes-nous *obligés* de faire venir des pays étrangers la majeure partie de ces métaux. L'étain est *tiré* d'Angleterre, les cuivres sont *importés* de Suède et de Russie.

Corrigé 239.

Nous avons *aperçu* nos cousines. — Vous nous avez *offert* une crème. — Quelle bonne crème vous nous avez *offerte*! — Les carriers ont *extrait* une énorme pierre. — Nous avons *acheté* deux vaches. — Combien les avez-vous *payées?* — Les rats ont *envahi* ma cave. — Nos voisins ont *planté* leurs pommes de terre. — Les pommes de terre qu'ils ont *plantées* sont *arrachées*. — Avez-vous *chaulé* vos blés? — Si vous ne les avez pas *chaulés* ils seront *attaqués* par de petits champignons.

Corrigé 240.

Ces messieurs ont *voyagé*, ils ont beaucoup *observé*. — Les nageurs ont *plongé* sous l'eau. — Ton père et ton frère ont *labouré* toute la journée. — Nos rosiers ont *fleuri* ce matin. — Ces potirons n'ont *poussé* qu'à force de fumier. — Votre mère m'a *parlé* de vous. — La rivière a *débordé* pendant le dernier orage. — Nos chevaux ont *pataugé* dans la boue. — Notre voiture a *versé* dans le ravin. — Notre barque a *sombré*. — Nos travaux ont *commencé* la semaine dernière. — Nous avons *récolté* les fruits de ce verger et nous les avons *vendus*.

Lettre finale du Participe.

227. — Parmi les participes, les uns se terminent par e, i, **u**, comme *blâm-é, cueill-i, vend-*u ; les autres par **s** ou **t**, comme *permis, écrit, offert.*

228. — Pour connaître la lettre finale d'un participe, il suffit de former le féminin.

Ex. : Blâmé-e, cueilli-e, vendu-e (avec *e, i, u*).

Permi-s-e, écri-t-e, offer-t-e (avec *s* ou *t*).

Exercice 241.

Écrivez : Bu s'écrit *bu*, avec *u*, parce qu'il fait *bue* au féminin.

Bu.	Entretenu.	Guéri.	Appartenu.
Conclu.	Obtenu.	Fini.	Prévenu.
Fini.	Maintenu.	Haï.	Devenu.
Rougi.	Terni.	Rétabli.	Cueilli.
Voulu.	Descendu.	Faibli.	Parcouru.
Vu.	Rempli.	Accompli.	Vu.

Exercice 242.

Écrivez : Mis prend un *s* parce qu'il fait *mise* au féminin.

Mis.	Assis.	Surpris.	Maudit.
Acquis.	Fait.	Compris.	Promis.
Conquis.	Satisfait.	Peint.	Appris.
Requis.	Dit.	Plaint.	Réduit.
Mort.	Conduit.	Ouvert.	Conduit.
Couvert.	Pris.	Craint.	Offert (1).

Exercice 243.

Au lieu de : Le chien *conduit* l'aveugle, *écrivez*, l'aveugle *est conduit* par le chien.

Le chien *conduit* l'aveugle. — La mort ne *surprend* pas le sage. — La neige *couvre* la terre. — Le menuisier *fait* le devis. — Mon ami me *rend* mon argent. — La jeune fille *offre* un bouquet. — L'enfant sage *suit* le bon exemple. Un cœur simple *hait* la flatterie. — Dieu *promet* la vie éternelle. — L'homme économe *acquiert* la richesse. — Le pain *nourrit* l'homme.— L'honnête homme *dit* toujours la vérité. — Le voleur *prend* le bien d'autrui.

(1) *Dissous, absous* prennent un *s* bien qu'ils fassent au féminin *dissoute, absoute.*

181° Dictée. (PARTICIPE PASSÉ.)

LES VERRERIES.

Tous les menus objets en verre sont *soufflés* dans des moules ; mais les grandes glaces sont *coulées* et ensuite *polies*. Quant aux miroirs, après qu'on les a *travaillés* comme les glaces, il n'y a plus qu'à les étamer. La célèbre manufacture de glaces de Saint-Gobain fut *fondée* par Louis XIV, qui a *doté* la France d'une industrie qui n'avait *appartenu* jusque-là qu'à l'Italie. Que l'on compare les anciennes glaces de Venise avec celles que l'on a *vues* aux dernières expositions, et l'on se fera une idée des progrès qu'a-*faits* la verrerie depuis le dix-septième siècle.

Corrigé 241.

Les participes mentionnés dans l'*exercice* 241 s'écrivent ainsi, parce qu'ils ont au féminin les formes suivantes :

Bue.	Entretenue.	Guérie.	Apparue.
Conclue.	Obtenue.	Finie.	Prévenue.
Finie.	Maintenue.	Haïe.	Devenue.
Rougie.	Ternie.	Rétablie.	Cueillie.
Voulue.	Descendue.	Faiblie.	Parcourue.
Vue.	Remplie.	Accomplie.	Vue.

Corrigé 242.

Les participes mentionnés dans l'*exercice* 242 s'écrivent ainsi, parce qu'ils ont au féminin les formes suivantes :

Mise.	Assise.	Surprise.	Maudite.
Acquise.	Faite.	Comprise.	Promise.
Conquise.	Satisfaite.	Peinte.	Apprise.
Requise.	Dite.	Plainte.	Réduite.
Morte.	Conduite.	Ouverte.	Conduite.
Couverte.	Prise.	Crainte.	Offerte.

Corrigé 243.

L'aveugle *est conduit* par le chien. — Le sage n'*est* pas *surpris* par la mort. — La terre *est couverte* par la neige. — Le devis *est fait* par le menuisier. — Mon argent m'*est rendu* par mon ami. — Un bouquet *est offert* par la jeune fille. — Le bon exemple *est suivi* par l'enfant sage. — La flatterie *est haïe* par un cœur simple. — La vie éternelle *est promise* par Dieu. — La richesse *est acquise* par l'homme économe. — L'homme *est nourri* par le pain. — La vérité *est* toujours *dite* par l'honnête homme. — Le bien d'autrui *est pris* par le voleur.

Participe en É et infinitif en ER.

229. — Dans les verbes de la première conjugaison, il ne faut pas confondre le participe en é, *aim-é*, *chant-é*, avec l'infinitif en er, *aim-er*, *chant-er*.

230. — Le verbe est au participe quand il est seul : *le blé* fauché ; ou quand il est précédé d'un des auxiliaires *avoir* ou *être : il a* chanté, *il est* aimé.

Le verbe est à l'infinitif quand il est précédé d'un autre verbe : il *sait* chanter ; ou d'une des prépositions *à, de, par, pour, sans : il* est doux *d'*aimer.

Exercice 244.

Ecrivez le verbe soit au participe, soit à l'infinitif.

Il est mal de *déguis...* sa pensée. — Il faut savoir *lutt...* contre le malheur. — Il est des gens qui veulent *raisonn...* sur toutes choses. — Dieu nous ordonne de *pardonn...* à nos ennemis. — Tu as *allum...* le feu. — L'homme discret sait *gard...* un secret. — Atteignez le but sans le *dépass...* — Il faut *lou...* les belles actions. — J'aime à entendre les oiseaux *gazouill...* — Je vous prie de *m'éveill...* de bonne heure.

Exercice 245.

J'ai vu se *déjou...* les projets les mieux *combin...* — L'homme charitable aime à *distribu...* des aumônes. — Savez-vous *greff...* un arbre ? — Le prêtre va *visit...* les malades, il se plait à les *consol...*, à leur *donn...* du courage. — Tu devrais *travaill...* au lieu de *t'amus...* — Dieu a *exauc...* nos prières. — Il faut *réserv...* une place pour chaque chose et *rang...* chaque chose à sa place. — La cigale avait *chant...* tout l'été. — Je lui ai *conseill...* de se *cach...* — Pierre-le-Grand a *polic...* la Russie.

Exercice 246.

L'autorité est chose difficile à *exerc...* — On s'instruit à *voyag...* — Aimez à *soulag...* l'infortune. — Il m'a *confi...* ses intérêts. — Oui, je viens en son temple *ador...* l'Eternel, je viens selon l'usage antique et solennel, *célébr...* avec vous la fameuse journée, où sur le mont Sina la loi nous fut *donn...* — Il a *soulev...* toutes sortes de difficultés. — On ne doit pas *gaspill...* son temps. — Nous avons *cotoy...* la mer. — Il faut *mang...* pour vivre, et non pas vivre pour *mang...*

182º Dictée. (PARTICIPE EN *é* ET INFINITIF EN *er*.)

Le blé de Russie est *importé* en France en grande quantité. — Ce cultivateur sait bien *labourer*. — Aimez à *payer* vos dettes. — Il faut savoir *regarder* la mort en face sans se *désoler*. — Plusieurs voyageurs ont *visité* le sommet de l'Etna. — Les légumes *destinés* à la nourriture des hommes sont *cultivés* presque partout en France. — Nous sommes venus *inviter* nos amis à *dîner* avec nous. — Ce joueur a *commencé* par *gagner* et il a fini par perdre. — Ce trèfle a été *plâtré* ; maintenant il faudra *plâtrer* également cette luzerne. — On passerait sans s'*ennuyer* des journées entières à *contempler* la mer. — J'ai *contemplé* avec bonheur les grandes forêts d'Amérique. — On doit toujours *soigner* son écriture. — On a *appelé* le médecin dès le début de la maladie ; il faudra l'*appeler* de nouveau si elle se prolonge.

Corrigé 244.

Ecrivez le verbe soit au participe, soit à l'infinitif.

Il est mal de *déguiser* sa pensée. — Il faut savoir *lutter* contre le malheur. — Il est des gens qui veulent *raisonner* sur toutes choses. — Dieu nous ordonne de *pardonner* à nos ennemis. — Tu as *allumé* le feu. — L'homme discret sait *garder* un secret. — Atteignez le but sans le *dépasser*. — Il faut *louer* les belles actions. — J'aime à entendre les oiseaux *gazouiller*. — Je vous prie de m'*éveiller* de bonne heure.

Corrigé 245.

J'ai vu se *déjouer* les projets les mieux *combinés*. — L'homme charitable aime à *distribuer* des aumônes. — Savez-vous *greffer* un arbre ? — Le prêtre va *visiter* les malades, il se plaît à les *consoler* et à leur *donner* du courage. — Tu devrais *travailler* au lieu de t'*amuser*. — Dieu a *exaucé* nos prières. — Il faut *réserver* une place pour chaque chose et *ranger* chaque chose à sa place. — La cigale avait *chanté* tout l'été. — Je lui ai *conseillé* de se *cacher*. — Pierre le Grand a *policé* la Russie.

Corrigé 246.

L'autorité est chose difficile à *exercer*. — On s'instruit à *voyager*. — Aimez à *soulager* l'infortune. — Il m'a *confié* ses intérêts. — Oui, je viens en son temple *adorer* l'Eternel ; je viens, selon l'usage antique et solennel, *célébrer* avec vous la fameuse journée, où sur le mont Sina la loi nous fut *donnée*. — Il a *soulevé* toutes sortes de difficultés. — On ne doit pas *gaspiller* son temps. — Nous avons *côtoyé* la mer. — Il faut *manger* pour vivre, et non pas vivre pour *manger*.

Récapitulation. 247.

LE MORCEAU DE VIANDE.

Deux valets de ferme, Nicolas et Georges, ayant (*conduit*) au château seigneurial quelques charretées de bois que leur maître y avait (*vendu*), se rendirent à la cuisine après qu'ils les eurent (*déchargé*). A peine le chef eut-il (*tourné*) les talons pour aller à la cave chercher de quoi les rafraîchir, que Nicolas enleva un morceau de viande de la marmite, qu'il avait (*découvert*) brusquement, au risque de se brûler, et qu'il le mit dans la poche de Georges. « Lorsque le cuisinier reviendra, lui dit-il, s'il s'aperçoit de la niche que nous lui avons (*fait*), et s'il demande sa viande, je dirai que je ne l'ai pas (*empoché*), et toi que tu ne l'a pas (*volé*). »

Le chef de cuisine revint quelques instants après, et s'apercevant que les deux compères avaient (*touché*) à la marmite, il voulut savoir au juste quelle fraude ils avaient (*commis*). Il lui fut facile de constater le larcin. Jetant sur les paysans un regard perçant : « Où avez-vous (*caché*), leur dit-il, la viande que vous m'avez (*dérobé*) ? » Tous deux firent la réponse qu'ils avaient (*imaginé*).

Mais le cuisinier répliqua « La viande qui me manque, c'est vous, Nicolas, qui l'avez *(tiré)* de la marmite : on s'en aperçoit à votre manche qui est (*couvert*) de suie, et c'est vous, Georges, qui l'avez (*caché*) dans votre poche, car on en voit découler la graisse. Ne devriez-vous pas rougir de votre friponnerie ? Lors même que je ne l'aurais pas (*découvert*), croyez-vous qu'elle serait (*resté*) (*caché*) aux yeux de Dieu, qui voit le fond des cœurs et ne laisse aucune faute impunie ? »

Ils furent (*obligé*) de restituer la viande qu'ils avaient (*détourné*), et de plus (*condamné*) à une amende qu'ils n'avaient que trop (*mérité*).

Exercice 248.

LES PÊCHES.

Un laboureur étant (*allé*) un jour à la ville voisine, y avait (*acheté*) cinq magnifiques pêches et les avait (*rapporté*) pour sa femme et ses quatre fils. Les enfants admirèrent beaucoup ces beaux fruits qu'ils n'avaient jamais (*vu*) auparavant.

Le lendemain, le père s'informa de l'usage que chaque enfant avait (*fait*) de la pêche qu'il lui avait (*donné*).

« Cher papa, dit l'aîné, j'ai (*mangé*) la mienne et je l'ai (*trouvé*) délicieuse. De plus j'ai (*gardé*) soigneusement le noyau. Je le conserve dans ma chambre en attendant que je

Corrigé 247.

LE MORCEAU DE VIANDE.

Deux valets de ferme, Nicolas et Georges, ayant *conduit* au château seigneurial quelques charretées de bois que leur maître y avait *vendues*, se rendirent à la cuisine après qu'ils les eurent *déchargées*. A peine le chef eut-il *tourné* les talons pour aller à la cave chercher de quoi les rafraîchir, que Nicolas enleva un morceau de viande de la marmite, qu'il avait *découverte* brusquement au risque de se brûler, et qu'il le mit dans la poche de Georges. « Lorsque le cuisinier reviendra, lui dit-il, s'il s'aperçoit de la niche que nous lui avons *faite* et s'il demande sa viande, je dirai que je ne l'ai pas *empochée* et toi que tu ne l'as pas *volée*. »

Le chef de cuisine revint quelques instants après, et, s'apercevant que les deux compères avaient *touché* à la marmite, il voulut savoir au juste quelle fraude ils avaient *commise*. Il lui fut facile de constater le larcin. Jetant sur les paysans un regard perçant : « Où avez-vous *caché*, leur dit-il, la viande que vous m'avez *dérobée*? » Tous deux firent la réponse qu'ils avaient *imaginée*.

Mais le cuisinier répliqua : « La viande qui me manque, c'est vous, Nicolas, qui l'avez *retirée* de la marmite : on s'en aperçoit à votre manche qui est *couverte* de suie, et c'est vous, Georges, qui l'avez *cachée* dans votre poche, car on en voit découler la graisse. Ne devriez-vous pas rougir de votre friponnerie? Lors même que je ne l'aurais pas *découverte*, croyez-vous qu'elle serait *restée cachée* aux yeux de Dieu, qui voit le fond des cœurs et ne laisse aucune faute impunie ? »

Ils furent *obligés* de restituer la viande qu'ils avaient *détournée* et de plus *condamnés* à une amende qu'ils n'avaient que trop *méritée*.

Corrigé 248.

LES PÊCHES.

Un laboureur, étant *allé* un jour à la ville voisine, y avait *acheté* cinq magnifiques pêches, et les avait *rapportées* pour sa femme et ses quatre fils. Les enfants admirèrent beaucoup ces beaux fruits qu'ils n'avaient jamais *vus* auparavant.

Le lendemain, le père s'informa de l'usage que chaque enfant avait *fait* de la pêche qu'il lui avait *donnée*.

« Cher papa, dit l'aîné, j'ai *mangé* la mienne et je l'ai *trouvée* délicieuse. De plus j'ai *gardé* soigneusement le noyau. Je le conserve dans ma chambre en attendant que je le mette en terre dans la partie du jardin dont vous m'avez *accordé* la jouissance. — Bien ! dit le père ; tu as pensé à l'avenir, en homme sage et prudent. »

« Moi, s'écria le plus jeune, j'ai *mangé* la mienne et de plus la moitié de celle de maman. Puis, regardant les deux noyaux comme inutiles, je les ai *jetés*. — La conduite que tu as *tenue*, répliqua le père, n'est ni sage ni prudente ; mais elle peut être *excusée* chez un

11.

le mette en terre dans la partie du jardin dont vous m'avez *accordé*) la jouissance. — Bien, dit le père, tu as pensé à l'avenir, en homme sage et prudent. »

«Moi, s'écria le plus jeune, j'ai *(mangé)* la mienne et de plus la moitié de celle de maman. Puis regardant les deux noyaux comme inutiles, je les ai *(jeté)*. — La conduite que tu as *(tenu)*, répliqua le père, n'est ni sage ni prudente; mais elle peut être *(excusé)* chez un enfant de ton âge. Quand tu seras grand, tu agiras avec plus de prudence. »

Le second fils dit alors : « J'ai *(ramassé)* les noyaux que mon petit frère avait *(jeté)*, je les ai *(cassé)*, j'en ai *(extrait)* les amandes et je les ai *(mangé)*. Mais je n'ai pas *(mangé)* ma pêche, je l'ai *(vendu)* et j'en ai *(reçu)* assez d'argent pour pouvoir en acheter peut-être une douzaine. — J'ai bien peur, mon enfant, dit le père, que plus tard tu ne t'adonnes à l'avarice. »

«Et toi, Edmond, as-tu *(mangé)* ta pêche comme les autres ? — Non, je ne l'ai pas *(mangé)*, répondit Edmond. Notre petit voisin Georges a la fièvre et ne veut rien prendre. Je lui ai *(porté)* ma pêche. Il n'en voulait pas; mais je l'ai *(posé)* sur son lit et je m'en suis *(allé)* bien vite. — Eh bien! demanda le père, quel est celui de vous qui a fait le meilleur usage de sa pêche ? »

« C'est celui qui l'a *(donné)*, c'est Edmond! » crièrent les enfants tout d'une voix.

Exercices lexicologiques.
Exercice 249.

Répondez aux questions suivantes à l'aide du dictionnaire :

Qu'est-ce que : Un oiseau-mouche, — un taon, — une épidémie, — la cassonade, — un traître, — le frai, — une olive, — une citrouille, — l'hydropisie, — un gaz, — une éclipse, — un tubercule, — le mûrier ?

Quelle est la règle des verbes en *eler ?*

Quels sont les homonymes de corps, — de coup, — de voix, — de chair, — de chêne, — de mer, — de lait ?

Que signifient les verbes : Assouvir, — écussonner, — aplanir, — combler, — chauler ?

Qu'est-ce que : Le Nouveau-Monde, — la Bourgogne ?

Qu'est-ce que : Sully, — Catherine de Médicis, — Louis XVI?

Quel nom donne-t-on encore au midi?

Que signifient les adjectifs : Séculaire, — adoucissant, — émollient, — tonique, — antiscorbutique?

enfant de ton âge. Quand tu seras grand, tu agiras avec plus de prudence. »

Le second fils dit alors : « J'ai *ramassé* les noyaux que mon petit frère avait *jetés*, je les ai *cassés*, j'en ai *extrait* les amandes et je les ai *mangées*. Mais je n'ai pas *mangé* ma pêche, je l'ai *vendue*, et j'en ai *reçu* assez d'argent pour pouvoir en acheter peut-être une douzaine. — J'ai bien peur, mon enfant, dit le père, que plus tard tu ne t'adonnes à l'avarice. »

« Et toi, Edmond, as-tu *mangé* ta pêche comme les autres ? — Non, je ne l'ai pas *mangée*, répondit Edmond. Notre petit voisin Georges a la fièvre et ne veut rien prendre. Je lui ai *porté* ma pêche. Il n'en voulait pas ; mais je l'ai *posée* sur son lit et je m'en suis *allé* bien vite. — Eh bien ! demanda le père, quel est celui de vous qui a *fait* le meilleur usage de sa pêche ? »

« C'est celui qui l'a *donnée*, c'est Edmond ! » crièrent les enfants tout d'une voix.

183e **Dictée**. (THÉORIE.)

Quelle est la règle d'accord du participe passé employé sans auxiliaire ? donnez des exemples.

Quelle est la règle d'accord du participe passé conjugué avec *être* ? donnez trois exemples et expliquez-les.

Quelle est la règle d'accord du participe passé conjugué avec *avoir* ? donnez trois exemples de variabilité, autant d'invariabilité, et expliquez-les.

184e **Dictée**. (PARTICIPE PASSÉ.)

Cette maison sera bientôt *construite* : les pierres en sont *taillées*, les bois sont déjà *façonnés* et *équarris*, on a *creusé* les fondations. Les maçons y ont *travaillé* sans relâche depuis quelques jours. Quand ils auront *élevé* les murs à la hauteur *voulue*, il seront *remplacés* par les charpentiers. Enfin quand les couvreurs auront *succédé* à ces derniers, la maison sera bien près d'être *achevée*.

185e **Dictée**. (PARTICIPE PASSÉ.)

L'OIE QUE L'ON ENGRAISSE.

Une oie se dandinait et se carrait toute fière dans une basse-cour. « Je nage dans les délices, s'écriait-elle orgueilleusement ; j'habite un vrai pays de cocagne. Je suis *gorgée* de son, de maïs, de froment. Le maître, la femme, les enfants, les valets ne sont *occupés* que de mon bien-être. Ah ! que je suis aimée ! — Je crains bien, lui répondit quelqu'un, que tes illusions ne soient un jour cruellement *déçues*. Tous ces gens-là n'ont pour toi que des soins intéressés ; quand tu seras *devenue* grasse, tu seras impitoyablement *mise* à mort, *rôtie* et *mangée*. N'oublie pas que souvent ceux qui se montrent si *empressés* à nous servir ne font que nous tendre un piége. »

CHAPITRE VII

DE LA PRÉPOSITION.

231. — La *préposition* est un mot invariable qui sert à unir deux mots et à les mettre en rapport.

Ex. : Je vais *à* Paris.

Les mots *je vais* et *Paris* sont mis en rapport par la préposition *à*.

232. — Les principales prépositions sont :

A,	Dès,	Malgré,	Sans,
Après,	Devant,	Moyennant,	Selon,
Avant,	Durant,	Nonobstant,	Sous,
Avec,	En,	Outre,	Suivant,
Chez,	Entre,	Par,	Sur,
Contre,	Envers,	Parmi,	Vers,
Dans,	Excepté,	Pendant,	Voici,
De,	Hormis,	Pour,	Voilà.
Depuis,	Hors,	Près,	

233. — On appelle *locution prépositive* une préposition composée de plusieurs mots.

234. — Les principales sont :

A cause de	Au devant de	Au dessous de
A l'égard de	Au dehors de	Quant à
Au dedans de	Au dessus de	Vis-à-vis de

Exercice 250.

Règle 232. — Copiez l'exercice suivant en indiquant les prépositions. *Ecrivez* : Je vais à Paris (*à* préposition).

Je vais à Paris. — Il court après la fortune. — Tu arriveras avant la nuit. — Mon père vient avec moi. — Il travaille chez le fermier. — Nous avançons contre le vent. — Vous causiez dans l'église. — Un enfant avide de récompenses. — La maison de mon père. — La science utile à tout le monde.

Il sera puni par le maître. — Je voyage pendant l'été. — Paul est complaisant pour moi. — Nous irons avec votre permission. — L'enfant grimpe sur un arbre. — On place la cave sous la maison. — Soyons polis envers tout le monde.

---

231. Qu'est-ce que la préposition?

232. Quelles sont les principales prépositions ?

233. Qu'appelle-t-on locution prépositive?

234. Quelles sont les principales locutions prépositives?

186e **Dictée**. (ORTHOGRAPHE USUELLE.)

On appelle *alevin* le menu poisson qui sert à peupler les étangs. — Les cordonniers font un usage continuel des *alènes*. — Les avocats émettent bien des *allégations* erronées. — Les vainqueurs se sont livrés à la plus vive *allégresse*. — L'anneau du mariage est souvent appelé une *alliance*. — Un *anachorète* est un religieux qui s'est retiré dans un endroit désert. — Les *annales* d'un pays contiennent le récit *année* par *année* des événements marquants de ce même pays. — Nous célébrerons le jour *anniversaire* de votre naissance. — Un livre *anonyme* est celui dont l'auteur est resté inconnu. — Les infirmités sont l'*apanage* de la vieillesse. — L'introduction de l'ambassadeur a eu lieu avec grand *apparat*.

187e **Dictée**. (ORTHOGRAPHE USUELLE.)

Un trop grand *appétit* peut quelquefois dégénérer en maladie. — Les instruments *aratoires* sont ceux qui servent pour labourer. — On appelle *arrhes* l'argent donné comme preuve de la conclusion d'un marché. — Il faudra travailler d'*arrache*-pied. — Vous paierez les *arrérages*. — On nous a chanté une *ariette*. — L'armateur donnera des ordres pour l'*arrimage* du vaisseau. — Les *atomes* sont les parties infiniment petites qui composent les corps. — Son repentir est considéré comme une *atténuation* de sa faute. — Quelle est l'*effigie* qui se trouve sur cette pièce de monnaie? — Il y a *effervescence* quand on verse du vinaigre sur de la craie.

Corrigé 250.

Je vais *à* (*prép.*) Paris. — Il court *après* (*prép.*) la fortune. — Tu arriveras *avant* (*prép.*) la nuit. — Mon père vient *avec* (*prép.*) moi. — Il travaille *chez* (*prép.*) le fermier. — Nous avançons *contre* (*prép.*) le vent. — Vous causiez *dans* (*prép.*) l'église. — Un enfant avide *de* (*prép.*) récompenses. — La maison *de* (*prép.*) mon père. — La science utile *à* (*prép.*) tout le monde.

Il sera puni *par* (*prép.*) le maître. — Je voyage *pendant* (*prép.*) l'été. — Paul est complaisant *pour* (*prép.*) moi. — Nous irons *avec* (*prép.*) votre permission. — L'enfant grimpe *sur* (*prép.*) un arbre. — On place la cave *sous* (*prép.*) la maison. — Soyons polis *envers* (*prép.*) tout le monde.

235. — Remarque. Ne confondez pas *à* préposition, qui prend un accent grave, avec *a* dans *il a*, troisième personne du singulier du présent de l'indicatif du verbe *avoir*, qui ne prend pas d'accent.

CHAPITRE VIII

DE L'ADVERBE.

236. — L'*adverbe* est un mot invariable qui sert à compléter le sens d'un adjectif, d'un verbe ou d'un autre adverbe.

Ex. : Elle est *très*-laborieuse ; tu travailles *courageusement* ; j'arrive *trop tard*.

237. — Un adverbe en *ment* équivaut toujours à une préposition suivie d'un substantif. Par exemple : Tu agis *prudemment* équivaut à : tu agis *avec prudence*.

Exercice 251.

Règle 237. — Remplacez par un adverbe en *ment* la préposition *avec* et le nom qui la suit. *Écrivez* : Il parle sagement.

Il parle avec sagesse. — Il le réprimande avec fermeté. — Il marche avec rapidité. — Tu te hâtes avec lenteur. — Il a servi son pays avec fidélité. — Il te conseille avec sagesse — Faites cela avec soin*.

Les loups mangent avec avidité. — Les arabes se nourrissent avec sobriété*. — L'âne souffre avec patience*. — Il nous entretient avec familiarité*. — Il répondit avec esprit*. — Les français combattirent avec vaillance*. — Ne traitez pas les animaux avec cruauté*. — L'enfant nous écouta avec docilité. — Comportez-vous avec honnêteté. — Les eaux se précipitèrent avec violence*. — Tu en viendras à bout avec facilité. — Nous nous occupons avec activité de votre affaire.

Ces enfants sautent avec agilité. — Tu dîneras avec promptitude*. — Tu avanceras avec prudence*. — Il copiera cette page avec attention*. — Tu rédigeras cette lettre avec brièveté*. — On nous a reçus avec politesse. — Il ne s'exprime qu'avec difficulté. — Il n'étudie qu'avec négligence*. — Ils nous jugent avec partialité*.

---

235. Que remarque-t-on sur *à* préposition, et *a* verbe ?

236. Qu'est-ce que l'adverbe ?
237. A quoi équivaut un adverbe ?

188e **Dictée**. (*A* ET *à*.)

L'année *a* douze mois et le mois *a* trente ou trente-et un jours, excepté février qui n'en *a* que vingt-huit. — *A* changer toujours de métier, on n'amasse rien. — Quand la viande *a* contracté une très-légère odeur, elle n'en est pas moins bonne *à* manger. — Mon frère est *à* l'armée depuis quelque mois. — On *a* fauché ce blé et maintenant il est bon *à* rentrer. — *A* l'œuvre on connaît l'artisan. — Mon père est allé *à* Paris et il m'*a* rapporté de belles fleurs. — Il y *a* sept couleurs principales : le violet, l'indigo, le bleu, le vert, le jaune, l'orangé et le rouge ; quant *à* la couleur blanche, elle doit être attribuée *à* la réunion de toutes les autres.

189e **Dictée**. (*A* ET *à*.)

Le moulin *à* bras *a* précédé le moulin *à* eau, lequel *a* précédé le moulin *à* vent qui, *à* son tour, *a* précédé le moulin *à* vapeur. — On *a* reconnu la bonne qualité de ces champignons *à* leur bonne odeur et *à* la couleur qu'ils présentaient quand on les entr'ouvrait. — *A* l'approche de la nuit tous les papillons *à* formes lourdes, *à* antennes non terminées en massue commencent *à* voler. — *A* la vue des merveilles de la nature, on *a* l'idée d'un Être intelligent qui *a* tout ordonné.

Corrigé 251.

Il parle *sagement*. — Il le réprimande *fermement*. — Il marche *rapidement*. — Tu te hâtes *lentement*. — Il a servi son pays *fidèlement*. — Il te conseille *sagement*. — Faites cela *solidement*.

Les loups mangent *avidement*. — Les Arabes se nourrissent *sobrement*. — L'âne souffre *patiemment*. — Il nous entretient *familièrement*. — Il répondit *spirituellement*. — Les Français combattirent *vaillamment*. — Ne traitez pas les animaux *cruellement*. — L'enfant nous écouta *docilement*. — Comportez-vous *honnêtement*. — Les eaux se précipitèrent *violemment*. — Tu en viendras à bout *facilement*. — Nous nous occupons activement de votre affaire.

Ces enfants sautent *agilement*. — Tu dîneras *promptement*. — Tu avanceras *prudemment*. — Il copiera cette page *attentivement*. — Tu rédigeras cette lettre *brièvement*. — On nous a reçus *poliment*. — Il ne s'exprime que *difficilement*. — Il n'étudie que *négligemment*. — Ils nous jugent *partialement*.

258. — Les principaux adverbes sont :

Lieu :   Ailleurs, alentour, ci, dedans, dehors, dessous, dessus, ici, là, loin, où.

Temps :   Aujourd'hui, alors, autrefois, bientôt, déjà, demain, hier, jadis, jamais, tantôt, tard, toujours.

Quantité :   Assez, beaucoup, guère, moins, peu, plus, tant, trop.

Affirmation : Assurément, certainement, certes, oui.

Négation :   Ne, ne... pas, ne... point, non, nullement.

Ordre :   Auparavant, d'abord, ensuite, premièrement, secondement.

Manière :   Agréablement, bonnement, justement, poliment, sagement, etc.

259. — On appelle *locution adverbiale* un adverbe composé de plusieurs mots, comme :

A propos,	Tout de suite,	Peu à peu,
Tout-à-fait,	Tout à l'heure,	Côte à côte.

240. — REMARQUE. Ne confondez pas *là*, adverbe de lieu, qui prend un accent grave, avec *la*, article, qui ne prend pas d'accent.

Exercice 252.

Règle 240. – Remplacez les points par *là* adverbe ou par *la* soit article soit pronom. *Ecrivez* : Il y a *là* de quoi vous satisfaire.

Il y a ... de quoi vous satisfaire. — Dites votre opinion et exposez ... clairement. — Nous irons à Rome ; c'est ... qu'on voit les plus belles ruines. — Apprenez votre leçon puis récitez-... moi. — Ce n'est point ... ce que je pense. — Cette moisson est mûre, il faut ... faucher. — Vous voyez... une comète. — Cette chambre est commode, je ... retiens pour moi. — C'est dans les pays chauds que l'on récolte les bananes, c'est ... que croissent les cannes à sucre. — Notre Seigneur Jésus-Christ adressant ... parole à ses disciples leur dit : vous ne pouvez venir ... où je vais.

Exercice d'invention. 253.

Ecrivez les contraires des adverbes suivants.

Toujours.	Beaucoup.	Plus.	Prudemment.
Tôt.	Bien.	Plus tôt.	Poliment.
Rapidement.	Dedans.	Près.	Dignement.
Souvent.	Dessous.	Vite.	Fortement.
Après.	Ensemble.	En amont.	Brièvement.
Derrière.	Oui.	En aval.	Sérieusement.

---

238. Quels sont les principaux adverbes ?

239. Qu'appelle-t-on locution adverbiale ?

240. Que remarque-t-on sur *là*, adverbe, et sur *la*, article ?

190ᵉ Dictée. (ORTHOGRAPHE USUELLE.)

L'émancipation des noirs n'a été qu'un acte de justice. — On nomme *émeri* une poussière fort dure qui sert à polir les métaux. — On paiera pour ces marchandises un droit d'*emmagasinage*. — C'est un *émouleur ambulant* qui a repassé nos couteaux. — Vous vous démenez comme un *énergumène*. — Gardez-vous de l'*enivrement* du succès. — L'*ennui* naquit un jour de l'*uniformité*. — Un *épagneul* est un chien à longs poils originaire d'Espagne. — Toutes les *épices* nous viennent des pays chauds. — Il y a plusieurs *errata* à la fin de ce volume. — Ne suivez pas les *errements* des mauvais sujets. — Nous avons été témoins de la dernière *éruption* du Vésuve.

191ᵉ Dictée.

L'ENFANT VERTUEUX.

O bienheureux mille fois
L'enfant que le Seigneur aime,
Qui de bonne heure entend sa voix
Et que ce Dieu daigne instruire lui-même !
Aimé de ses parents, de tous les dons des cieux
Il est orné dès sa naissance ;
Et du méchant l'abord contagieux
N'altère pas son innocence.
Tel en un secret vallon,
Sur le bord d'une onde pure,
Croît à l'abri de l'aquilon
Un jeune lis, l'amour de la nature.

Corrigé 252.

Il y a *là* de quoi vous satisfaire. — Dites votre opinion et exposez-*la* clairement. — Nous irons à Rome ; c'est *là* qu'on voit les plus belles ruines. — Apprenez votre leçon, puis récitez-*la*-moi. — Ce n'est point *là* ce que je pense. — Cette moisson est mûre, il faut *la* faucher. — Vous voyez-*là* une comète. — Cette chambre est commode, je *la* retiens pour moi. — C'est dans les pays chauds que l'on récolte les bananes, c'est *là* que croissent les cannes à sucre. — Notre Seigneur Jésus-Christ adressant *la* parole à ses disciples leur dit : Vous ne pouvez venir *là* où je vais.

Corrigé 253.

L'élève écrira : Le contraire de *toujours* est *jamais*.

— jamais.	— peu.	— moins.	-- imprudemment.
— tard.	— mal.	— plus tard.	— impoliment.
— lentement.	— dehors.	— loin.	— indignement.
— rarement.	— dessus.	— lentement	— faiblement.
— auparavant.	— séparément.	— en aval.	— longuement.
— devant.	— non.	— en amont.	— légèrement.

CHAPITRE IX

DE LA CONJONCTION.

241. — La *conjonction* est un mot invariable qui sert à unir deux mots entre eux ou deux parties de phrase entre elles.

> Ex. : Saint Pierre *et* saint Paul.
> Je crois *que* Dieu existe.

242. — Il y a deux sortes de conjonctions : les conjonctions de coordination et les conjonctions de subordination.

243. — Les conjonctions de coordination sont : *et, ou, ni, mais, or, car, donc.*

244. — Les principales conjonctions de subordination sont : *que, si, comme, lorsque, quand, quoique, puisque.*

245. — On appelle *locution conjonctive* une conjonction formée par la réunion de plusieurs mots. Telles sont : *afin que, de sorte que, pendant que, parce que, dès que, tandis que, après que, avant que, de crainte que,* etc.

246. — REMARQUE. Ne confondez pas *où*, adverbe, qui prend un accent grave, avec *ou*, conjonction, qui ne prend pas d'accent. — *Ou,* conjonction, équivaut à *ou bien.*

Exercice 254.

Règle 246. — Remplacez les points par *où* adverbe, ou par *ou* conjonction.

Amassez-vous des trésors dans le ciel, ... les vers et la rouille ne gâtent rien, et ... les voleurs ne percent ni ne dérobent. — ... est votre trésor, là aussi sera votre cœur. — Avec le chanvre ... le lin on fait des nappes ... des ser-

---

241. Qu'est-ce que la conjonction?
242. Combien y a-t-il de sortes de conjonctions ?
243. Quelles sont les conjonctions de coordination ?
244. Quelles sont les principales conjonctions de subordination ?
245. Qu'appelle-t-on locutions conjonctives et quelles sont-elles ?
246. Comment distingue-t-on *où* adverbe de *ou* conjonction ?

192ᵉ **Dictée.** (ORTHOGRAPHE USUELLE.)

Ne recherchez pas les gains *illicites*. — Les *ilotes* étaient des esclaves que les Lacédémoniens traitaient comme des bêtes. — Les grands peintres ont toujours beaucoup d'*imagination*. — Les hommes, depuis un temps *immémorial*, savent conserver la viande en la salant.— Apercevez-vous l'*imminence* du danger ? — L'*immoralité* cause la ruine des nations. — L'*inaction* engendre les maladies. — L'*inattention* est un grand défaut. — L'*innocence* est le plus grand des biens. — L'*inertie* distingue la matière de l'esprit. — L'*application* de la vapeur aux machines fut une heureuse *innovation*. — J'ai acheté un volume *in-octavo*.

193ᵉ **Dictée.** (ORTHOGRAPHE USUELLE.)

Un grand nombre de gaz sont *inodores*. — Combattez l'*irascibilité*. — L'*ironie* consiste à dire le contraire de ce que l'on veut faire entendre. — Les *irrégularités* de la grammaire ne sont qu'*apparentes*.— Soyez *irrépréhensibles* dans vos poids et dans vos mesures.—Les *irrigations* sont utiles aux prairies dans les pays méridionaux. — Le soleil se lève à l'*orient* et se couche à l'*occident*. — Cet homme est sans *occupation*.—Seigneur, pardonnez-nous nos *offenses*.— L'*opium* est un médicament et un poison. — Il faut faire chaque chose en temps *opportun*.

194ᵉ **Dictée.** (ORTHOGRAPHE USUELLE.)

On n'est pas toujours heureux parce qu'on nage dans l'*opulence*.— Les anciens consultaient souvent les *oracles*. — Les *oripeaux* plaisent beaucoup aux sauvages. — La loi a été votée à l'*unanimité*. — Une *aiguille* passe par les mains d'une foule d'ouvriers. — Les bœufs sont sensibles à l'*aiguillon*. — Le héron a la tête ornée d'une *aigrette*. — On bat le grain dans l'*aire*.

Corrigé 254.

Amassez-vous des trésors dans le ciel, *où* les vers et la rouille ne gâtent rien, et *où* les voleurs ne percent ni ne dérobent. — *Où* est votre trésor, là aussi sera votre cœur. — Avec le chanvre *ou* le lin on fait des nappes *ou* des serviettes. — Les lieux marécageux sont ceux *où* croissent des joncs *ou* des roseaux. — Arrivés à Jérusalem, nous vîmes la montagne de Sion, *où* se trouve le jardin des Oliviers. — Partout *où* il y aura des cadavres d'animaux, on verra accourir des animaux carnassiers *ou* des oiseaux de proie. — Quoique la mer soit le lieu *où* vivent les baleines, elles sont cependant obligées de venir à la surface de l'eau pour respirer. — C'est en automne *ou* au printemps qu'il règne le plus de maladies. — Nous vîmes à Paris l'église de Saint-Germain-des-Prés, *où* furent enterrés plusieurs princes mérovingiens. — Les souterrains les plus obscurs sont ceux *où* se plaisent les chauves-souris. — L'eau *ou* le feu est la cause de nombreux accidents. — Dans l'océan Glacial bien des navigateurs sont morts de froid *ou* de faim. — Les hommes vont toujours *où* le gain les attire. — Le Fils de l'homme n'avait pas un endroit *où* il pût reposer sa tête. — *Où* vont les hirondelles quand elles quittent nos climats? — En temps de guerre, les maladies font périr plus d'hommes que le fer *ou* le feu. — Le quinquina *ou* l'arsenic guérit la fièvre.

195ᵉ **Dictée**. (PARTICIPE PASSÉ.)

Ma mère a *trouvé* cette église charmante quand elle l'a *visitée*. — La cage que vous aviez *admirée* l'autre jour chez le marchand, c'est moi qui l'ai *achetée*. — Ce sont des pommes de terre hâtives que nous avons *plantées* dans notre jardin. — Cette terre est si argileuse que mon père a *eu* beaucoup de mal quand il l'a *labourée*. — Cette petite fille sait bien la musique ; elle l'a *étudiée* plusieurs années. — Le lait et le beurre que ma mère a *rapportés* du marché, tous ceux qui les ont *goûtés* les ont *trouvés* excellents. — Le fromage et la crème qu'on nous a *offerts* nous ont bien *régalés*. — Le ruisseau et la rivière que nous avions *traversés* successivement étaient *débordés*. — Les pommes de terre produiront beaucoup de nouveaux tubercules après qu'on les aura *buttées*. — Ne révélez pas les secrets qu'on vous aura *confiés*.

CHAPITRE X.

DE L'INTERJECTION.

247. — *L'interjection* est une sorte de cri qui exprime la joie, la douleur, la surprise, la colère, etc.

248. — Les principales interjections sont : Ah! ha! ô! ho! hô! eh! hé! fi! chut! holà! eh bien!

LEXIQUE.

Ce lexique ne contient que les mots marqués d'un astérisque dans le corps même de l'ouvrage, soit qu'on les définisse, soit qu'on se contente de donner la solution d'une petite difficulté. Il est donc forcément incomplet.

ABRÉVIATIONS.

s. m.   substantif masculin.   *adj.*   adjectif.
s. f.   substantif féminin.   *v. a.*   verbe actif.
s. pr.   substantif propre.   *v. n.*   verbe neutre.

A

ACCORDER, *v. a.*, mettre d'accord.

ACERBE, *adj.*, qui n'est pas mûr; dur, sévère.

ADAGE, *s. m.*, dicton, proverbe.

ADDITION, *s. f.*, d'où *additionnel*.

ADOUCISSANT, *adj.*, qui rend doux.

ADROIT, *adj.*, d'où *adresse*.

AFRIQUE, *s. p. f.*, l'une des cinq parties du monde appartenant à l'ancien continent.

AILE, *s. f.*; une petite aile s'appelle *un aileron*.

AJONC, *s. m.*, plante légumineuse garnie de piquants et servant de fourrage pour les chevaux. On la leur donne hachée.

ALLÉGER, *v. a.*, rendre plus léger.

ALLÈGREMENT, *adv.*, gaiement.

ALPES (les), *s. pr.*, les plus hautes montagnes de l'Europe, qui séparent l'Italie de l'Autriche, de la Suisse et de la France.

ALSACE, *s. p.*, province de France que les évènements de 1870-71 nous ont enlevée.

AMADOU, *s. m.*, champignon préparé pour qu'il s'enflamme facilement.

AMBASSADEUR, *s. m.*, représentant d'un pays auprès d'une puissance étrangère.

AMÉRIQUE, *s. p.*, la plus vaste des parties du monde, découverte par Christophe Colomb, en 1492.

AMEUBLIR, *v. a.*, rendre la terre plus légère.

ANCIENS (les), *s. p.*, tous les hommes qui ont vécu avant N.-S. Jésus-Christ.

ANE, *s. m.*, *fém.* ânesse.

ANGLETERRE, *s. p.*, partie méridionale de la Grande-Bretagne; d'où *Anglais*.

ANNUELLE (plante), *adj.*, qui ne vit qu'un an.

ANTIQUITÉ (l'), *s. p.*, tout le temps qui s'est écoulé depuis le commencement du monde jusqu'à la naissance de N.-S. Jésus-Christ.

ANTISCORBUTIQUE, *adj.*, qui guérit le scorbut.

APLANIR, *v. a.*, rendre uni.

ARCHEVÊCHÉ, *s. m.*, pays administré au point de vue religieux par un archevêque.

ARGILEUX, *adj.*, où il y a beaucoup d'argile.

ARMES, *s. pl.* celui qui les fabrique est un *armurier*.

ARMORIAL, *s. m.*, livre contenant les armoiries ou marques des maisons nobles d'un pays, d'une province, etc.

ARTÈRE, *s. f.*, vaisseau où coule le sang rouge, d'où *artériel*.

ARTIFICE, *s. m.*, procédé habile, ruse; d'où *artificiel*.

ASSOLEMENT, *s. m.*, ordre de succession des récoltes dans un même champ.

ASSOUVIR, *v. a.*, rassasier.

ASTRE, *s. m.*, tout corps céleste comme le soleil, la lune, les étoiles, les comètes.

ATHÈNES, *s. pr.*, d'où *Athénien*.

ATTENTION (avec), attentivement.

ATTERRÉ, *adj.*, abattu jusqu'à terre.

AUBE (l'), *s. p.*, rivière de France qui se jette dans la Seine.

AUBÉPINE, *s. f.*, arbrisseau épineux à fleurs blanches.

AVIGNON, *s. p.*, chef-lieu du département du Vaucluse, a servi pendant longtemps de résidence aux Papes.

B

BAI, *adj.*, rouge-brun.

BAIE, *s. f.* fruit à chaire molle sans noyau. Ex. la groseille.

BALLE (de coton), *s. f.*, gros paquet de coton.

BAPTÈME, *s. m.*, d'où *baptismal*.

BARBARES (les), *s. pl.*, peuples germains et mongols qui se jettèrent sur l'Ouest de l'Europe au IVe et au Ve siècle.

BAR-LE-DUC, *s. p.* ch.-l. du dép. de la Meuse.

BATEAU, *s. m.* Un petit bateau se nomme un *batelet*.

BELGIQUE, *s. pr.*, contrée au Nord de la France.

BÉLIER, *s. m.*, masculin de *brebis*.

BESANÇON, *s. pr.*, ville importante de France, chef-lieu du dép. du Doubs.

BIBLIOTHÈQUE, *s. f.*, meuble où l'on range des livres.

BICHE, *s. f.*, féminin de *cerf*.

BIJOU, *s. m.* Celui qui fabrique des bijoux s'appelle un *bijoutier*.

BITUME, *s. m.*, matière que l'on trouve dans la terre et qui sert à faire des trottoirs, etc.

BLANC, *adj.*, d'où *blanchâtre*.

BŒUF, *s. m.*, un gardeur de bœufs s'appelle un *bouvier*.

BOQUETEAU, *s. m.*, petit bois.

BORDEAUX, *s. pr.*, ville importante de la France, chef-lieu du département de la Gironde ; d'où *Bordelais*.

BOTANY-BAY, *s. pr.*, colonie anglaise de l'Australie ou Nouvelle-Hollande.

BOUC, *s. m.*, masculin de *chèvre*.

BOURGOGNE, *s. pr.*, ancienne province de France renommée pour ses vins.

BRÉSIL, *s. pr.*, contrée de l'Amérique méridionale; d'où *Brésilien*.

BRIÈVETÉ (avec), brièvement.

BRIQUE, *s. f.*, un fabricant de briques est un *briquetier*.

BULBEUX, *adj.*, qui ressemble à un oignon.

C

CAFÉ, *s. m.*, l'arbre qui produit le café est le *caféier*; l'individu qui vend du café est un *cafetier*.

CANAL, *s. m.*, cours d'eau creusé de main d'homme.

CANTAL, *s. pr.*, nom d'un fromage fabriqué dans le dép. du Cantal.

CAPRICE, *s. m.*, d'où *capricieux*.

CARNASSIER, *adj.*, qui se nourrit de viande ; *fém.* carnassière.

CARRIÈRE, *s. f.* Celui qui exploite une carrière est un *carrier*.

CASSONADE, *s. f.*, sucre impur de couleur jaune.

CATHERINE DE MÉDICIS, *s. pr.* Reine de France, femme de Henri II, mère de François II, Charles IX, Henri III.

CAUX (pays de). *s. pr.* vallée de la Normandie.

CENDRE, *s. f.* réunion de différents sels qui restent quand on a brûlé le bois. La CENDRE sert pour la lessive, la fabrication du verre et l'amendement des terres.

CÉRÉALE, *s. f.*, toute plante dont la graine ressemble à celle du blé. Les Céréales tirent leur nom de Cérès, déesse des moissons.

CERF, *s. m.*, animal dont le front est garni de longues cornes formées de plusieurs branches qu'on appelle bois. Le féminin de cerf est *Biche*.

CÉVENNES (les), *s. pr.*, chaîne de montagnes traversant la France du nord-est au sud-ouest.

CHAIR, *s. f.*, viande ; ne confondez pas avec *chaire* à prêcher ; *cher*, terme d'amitié ; *chère*, dans bonne chère.

CHAPEAU, *s. m.* Celui qui fabrique des chapeaux est un *chapelier*.

CHARBONNEUX, *adj.* de la même nature que la maladie appelée charbon.

CHARNU, *adj.*, comme de la chair.

CHAULAGE, *s. m.* action de tremper les graines dans de l'eau de chaux.

CHAULER, *v. a.*, tremper une graine dans de l'eau de chaux.

CHÊNE, *s. m.*, arbre ; ne confondez pas avec *chaîne*, anneaux métalliques qui se tiennent.

CHEVAL, *s. m.* Celui qui monte un cheval est un *cavalier*.

CHOUETTE, *s. f.* oiseau de nuit.

CHRISTOPHE-COLOMB, *s. pr.*, navigateur génois au service de l'Espagne, qui découvrit le Nouveau-Monde en 1492.

CIRCONSTANCE, *s. f.*, d'où *circonstanciel*.

CIRIER, *s. m.*, qui produit de la cire, fém. *cirière*.

CITÉ, *s. f.*, ou ville, d'où *citoyen*.

CITROUILLE, *s. f.* gros fruit appelé aussi *potiron*.

CLERMONT-FERRAND, *s. pr.*, ch.-l. du dép. du Puy-de-Dôme.

COI, *adj.*, tranquille.

COING, *s. m.* fruit de l'arbre appelé *coignassier*.

COMBLER, *v. a.*, remplir.

COMBUSTIBLE, tout ce qui peut être brûlé.

COMPTE, *s. m.*, calcul ; ne confondez pas avec *comte*, titre de noblesse ; *conte*, récit.

COMTE, *s. m.*, fém. *comtesse*.

CONDITION, *s. f.* d'où *conditionnel*.

CONDUCTEUR, *s. m.*, qui conduit ou guide les autres.

CONFIDENCE, *s. f.*, d'où *confidentiel*.

CONSTITUTION, *s. f.* d'où *constitutionnel.*

CONTAGIEUX, *adj.*, qui se communique par le toucher.

COQ, fém., *poule.*

CORDIAL, *s. m.*, liqueur fortifiante ; pl. *cordiaux.*

CORPORAL, *s. m.*, linge sacré sur lequel le prêtre place l'hostie et le calice pendant le sacrifice de la messe ; pl. des *corporaux.*

CORPS, *s. m.*, ce qui occupe une place, ne confondez pas avec *cor*, instrument de musique, et *cors*, durillon qui vient aux pieds.

CORRECTION, *s. f.*, d'où *correctionnel.*

CORSE, *s. pr.*, grande île française dans la Méditerranée.

COTON, *s. m.*, sorte de fil entourant la graine d'une espèce de mauve.

COUDRIER, *s. m.*, ou *noisetier*, arbre qui produit les noisettes.

COUP, *s. m.*, résultat d'un choc ; ne confondez pas avec *cou*, partie du corps d'un animal, ni avec *coût*, prix d'une chose.

CRÉATEUR, *s. m.*, qui fait quelque chose de rien.

CROISADES, *s. pr.*, guerres entreprises par les chrétiens pour arracher la Terre-Sainte aux Musulmans.

CRUAUTÉ (avec), cruellement.

CUSCUTE, *s. f.*, plante parasite de la même famille que le liseron, vivant sur la luzerne qu'elle fait périr rapidement.

CYGNE, *s. m.*, gros oiseau aquatique.

CYPRÈS, *s. m.*, arbre vert comme un sapin, qu'on plante souvent sur les tombeaux.

D

DANOIS, *s. pr.* habitant du Danemarck, contrée septentrionale de l'Europe.

DAVID, *s. pr.* second roi des Juifs.

DEMANDEUR, *s. m.* qui adresse une plainte à la Justice contre quelqu'un.

DÉPARTEMENT, *s. m.*, division territoriale de la France.

DESSEIN, *s. m.*, projet. — DESSIN, *s. m.*, représentation d'un objet.

DÉVASTATEUR, *adj.* ; fém. *dévastatrice* ; *s. m.*, qui désole et ruine un pays.

DEVIS, *s. m.*, mémoire que l'on fait d'un ouvrage projeté.

DIJON, *s. pr.* d'où *Dijonnais.*

DILIGENT, actif, soigneux.

DIOCÈSE, *s. m.*, pays administré au point de vue religieux par un évêque.

DOUX, *adj.*, de là *douceâtre.*

E

ECLIPSE, *s. f.*, disparition momentanée du soleil ou de la lune.

ECUREUIL, *s. m.*, petit animal rongeur qui vit sur les arbres des grands bois.

ECUS (*herbe-aux-*), plante à tige rampante et à fleurs jaunes de la même famille que la primevère.

ECUSSONNER, *v. a.*, placer entre l'écorce et le tronc d'un arbre un morceau d'écorce d'un autre arbre portant un œil ou bouton.

EFFROI, *s. m.*, d'où *effroyable.*

EGOÏSTE, *s. m.*, homme qui ne pense qu'à soi.

EGYPTE, *s. pr.*, contrée du Nord-

Est de l'Afrique très-anciennement civilisée.

ÉLECTEUR, *s. m.*, d'où *électoral.*

ÉMOLLIENT, *adj.*, qui rend mou.

EMPLATRE, *s. m.*, sorte de médicament qu'on applique sur la peau.

ENCHANTEUR, *s. m.* qui charme et séduit par des opérations soi-disant surnaturelles.

ENFER, *s. m.*, d'où *infernal.*

ENFOUIR, *v. a.*, mettre dans la terre (par ex. du blé en herbe).

ENGRAIS, *s. m.*, toute matière propre à fertiliser la terre.

ÉPÉE (l'abbé de l'), *s. pr.*, premier instituteur des sourds-muets, né en 1712, mort en 1789.

ÉPIDÉMIE, *s. f.*, maladie contagieuse qui envahit tout-à-coup un pays.

ÉPITAPHE, *s. f.*, inscription sur un tombeau.

ERMITE, *s. m.*, solitaire habitant un lieu désert où il se livre à des exercices de piété.

ERRONÉ, *adj.*, faux, inexact.

ESPRIT (avec), spirituellement.

ESSENCE, *s. f.*, l'ensemble des qualités nécessaires à un objet; d'où *essentiel.*

ÉTAL, *s. m.*, table où l'on expose en vente de la viande de boucherie. *Pl.* des *étaux.*

ÉTATS-UNIS, *s. pr.*, grande république de l'Amérique du Nord.

ÉTINCELLE, *s. f.*, petit éclat de lumière ou de feu.

ÉTOILE, *s. f.*, astre qui paraît comme un point brillant sur la voûte céleste.

ÉTOURNEAU, oiseau vulgairement appelé *sansonnet.*

ÉVÊCHÉ, *s. m.*, pays administré au point de vue religieux par un évêque

F

FAINE, *s. f.*, fruit du hêtre, avec lequel on fait une excellente huile.

FAMILIARITÉ (avec), familièrement.

FANAL, *s. m.*, feu allumé sur une tour à l'entrée d'un port. *pl.* des *fanaux.*

FAUBOURG, *s. m.*, sorte de bourg à l'entrée d'une ville.

FAVEUR, *s. f.*, d'où *favorable.*

FAVORI, *adj.*, qui est le plus aimé.

FEMME, *s. f.*, une petite femme se dit une *femmelette.*

FÉNELON, *s. pr.*, archevêque de Cambrai sous Louis XIV, auteur du *Télémaque.*

FESTIVAL, *s. m.*, fête musicale. *pl.* des *festivals.*

FEU, *s. m.*, combat avec les armes actuelles.

FEUILLÉE, *s. f.*, feuillage.

FLANDRE, *s. pr.*, anc. province du nord de la France.

FONCIER, *adj.* qui tient à un fonds de terre.

FONDEMENT, *s. m*, d'où *fondamental.*

FOU, FOLLE, *adj.* d'où *folâtre.*

FRAI, *s. m.* réunion d'œufs de poisson ou de grenouille; temps où pondent les poissons.

FRANKLIN (Benjamin), *s. pr.*, célèbre physicien et homme d'Etat des Etats-Unis d'Amérique, né en 1706, mort en 1790.

FRAYER, *v. a.*, livrer, pratiquer.

FRICHE, *s. f.*, terrain inculte couvert d'herbes, de broussailles,

FRUGAL, *adj.*, qui vit de peu.

G

GARANCE, *s. f.*, racine fournissant une teinture rouge.

GARONNE, *s. pr. f.*, fleuve de France qui se jette dans l'Océan Atlantique.

GAULE, *s. pr.*, anc. nom de la France.

GAZ, *s. m.*, tout corps semblable à l'air.

GENTIL, *adj.*, d'où *gentillesse*.

GENTILHOMME, *s. m.*, noble.

GÉRANIUM, *s. m.*, ou bec de grue, plante à fleurs roses, à odeur forte, qu'on trouve aux pieds des murs et des haies.

GIGANTESQUE, *adj.*, proportionné à la taille d'un géant.

GLACE, *s. f.*, d'où *glacial*.

GLOIRE, *s. f.*, d'où *glorieux*.

GRAINE, *s. f.*, un marchand de graines s'appelle un *grainier* ou un *grainetier*.

GREFFER, *v. a.*, placer dans une fente pratiquée sur un arbre une petite branche d'un autre arbre. Celle-ci en reprenant donne du fruit semblable à celui de l'arbre d'où elle provient

GRISON, *s. m.*, mot par lequel on désigne souvent un âne.

GROENLAND, *s. pr.*, terre verte, grand pays de l'Amérique septentrionale.

GUÉ, *s. m.*, d'où *guéable*; endroit où l'on peut passer une rivière sans nager.

GUENON, *s. f.*, singe femelle.

GUI, *s. m.*, plante parasite qui croît sur les peupliers, les pommiers, les chênes, et qui était en grande vénération chez les Gaulois.

H

HALLEBARDE, *s. f.*, sorte de lame composée d'un fer vertical et d'un autre horizontal en forme de croissant.

HANNETON, *s. m.*, gros insecte dont la larve appelée *ver blanc* détruit beaucoup de racines.

HARPE, *s. f.*, instrument de musique à plusieurs cordes.

HASARDEUX, *adj.*, qui présente des chances pour et contre, incertain.

HATIF, *adj.*, qui vient, qui mûrit de bonne heure.

HAÜY, *s. pr.*, premier instituteur des aveugles. Né en 1745, mort en 1822.

HÉRON, *s. m.*, grand oiseau de l'ordre des échassiers qui se nourrit de poisson.

HÊTRE, *s. m.*, grand arbre de nos forêts dont le fruit nommé *faine* sert à faire de l'huile.

HOMME (herbe au pauvre), la gratiole, plante purgative.

HONNEUR, *s. m.*, d'où *honorable*.

HORIZON, *s. m.*, ligne circulaire qui borne notre vue et où le ciel et la terre semblent se toucher; de là *horizontal*.

HOULETTE, *s. f.*, bâton du berger.

HOUX, *s. m.*, arbrisseau à feuilles épineuses et toujours vertes d'où on tire la colle appelée *glu*.

HUMUS, *s. m.*, terreau formé par la décomposition des animaux et des plantes.

HYDROPISIE, *s. f.*, maladie caractérisée par une enflure qu'occasionne la formation d'une grande quantité d'eau dans le corps.

HYPOCRITE, *adj.*, qui affiche une vertu qu'il n'a pas.

I

IMPORTUN, *adj.*, fâcheux.

IMPRIMERIE, *s. f.*, art de reproduire rapidement les écrits.

INCENDIE, *s. m.*, destruction par le feu d'un édifice, d'une forêt, etc.

INDISCRET, *adj.*, qui manque de réserve, de prudence.

INDIVIS, *adj.*, qui ne peut être ou qui n'est pas divisé.

INHOSPITALIER, *adj.*, qui refuse l'hospitalité.

INTEMPESTIF, *adj.*, qui n'arrive pas en temps voulu.

INTERLOCUTEUR, *s. m*, celui qui cause avec un autre .

INTRODUCTEUR, *adj. Fém.*: introductrice ; qui fait entrer quelqu'un chez les autres.

IRLANDAIS, *s. pr.*, habitant de l'Irlande, grande île du N.-O. de l'Europe.

IVRAIE, *s. f.*, herbe de la famille des graminées, dont une espèce infeste les moissons des pays chauds.

J

JAPON, *s. pr.*, d'où *japonais ;* empire de l'Asie orientale.

JENNER, *s. pr.*, médecin anglais qui découvrit la vaccine au commencement de ce siècle.

JOIE, *s. f.*, d'où *joyeux.*

JOURNÉE, *s. f.*, d'où *journalier.*

JOYAUX, *s. m. pl.*, ornements de parure.

JURA, *s. pr. m.*, chaîne de montagnes, entre la France et la Suisse.

JUSTICE, *s. f.*, d'où *justiciable.*

L

LAIT, *s. m.* liquide qui nourrit les petits des animaux ; ne le confondez pas avec *laid*, contraire de beau ; *laie*, sanglier femelle ; *lé*, largeur d'une étoffe ; *legs*, don testamentaire.

LANGUEDOC, *s. pr.*, d'où *languedocien*, ancienne province du midi de la France.

LIBÉRATEUR, *adj. Fém.*: libératrice.

LICITE, *adj.*, ce qui est permis.

LIMAGNE, *s. pr.*, petite contrée agricole formant la partie nord du dép. du Puy-de-Dôme.

LIVIDE, *adj.*, de la couleur du plomb.

LOIR, *s. c. m.*, animal rongeur dormant tout l'hiver.

LOIRE (la), *s. pr.*, grand fleuve de France qui se jette dans l'océan Atlantique.

LONDRES, *s. pr.*, capitale de l'Angleterre, 3,214,000 habit., la ville la plus commerçante du monde entier.

LOUIS XVI, roi de France 1774-1792.

LOUP, *s. m.*, fém. *louve*; l'homme qui dirige la chasse du loup s'appelle un *louvetier.*

LYON, *s. pr.*, 2ᵐᵉ ville de France, chef-lieu du dép. du Rhône ; d'où *Lyonnais.*

M

MANTEAU, *s. m.*, d'où *mantelet.*

MANUEL. *adj.*, qui se fait avec la main.

MARCOTTER, *v. a.*, coucher en terre une branche pour faire prendre racine.

MARNE, *s. p. f.*, rivière de France, affluent de la Seine.

MARSEILLE, *s. pr.*, chef-lieu du dép. des Bouches-du-Rhône, port sur la Méditerranée.

MATIÈRE, *s. f.*, ce qui occupe une place, le contraire de l'esprit ; d'où *matériel.*

MÂTIN, *s. m.*, un chien de garde.

MÉDECIN, *s. m.*, d'où *médicinal*.

MÉDICAMENT, *s. m.*, remède pour guérir une maladie.

MÉDITERRANÉE, *s. pr. f.*, mer intérieure au sud de l'Europe.

MÉNÉTRIER, *s. m.*, homme qui joue du violon.

MER, *s. f.*, l'océan ; *mère*, qui a des enfants ; *maire*, administrateur d'une commune.

MIDI ou Sud, *s. m.*, l'un des quatre points cardinaux.

MIEL, *s. m.*, matière sucrée que produisent les abeilles.

MILAN, *s. pr.*, capitale de la Lombardie, en Italie.

MINIME, *adj.*, très-petit.

MITOYEN, *adj.* qui appartient en commun à plusieurs personnes, qui sépare leurs propriétés.

MOBILIER, qui a rapport à tout ce qui est meuble.

MOISE, *s. pr.*, législateur inspiré du peuple de Dieu.

MONT-BLANC, *s. pr.*, dans les Alpes, sa hauteur est de 4795 m.

MOU, *adj.*, d'où *mollesse*.

MOUCHE, *s. f.*, une petite mouche s'appelle *moucheron*.

MOYEN-AGE, *s. pr.*, le temps qui s'est écoulé depuis l'an 395 jusqu'en l'année 1452 de notre ère.

MULE, *s. f.*, un homme qui conduit les mules s'appelle un *muletier*.

MULHOUSE, *s. pr.*, ville manufacturière de l'Alsace, que la guerre de 1870-71 a enlevée à la France.

MURIER, *s. m.*, arbre dont les feuilles servent à nourrir les vers-à-soie.

N

NÉGLIGENCE (avec), négligemment.

NÈGRE, *s. m.*, homme à peau noire et à cheveux laineux.

NOIX, *s. f.*, fruit du noyer. Le diminutif de *noix* est *noisette*.

NOISETTE, *s. f.*, fruit du *noisetier* ou *coudrier*.

NOPAL, *s. m.*, plante grasse d'Amérique qui nourrit la cochenille. *Pl.* des *nopals*.

NORD ou Septentrion, l'un des quatre points cardinaux.

NORMANDIE, *s. pr.*, ancienne province de France, sur les bords de la Manche.

NOUVEAU-MONDE, *s. pr.*, l'Amérique.

NOUVELLE-CALÉDONIE, *s. pr.*, île de l'Océanie, appartenant à la France.

NOUVELLE-ZÉLANDE, *s. pr.*, archipel composé de deux îles presque aux antipodes de Paris.

O

OCÉANIE (l'), *s. pr.*, l'une des cinq parties du monde.

OIE, *s. f.*, gros oiseau sauvage ou domestique.

OISEAU-MOUCHE, *s. m.*, oiseau d'Amérique de très-petite taille.

OLÉAGINEUX, *adj.*, qui produit de l'huile.

OLIVE, *s. f.*, fruit de l'olivier, d'où on tire la meilleure huile.

OLLIVIER DE SERRES, *s. pr.*, célèbre agronome français du XVIᵉ siècle.

OMNIBUS, *s. m.*, grande voiture publique.

ORGUEIL, *s. m.*, d'où *orgueilleux*.

ORLÉANS, *s. pr.*, ch.-l. du Loiret, d'où *orléanais*.

OROBANCHE, *s. f.*, plante parasite qui croît sur le thym, le genêt, le chanvre et dans laquelle les feuilles sont remplacées par des écailles jaunes

RTIE, *s. f.*, plante garnie de piquants d'où sort un liquide vénéneux, et dont on confectionne une toile grossière mais solide.

S, *s. m.*, un petit *os* s'appelle un *osselet*.

P

AIE, *s. f.*, d'où *payable*.

AIEN, *adj.*, adorateur des faux dieux.

AITRE, *v. a.*, brouter l'herbe.

ANARIS, *s. m.*, inflammation avec tumeur qui affecte les doigts.

ARADIS - TERRESTRE, *s. pr.*, séjour d'Adam et d'Eve jusqu'au péché originel.

ARASITE, *adj.*, qui vit aux dépens d'un autre.

ARDON, *s. m.*, d'où *pardonnable*.

ARIS, *s. pr.*, capitale de la France.

ARMENTIER, *s. pr.*, introducteur de la pomme de terre en France, 1737-1813.

ARTIALITÉ(avec), partialement.

ATIENCE, *s. f.*, plante de la même famille que l'oseille.

ATIENCE (avec), patiemment.

AYS-BAS, *s. pr.*, pays formé par la Hollande et la Belgique.

ECTORAL, *adj.*, bon pour la poitrine.

ELOUSE, *s. f.*, terrain couvert de gazon.

ÉPINIÈRE, *s. f.*, plant de petits arbres à replanter.

ÉRIGORD, *s. m.*, anc. prov. de France.

ÉRIL, *s. m.*, d'où *périlleux*.

ÉROU, d'où *péruvien*.

ERPÉTUEL, *adj.*, qui dure toujours.

ÉTULANT, *adj.*, vif, impétueux.

HILOSOPHE, *s. m.*, celui qui s'occupe de philosophie.

PIÉMONT, *s. pr.*, province septentrionale de l'Italie.

PIPÉE, *s. f.*, espèce de chasse aux oiseaux où l'on se sert de gluaux et pendant laquelle on imite le cri des oiseaux.

PITTORESQUE, *adj.*, qui plaît à la vue.

PLATINE, *s. m.*, métal blanc, inaltérable comme l'or.

PLUVIER, *s. m.*, oiseau de rivage.

POLI, *adj.*, d'où *politesse*.

POLOGNE, *s. pr.*, d'où *polonais*.

PRATIQUE, *adj.*, d'où *praticable*.

PRÉJUDICE, *s. m.*, d'ou *préjudiciable*.

PRINTANIER, *adj.*, du printemps, *fém. printanière*.

PROMPTITUDE (avec), promptement.

PROVENCE, *s. pr.*, anc. province de France sur les bords de la Méditerranée.

PROVERBE, *s. m.*, d'où *proverbial*.

PROVIDENCE, *s. f.*, d'où *providentiel*.

PROVIGNER, *v. a.*, enterrer des branches de vigne pour qu'elles prennent racine et produisent de nouveaux pieds.

PROVINCE (la), *s. f.*, la France tout entière par opposition à Paris ; de là *provincial*.

PRUDENCE (avec), prudemment.

PYRAMIDE, *s. f.*, corps à base polygonale se terminant en pointe.

PYRÉNÉES (les), *s. pr.*, montagnes séparant la France de l'Espagne.

Q

QUINQUINA, *s. m.*, arbre d'Amérique dont l'écorce guérit la fièvre.

QUINTAL, *s. m.*, poids de 100 kilogrammes.

QUOTIDIEN, *adj.*, de chaque jour.

R

RATIONNEL, *adj.*, conforme à la raison.

RECEPER, *v. a.*, couper un cep pour lui faire produire de nouvelles branches.

REGRET, *s. m.*, d'où *regrettable*.

RÊTS, *s.pl.m.*, filet pour prendre les oiseaux et les poissons.

RHÔNE (le), *s. pr.*, fleuve de France.

RIZ, *s. m.*, céréale qui croît dans l'eau.

ROGNEUX, *adj.*, attaqué de la *rogne*, espèce de gale.

ROMAN, *s.*, *m.*, style d'architecture en usage du IVe au XIe siècle de notre ère.

ROUEN, *s.*, *pr.*, chef-lieu de la Seine-Inf. ; de là *Rouennais*.

ROUGE, *adj.*, d'où *rougeâtre*.

ROUX, *adj.*, d'où *roussâtre*.

RUSTIQUE, *adj.*, de la campagne, vigoureux.

S

SABLONNEUX, *adj.*, où il y a beaucoup de sable.

SAGE (un), celui qui pratique et enseigne la sagesse.

SALANT (marais...), pièce d'eau de mer d'où l'on tire le sel.

SAUF, *adj.*, non endommagé, fém. *sauve*.

SAUMURE, *s. f.*, liquide où baigne la viande salée, d'où *saumâtre*.

SAVOUREUX, *adj.*, qui a beaucoup de saveur.

SEAU, *s*, *m.*, vase pour puiser et porter de l'eau.—*Sceau*, cachet.—*Saut*, action de sauter. —*Sot*, *adj.*, qui a peu d'esprit.

SEC, *adj.*, d'où *sécheresse*.

SÉCULAIRE, *adj.*, qui dure un siècle ou cent ans.

SEDAN, *s. pr.*, sous-préfect. du département des Ardennes.

SEINE (la), *s. pr.*, grand fleuve de France qui passe à Paris et se jette dans la Manche.

SEL DE CUISINE, *s. m.*, corps formé de gaz chlore et d'un métal, le sodium.

SEMESTRE, *s. m.*, espace de six mois, d'où *semestriel*.

SERIN, *s. m.*, petit oiseau jaune originaire des îles Canaries.

SERRE, *s. f.*, griffe des oiseaux de proie.

SICCATIF, *s. m.*, se dit d'un liquide qui peut devenir solide au contact de l'air. Ex, une *huile siccative*.

SILENCE, *s. m.*, d'où *silencieux*.

SOBRIÉTÉ (avec), sobrement.

SOCIABILITÉ, *s. f.*, penchant d'un animal à vivre avec ses semblables.

SOIERIE, *s. f.*, étoffe de soie.

SOIN (avec), soigneusement.

SOLITAIRE, *s. m.*, qui vit seul.

STATUE, *s. f.*, représentation humaine en bronze, en marbre, en bois, etc.

SUBSTANCE, *s. f.*, tout ce qui subsiste ou existe; d'où *substantiel*.

SUCCULENT, *adj.*, qui contient beaucoup de suc.

SULLY, *s. pr.*, célèbre ministre de Henri IV, né en 1560, mort en 1641.

SUPERFICIEL, *adj.*, qui n'est qu'à la surface, abrégé.

SUPERFLU, *s. m.*, ce qu'on a de trop.

T

TABAC, *s. m.*, plante de la famille des pommes de terre et poison violent que l'on a le tort de fumer et de priser.

TAMIS, *s. m.*, étoffe fortement tendue servant à passer des matières en poudre et des liquides.

Tamise (la), *s. pr.*, fleuve d'Angleterre qui passe à Londres.

Taon, *s. m.*, grosse mouche.

Tardif, *adj.*, qui vient, qui mûrit tard.

Taupe, *s. f.*, animal insectivore, vivant sous terre.

Textile, *adj.*, dont on peut faire un tissu.

Tigre, *s. m.*, fém. tigresse.

Tonique, *adj.*, qui donne du ton, de la force.

Tonne, *s. f.*, poids de 1000 kilogrammes, terme de marine.

Tonneau, *s. m.*, l'ouvrier qui fait des tonneaux s'appelle un *tonnelier*.

Tradition, *s. f.*, récit transmis de vive voix et non écrit ; d'où *traditionnel*.

Traître, *s. m.*, celui qui trahit.

Trépas, *s. m.*, mort ; *passer de vie à trépas*, c'est mourir.

Trimestre, *s. m.*, espace de trois mois ; d'où *trimestriel*.

Troyes, *s. pr.*, d'où *Troyen*.

Truffe, *s. f.*, sorte de champignon souterrain très-parfumé, bon à manger.

Truie, *s. f.*, fém. de *verrat*.

Tubercule, *s. m.*, excroissance sur une plante, principalement sur les racines; la pomme de terre est un tubercule.

U

Usufruitier, *s. m.*, qui possède une chose sa vie durant.

V

Vaccine, *s. f.*, maladie boutonneuse qui communiquée aux enfants les préserve de la petite vérole.

Vaillance (avec), vaillamment.

Val, *s. m.*, vallée, pl. *vaux*, ne s'emploie que dans l'expression *par monts et par vaux*.

Vantail, *s. m.*, battant d'une porte qui s'ouvre des deux côtés. *Pl.* des *vantaux*.

Vautour, *s. m.*, oiseau de proie.

Vengeur, *s. m.*, qui venge ou punit.

Venimeux, *adj.*, qui peut blesser avec un venin.

Ver, *s. m.*, insecte rampant. — *Verre*, vase à boire. — *Vert*, *adj.*, couleur. — *Vers*, préposition. — *Vers*, *s. m.*, dont est formée une poésie.

Vercingétorix, *s. pr.*, chef arverne qui défendit contre César l'indépendance de la Gaule, 52 ans avant Jésus-Christ.

Verdun, *s. pr.*, ville de France sous-préf. du département de la Meuse.

Vice, *s. m.*, d'où *vicieux*.

Victoire, *s. f.*, d'où *victorieux*.

Vieux et vieil, *adj.*, d'où *vieillesse*.

Vigilant, *adj.*, qui veille à tout.

Vindicatif, *adj.*, qui aime à se venger.

Violence (avec), violemment.

Voix, *s. f.*, son qui sort de la bouche humaine ; *voie*, chemin ; *vois*, impér. de *voir*.

Volatil, *adj.*, qui peut voler ou se réduire en vapeur.

Vosges, *s. pr. f.*, chaîne de montagnes à l'est de la France.

Voyageur, *s. m.* fém. *voyageuse*.

W

Watt, *s. pr.*, célèbre mécanicien anglais qui perfectionna les machines à vapeur.

Z

Zodiaque, *s. m.*, grande bande de la sphère céleste que le soleil semble parcourir en un an.

TABLE.

Paris. — Imp. Viéville et Capiomont, 6, rue des Poitevins.